刑事程序法论丛
Criminal Procedure Series

Research on Judicial Integrity:
In the View of Criminal Proceedings

司法诚信研究
——以刑事诉讼为视角

刘昂 /著

北京大学出版社
PEKING UNIVERSITY PRESS

图书在版编目(CIP)数据

司法诚信研究:以刑事诉讼为视角/刘昂著. —北京:北京大学出版社,2016.8
(刑事程序法论丛)
ISBN 978-7-301-27475-0

Ⅰ. ①司… Ⅱ. ①刘… Ⅲ. ①刑事诉讼法—研究—中国 Ⅳ. ①D925.204

中国版本图书馆 CIP 数据核字(2016)第 206204 号

书　　　名	司法诚信研究——以刑事诉讼为视角 SIFA CHENGXIN YANJIU
著作责任者	刘　昂　著
责 任 编 辑	孙战营
标 准 书 号	ISBN 978-7-301-27475-0
出 版 发 行	北京大学出版社
地　　　址	北京市海淀区成府路 205 号　100871
网　　　址	http://www.pup.cn
电 子 信 箱	law@pup.pku.edu.cn
新 浪 微 博	@北京大学出版社　@北大出版社法律图书
电　　　话	邮购部 62752015　发行部 62750672　编辑部 62752027
印 刷 者	三河市北燕印装有限公司
经 销 者	新华书店
	965 毫米×1300 毫米　16 开本　14 印张　215 千字 2016 年 8 月第 1 版　2016 年 8 月第 1 次印刷
定　　　价	36.00 元

未经许可,不得以任何方式复制或抄袭本书之部分或全部内容。
版权所有,侵权必究
举报电话:010-62752024　电子信箱:fd@pup.pku.edu.cn
图书如有印装质量问题,请与出版部联系,电话:010-62756370

序　言

　　本书是作者在博士后出站报告的基础上修改完成的。作为作者的合作导师,我亲历了她选题、开题、写作、修改及答辩的全过程,也看到了她在克服重重困难之后的蜕变和成长。多年来,作者一直在北京市政法系统工作,经常就司法实践问题开展调查研究,具有很好的问题意识和体系意识。作为一门应用学科,刑事诉讼法必然要求理论和实务之间的良性互动,研究者应当具有强烈的问题意识,关注实践难题,并把解决问题作为学术研究的重要价值取向,这也是我在对作者进行指导和培养时所一以贯之的思想。

　　"司法诚信"是近年来出现的社会热词,不是学术术语。它的出现,反映了公众对司法问题的揭露、不满与批判,寄寓着公众的司法要求与法治理想。公众对司法诚信问题的关注日渐升温,从根本上反映的还是司法状况与公众司法需求的差距问题,司法失信现象的存在不仅影响到公民法律信仰的确立,而且会严重损害我国法治建设的根基。因此,这一问题的理论和实践价值是不言而喻的,当作者提出想以司法诚信作为出站报告选题时,我当即就同意了。

　　不过,这一选题颇具挑战性。一方面,司法诚信虽然持续为公众关注,但是,什么是司法诚信,其本质是什么,产生的原因是什么,诚信在刑事司法领域的独特内涵是什么,有什么样的评价维度和影响因素,这些内容的理论研究尚不够系统深入,可资借鉴的资料不多,对作者理论体系的建构能力是一个不小的挑战;另一方面,以刑事诉讼为视角,立案、侦查、起诉、审判、执行五大程序阶段的司法诚信问题的具体表现是什么,根源何在,有哪些可行的解决路径,考验的是作者对刑事司法实践状况的了解程度和分析破解难题的能力。在写作过程中,作者是遇到困难的,甚至一度产生了更换题目的想法。我鼓励她要打开思路,攻坚克难,作者的确打了"硬仗",经历了三年的艰苦研究,2013年6月,作者顺利完成了出站报告,并在答辩中赢得了答辩委员的一致好评。

法学学术论文的价值在于其对理论的创新性和对实践的指导性,作者的论文很好地体现了理论和实践的良性互动。第一,围绕司法诚信构建了较为完整的理论体系。以刑事诉讼为视角,探讨司法诚信的内涵、特征、本质、时代精神内核、评价维度、现实化的机理、影响因素等基本理论问题,为司法诚信问题提供了较为系统的理论解释;第二,以司法诚信基础理论为指导,以立案、侦查、起诉、审判、执行五大程序阶段为线索,在深入调研的基础上对刑事司法诚信危机进行系统总结,实现了对刑事诉讼过程的全覆盖,这种系统的研究在同类研究成果中尚不多见;第三,从司法与公众的互动关系中探索问题解决的路径,建设性地探讨了刑事司法诚信危机的解决对策,从内因和外因两个方面分析司法诚信危机,强调正确客观合理地看待刑事司法诚信危机,这对于推进刑事司法改革、加强司法诚信建设以及整个社会诚信体系建设具有较强的实践价值;第四,运用系统论的方法,不是孤立地看待、对待司法诚信问题,而是把司法诚信建设看作一个系统工程,细致研究了司法内在系统要素与司法外在系统要素对司法诚信的影响,以系统论的方法为指导,研究破解司法诚信危机的可行路径,这种研究方法具有一定的借鉴意义。

作者出站后,仍然保持对司法诚信问题的持续关注,并对报告进行了多次修改。其间,党的十八届三中全会、四中全会、五中全会相继召开,刑事司法领域的多项改革举措相继出台并进入试点阶段,这些内容都成为作者关注的焦点并成为本书修改完善的重要素材。经历了近三年的精心雕琢,本书终于即将出版,作为合作导师,我由衷地为她感到高兴。

衷心祝愿作者在今后的学习和工作中再接再厉,不断进取,奉献出更好的学术作品。

是为序。

宋英辉
于北京师范大学
2016年2月15日

目录

导论 / 1
   一、研究背景与研究动机 / 1
   二、研究的理论和实践意义 / 2
   三、研究现状及趋势 / 4
   四、研究目标与研究思路 / 6
   五、研究的重点难点 / 7
   六、研究方法与创新之处 / 8

第一章　刑事诉讼视角下司法诚信的提出 / 9
   一、何为诚信 / 9
   二、何为诚信原则 / 13
   三、何为司法诚信 / 18
   四、何为刑事诉讼视角下的司法诚信 / 24

第二章　刑事诉讼与司法诚信的契合性论证 / 30
　　一、刑事诉讼与司法诚信契合的伦理基础 / 31
　　二、司法诚信与刑事诉讼契合的价值分析 / 34
　　三、司法诚信与刑事诉讼契合的现实根基 / 41
　　四、司法诚信与刑事诉讼契合的特殊形态 / 51

第三章　刑事诉讼视角下司法诚信状况的评价维度与影响因素 / 63
　　一、刑事诉讼视角下司法诚信状况的评价维度 / 63
　　二、刑事诉讼视角下司法诚信实现的影响因素 / 72

第四章　刑事诉讼领域的司法诚信存在的主要问题 / 80
　　一、立案阶段的不诚信表现 / 80
　　二、侦查阶段的不诚信表现 / 84
　　三、起诉阶段的不诚信表现 / 96
　　四、审判阶段的不诚信表现 / 109
　　五、执行阶段的不诚信表现 / 123

第五章　刑事诉讼领域的司法诚信问题的原因分析 / 136
　　一、内因分析——基于司法内部环境的分析 / 136
　　二、外因分析——基于司法外部环境的分析 / 152

第六章　刑事诉讼领域的司法诚信问题的解决对策 / 164
　　一、端正态度，客观全面看待刑事诉讼领域的司法诚信问题 / 164
　　二、完善法制，为司法诚信的实现提供制度保障 / 168
　　三、加大改革力度，为司法诚信的实现提供动力和支撑 / 181
　　四、强化司法主体的力量，为司法诚信的实现打牢内部根基 / 198

参考文献 / 213

后记 / 219

导 论

一、研究背景与研究动机

当前,我国大力倡导构筑整个社会诚信体系。2011年10月,党的十七届六中全会指出:要"把诚信建设摆在突出位置,大力推进政务诚信、商务诚信、社会诚信和司法公信建设,抓紧建立健全覆盖全社会的征信系统,加大对失信行为惩戒力度,在全社会广泛形成守信光荣、失信可耻的氛围"。这是党中央首次在中央全会决定中明确提出将诚信建设摆在突出位置。党的十八大报告明确提出,要"加强政务诚信、商务诚信、社会诚信和司法公信建设",把"司法公信力不断提高"作为全面建成小康社会和深化改革开放的重要目标,这是党的代表大会第一次从党和国家工作全局的战略高度提出司法公信建设问题。可见,司法公信作为社会诚信体系中的重要一环,具有特殊的重要性,而诚信恰恰是开启司法公信之门的钥匙。在这种背景下强调司法诚信的重要性,对司法诚信进行更深层次的探讨无疑具有重要的历史和现实意义。

公众对司法诚信问题的关注日渐升温,从根本上反映的还是司法状况与公众司法需求的差距问题。公众司法需求的内容丰富多元。从司法功能上看,要求司法解决自己所遇到的一切纠纷,定分止争;从司法效果上看,要求司法要实现公正、效率、秩序等价值目标期待；从司法过程上看，要求司法机关和司法人员要善待自己的权利，平和、文明、公正、廉洁执法。公众司法需求内容的丰富多元决定了司法诚信内涵的丰富性，司法诚信之"诚信"因此具有了不同于民法诚信原则中"诚信"的特别内涵。

总体上讲，公众对司法诚信问题的感知、揭示、批判是感性的、零散的，是以个案问题为载体的，很多时候带有浓厚的情绪化色彩。但是，司法诚信问题为公众持续关注，说明问题已经十分严重。随着对这一问题关注度的提升，公众对司法的不信赖感也在不断加剧，这不仅影响公民法律信仰的确立，而且会严重损害我国法治建设的根基。这样看来，司法诚信问题就成为了可能阻碍法治实现的大问题。而在现代社会，除去法治还有什么更好的社会治理方法呢？

基于此，笔者选择了司法诚信这样一个具有重大理论和实践意义的课题，试图通过梳理公众揭示、批判的种种司法不诚信的现象，分析司法诚信的内涵、本质和运作、实现机理，阐明公众的司法期待，解析目前司法诚信存在问题的原因，探寻问题解决对策，以回应社会对司法诚信问题的关切，切实提高司法诚信度和司法公信力，推动我国法治建设进程。

二、研究的理论和实践意义

(一) 研究的实践意义

1. 促进刑事诉讼法律效果和社会效果的统一，推进刑事法治建设

司法诚信是一个关系概念，其核心问题是司法应怎样合乎公众的期待。对公众司法期待的内容进行研究和探讨，恰恰是推进法治建设必须要做的工作。同时，对司法诚信问题进行研究有助于帮助公众确立对司法诚信的正确认识，缓解公众对刑事司法的误解与偏见，促进刑事诉讼法律效果和社会效果的统一，这对于推进我国的刑事法治建设大有助益。

2. 确立审视司法问题的新视角，推动刑事司法改革

司法不是封闭自足的活动，司法归根结底要服务于公众的社会生活。只有从公众司法需求的视角看待司法问题，才能看到司法问题的症结。因此,以刑事诉讼为视角研究司法诚信问题,在司法与公众的互动关系中,呼应公众对司法诚信的质疑,直面刑事诉讼领域面临的司法诚信危机,归纳现象、深挖原因、探寻对策,有助于公、检、法、司等实务部门和人员正确认识、查找自身问题并加以改造,实现对正在进行的刑事司法改革的有效推动。

3. 促进司法工作者自身诚信意识的形成,实现工作态度、工作方法的转变

司法诚信问题受到关注的实质是司法不能满足公众的司法需求。关注、满足公众的司法需求是司法工作者应有的工作态度。司法工作要取得良好的社会效果,既不能一味清高不顾公众感受,也不能一味迁就致使民意干预司法,而应注重司法与公众的良性互动。研究公众司法需求的内容,解析司法诚信效果产生的机理,以此为指导梳理刑事诉讼领域的司法诚信问题,探寻原因与对策,有助于促进司法工作者自身诚信意识的形成和执法思维的转变,改进工作态度与工作方法。

(二) 研究的理论意义

1. 丰富刑事法治理论

司法诚信问题近年来引起学术界关注,但是理论研究还不够系统深入。以刑事诉讼为视角探讨司法诚信的内涵、特征、本质、评价维度、影响因素等内容,进而构建司法诚信完整的理论体系,这无疑是对刑事法治理论的丰富。

2. 丰富法治建设的方法论

从公众司法需求的视角研究司法中的问题,从司法与公众的互动关系中探索问题解决的路径,这一研究问题的方法丰富了法治建设的方法论。而关于司法诚信问题的理论研究,不仅对分析刑事诉讼领域的司法诚信问题具有指导作用,而且对研究民事、行政领域的司法诚信问题亦具有方法论的意义。

三、研究现状及趋势

(一) 研究的国内外现状

司法诚信问题近年来广为我国社会公众所关注,但学术上鲜见对司法诚信问题深入系统的研究成果,有限的成果主要集中于民事领域,主要围绕诚实信用原则展开。如《诚实信用原则研究》(徐国栋著,中国人民大学出版社 2002 年版);《合同法诚实信用原则研究——帝王条款的法理阐释》(郑强著,法律出版社 2000 年版);《合同法中的诚信和公平原则》(陈卫国著,法律出版社 2009 年版)。近年来,有关诚信原则的研究成果逐渐从传统的民法、合同法领域扩展至行政法、民事诉讼法等公法领域。如《行政法诚实信用原则研究》(阎尔宝著,人民出版社 2008 年版);《诉讼主体诚信论——以民事诉讼诚信原则立法为中心》(唐东楚著,光明日报出版社 2011 年版);《诉讼诚信论:民事诉讼诚实信用原则之理论及制度构建》(杜丹著,法律出版社 2010 年版)。

以刑事诉讼为视角对司法诚信问题展开研究的成果仅见一部专著和几十篇论文。现有的研究成果主要分为三类:第一类是研究刑事诉讼中的诚信原则和诚信机制。如王建林的论文《诚实信用原则在刑事诉讼中的适用基础探析》,闫清华的论文《论诚信原则在刑事诉讼中的适用》,李蓉的论文《论诚信机制在刑事诉讼制度中的确立》;第二类是研究刑事诉讼中的诚信伦理,如宋志军的论文《诚信:刑事诉讼和谐的伦理基础》,张元鹏、李寿荣的论文《刑事诉讼中的和谐价值论纲》;第三类是研究刑事诉讼中的司法诚信现象。这类研究的侧重点又有宏观和微观之别,宏观研究侧重于对刑事司法诚信整体状况的分析,如陈浩栓的论文《当前刑事司法诚信所面临的挑战——基于博弈理论的分析》,韩红俊、魏东的论文《制度危机与刑事司法系统的应对》,孙山、易利娟的论文《司法诚信:诉讼语境中的行为规制》。微观研究主要围绕某一主体、某一诉讼阶段或者某一具体问题展开,如宋志军、李波的论文《律师诚信辩护问题研究》,何家弘、刘为军的论文《圈套、诚信与侦查法治》,龙宗智的论文《欺骗与刑事司法行为的道德界限》,毕惜茜的论文《论侦查讯问中的司法诚信——从"坦白从宽、抗拒从严"的司法承诺谈起》。到目前为止,左德起的专著《刑事司法诚信问题研究》是唯一一部有关刑事司法诚信问题的专著,探讨了刑事司法中的诚实信用原则,并从侦查权、检察权、辩护权、审判权、执行权权力行使等方面分析了刑事司法诚信的相关问题。

上述论作不乏创见,为深入系统研究司法诚信问题打下了良好的基础。其中有关刑事诉讼领域的司法诚信问题的研究,主要是围绕诚信这一伦理道德规范分析刑事诉讼制度与刑事诉讼行为存在的问题,并以此为指导提出相关完善建议。诚信原则为我们分析、解决现有刑事诉讼中的理论与实践问题提供了新的视角,具有重要价值。但是,司法诚信问题持续为公众热议,其问题的本质是什么,产生的原因是什么,诚信在刑事诉讼领域的独特内容是什么,这些问题同样值得深入研究。以诚信原则为指导研究刑事诉讼中的问题,不同于对公众所反映的司法诚信问题进行研究。前者主要研究诚信这一社会伦理道德规范对刑事诉讼的价值意义、解析问题、提出建议;后者应当对公众所关注的司法失信这一社会现象进行解析,描述其表现形态,揭示其独特内涵、影响因素、问题本质、形成原因,进而探讨问题的解决思路。因此,本书尚有进一步研究的广阔空间。

由于西方国家刑事司法理念和实践相对发达,国外尚无针对刑事诉讼领域的司法诚信问题的专门研究,但有关刑事司法理念和诉讼程序的研究成果可以为本书的研究提供借鉴。

(二) 研究的趋势

中国的法治建设必须植根中国社会的国情、世情,植根于中国社会文化,契合中国公众的需要。因此,探讨司法制度、司法活动与公众司法需求之间的紧张关系,明确紧张关系的内容,不断消解存在的问题,是中国法治建设的必由之路。有关刑事诉讼领域的司法诚信问题的研究,正是属于这样的研究工作。相较于多年来学科式的学术研究活动而言,这种尝试在学术意义和实践意义上都具有非常重要的价值。笔者相信并期待,这种回应公众关切、关注中国问题的选题思路和研究方法会进一步得到理论界和实务界的认同,有关司法诚信问题的研究将会得到进一步关注并逐步走向深入。

四、研究目标与研究思路

(一) 研究目标

1. 价值目标

一是使人们对公众反映的司法诚信问题是什么有一个理性的认识,对刑事诉讼领域的司法诚信问题有一个比较全面具体的了解;二是使人们对司法诚信问题的存在与解决有一个比较理性、客观的态度;三是提供一种新的思考司法问题的视角与方法以资司法理论研究与实践工作借鉴;四是促进刑事司法领域漠视诚信现状的改观,缓解刑事司法诚信危机,提高公众对司法的信任感;五是促进立法吸纳相关原则和制度的合理建议,促进法律的进一步完善。

2. 内容目标

一是揭示司法诚信问题的内容与本质;二是探究司法诚信问题产生的机理;三是梳理我国刑事诉讼领域的司法诚信问题的现实表现;四是以刑事诉讼为视角,探寻司法诚信问题产生的原因与对策。

(二) 研究思路

1. 从现象到本质

从公众关注的司法诚信缺失的现象入手,剖析林林总总的司法不诚信现象,进而分析司法诚信的内涵、本质、内容、现实化的机理等本质问题,形成关于司法诚信问题的系统理论。

2. 从理论到实践

首先研究司法诚信的理论,然后以司法诚信理论为指导,对刑事诉讼领域的司法诚信危机进行系统的现象梳理和原因解读。

3. 从问题到原因、对策

以司法诚信理论为指导,首先分析刑事诉讼领域的司法诚信问题的现状,然后解析问题形成的原因,进而结合原因探寻刑事司法诚信危机的破解之道,强调确立面对、分析问题的客观、理性的态度,注重对策研究的实用性。

五、研究的重点难点

本书的研究重点包括九个方面：一是司法诚信的内涵和特征；二是刑事诉讼视角下司法诚信的精神内核；三是刑事诉讼与司法诚信的契合点；四是刑事诉讼与司法诚信契合的特殊形态；五是刑事诉讼视角下司法诚信状况的评价维度；六是刑事诉讼视角下司法诚信实现的影响因素；七是刑事诉讼领域司法诚信问题的主要表现；八是刑事诉讼领域司法诚信问题的原因分析；九是刑事诉讼领域司法诚信问题的破解之道。

确定以上九个问题为研究重点，基于以下三点考虑：第一，基于研究对象特殊性的考虑。司法诚信问题是公众反映的司法问题，有其独特的内涵。这种独特性体现在两点：一是不同于生活中的诚信。司法诚信的特殊性表现在哪里，其内涵、本质、内容是什么，司法诚信现实化过程中的影响因素有哪些，这些内容需要研究。二是不同于民法中的诚信。一般认为诚信是民事活动的规则，刑事诉讼领域为什么会存在诚信问题，它有哪些独特的精神内涵，这些都是本书必须回答的问题。第二，基于研究内容结构的考虑。本书探讨司法诚信的理论，以理论为指导分析刑事诉讼领域的司法诚信问题的主要表现，剖析原因，探寻对策，因此这些内容应是研究重点。第三，基于研究目标的考虑。前面论及的两项研究目标——价值目标和内容目标也决定了上述研究重点。

研究的难点在于理论部分的建构。解析"司法诚信"这一社会热词的内涵、本质、内容及其现实化的机理是本书的突出价值所在。当然，对刑事诉讼领域芜杂的司法诚信问题进行梳理、剖析原因和探寻对策的研究工作同样非常艰难，但后者的研究可以以前者的理论成果为指导。因此，理论部分的建构和突破是更为困难的任务。课题研究的难点主要有五个：一是司法诚信的内涵；二是刑事诉讼视角下的司法诚信的精神内核；三是刑事诉讼与司法诚信的契合点和特殊形态；四是刑事诉讼视角下司法诚信状况的评价维度；五是刑事诉讼视角下司法诚信实现的影响因素。

六、研究方法与创新之处

（一）研究方法

除了采用通常的唯物辩证研究、归纳与演绎结合、辩证逻辑与形式逻辑结合等方法外，本书的写作主要采用了如下三种研究方法：

1. 系统论的分析方法

本书不是孤立地看待司法诚信危机现象，而是强调现象归纳、原因分析、对策探寻的系统性。现象部分的研究符合刑事诉讼自身的结构系统，原因部分强调内、外因的综合分析，对策部分强调认识论和方法论的统一。

2. 比较分析法

考虑到国外刑事司法理念与实践已有诸多成熟经验和规定，有不少地方值得我国借鉴，因此，比较研究成为主要研究方法之一。

3. 理性思辨法

本书遵循从现象到本质的研究思路，理性思辨法得到了充分运用。

（二）创新之处

1. 选题的创新

本书的选题源于社会反映的司法问题，目前尚未有专门以刑事诉讼为视角对司法诚信问题进行专题研究的研究成果，关注司法实践，植根社会问题是选题的独特价值所在。

2. 研究内容的创新

构建了司法诚信的理论体系，系统梳理了刑事诉讼领域的司法诚信问题的主要表现，建设性地探讨了刑事诉讼领域的司法诚信问题的解决对策，这对于推进刑事司法改革、加强司法诚信建设以及整个社会诚信体系建设具有创新意义和实践价值。

3. 方法论的创新

以公众司法感受的视角看待司法问题，从司法与公众的互动关系中探究司法问题的原因和对策，这一新颖的研究视角和研究方法对司法理论问题与实践问题的发现与解决具有方法论意义。

第一章　刑事诉讼视角下司法诚信的提出

司法正义的最高境界，并不在于法形式，而在于法道德，也就是在于法的善良、公平、正义的内涵。所以，司法者不仅要做法律的喉舌，更应该做法道德的楷模。司法诚信即是法道德的表现。在社会伦理观念（或道德意识）与社会生活实践之间，存在着一种反比逻辑：在特定的社会情景下，人们对某一道德问题的关注愈切，恰恰反证着社会对这一道德价值的需求愈强，而按照通常的市场规律推理，社会对某一道德价值的需求愈强，又恰恰反映出该道德价值的社会匮乏程度愈高。所以，人们时下对信用问题的关注，也可以看作是我们这个社会和时代严重缺乏信用伦理资源的道德症候。严重的诚信危机使诚信建设成为当前一个十分迫切而又严峻的任务，司法领域的"三聚氰胺"正在考验着人们对司法和诉讼的诚信预期与信心，而刑事诉讼领域的司法诚信问题尤为惹人关注。站在刑事诉讼的视角下，如何解析"司法诚信"，需要我们进行分层研究。

一、何为诚信

（一）"诚信"的语词理解

汉语中的"诚信"，最初并不连用，而是分开使用的。

古代汉语中,诚信思想多以"信""诚意""诚"等语词载体出现。比如孔子偏重"信",强调"言必信,行必果"①,强调"主忠信""敬事而信""谨而信""与朋友交言而有信"②;孟子偏重"诚",强调"诚者,天之道也;思诚者,人之道也"③。《荀子》在儒家思想上第一次正式地把具有诚信思想意义的"诚"与"信"连在一起。《荀子·不苟》说:"诚信生神,夸诞生惑",从而使诚信思想有了正式的载体,基本上完成了先秦儒家诚信思想在我国儒家诚信思想史上的奠基格局。而且,这种格局在以后数千年的发展中基本没有被打破过。④

诚信一词在最初的拉丁语中是"Bona fides",其中的"fides"是指"信"或者"信义"的意思,其中的"bona"是指"好""良好"的意思,bona 与 fides 合在一起作为词组使用,就是"好信""良信"的意思,人们习惯于将其翻译成"诚信"或"诚实信用";在英文中,诚实信用一词是"good faith",与 honest(ly)对应,按照《牛津法律大辞典》中的解释,其基本含义是:值得信赖的,不可能是谎言或欺骗;直率的,不隐瞒事实。⑤ 在德文中"诚信"表述为 Tre und Glauben,意为"忠诚和相信";法文中"诚信"的表述是 Bonne Foi,直译是"善意";日文中的"诚信"一般表述为"信义诚实"。

在现代汉语中,"诚信"一词由"诚"和"信"两部分组成,包含诚实和信用两层含义。从字形结构上看,"诚"为"言"+"成","信"为"人"+"言",二者都有"言"部,都与言语有关。按照东汉许慎《说文解字》的说法,"诚"和"信"都有言语真实之义。⑥ 按照《新华词典》的解释,"诚"指真心实意、的确、实在。"诚实"指老老实实、不虚假。⑦ "信"指诚实、不欺骗、真实可靠。"信用"指诚实、说话算数。⑧ 有学者从词源上进行分析:"诚"更多地是指"内诚于心","信"则偏重于"外信于人";"诚"更多地是指道德主体的内在德性,"信"

---

① 《论语·子路》。
② 陈戍国点校:《四书五经》,岳麓书社 2003 年版,第 17 页。
③ 《孟子·离娄上》。
④ 王公山:《先秦儒家诚信思想研究》,上海古籍出版社 2006 年版,第 218 页。
⑤ David M. Walker, *The Oxford Compaion to Law*, *Clarendon Press*, New York: Oxford University Press, 1980.
⑥ 许慎:《说文解字》,中华书局 1963 年版,第 52 页。
⑦ 《新华词典》,商务印书馆 2001 年版,第 104 页。
⑧ 同上书,第 939 页。

则更多地是指"内诚"的外化,体现为社会化的道德践行。① 诚实和信用有着密切联系,但是并不完全等同。两者都具有否定和排斥虚假和欺骗的价值取向,但是前者强调的是真实,反对的是虚假;后者强调的是守信,反对的是食言。

(二) 诚信的两个层面——从道德诚信到法律诚信

诚信的理解包含两个层面:道德诚信和法律诚信。道德诚信是指作为道德准则的诚信,要求人们言语真实、恪守诺言,强调的是行为人的操守和自律。法律诚信是指作为法律原则的诚信,指的是当代各国在法律上尤其是在私法上普遍规定的诚实信用原则,它强调的是规范与监督。

无论是从中国还是西方国家来看,诚信最初都表现为一种道德规范,属于道德诚信的范畴。因此,从渊源上看,法律诚信源于道德诚信,是道德诚信的法律化。从字面上看,中国和西方对道德诚信的理解似乎并无大的差异。但是从文化上看,中国与西方的道德诚信却存在着深刻的文化差异,形成了完全不同的诚信理念,这导致道德诚信向法律诚信的演进在中西方呈现出迥然相异的发展轨迹。

中国是一个缺乏法治传统的国家,诚信在漫长的历史时期均属于道德规范的范畴。中国传统道德中的诚信是一种人人必备的优良品格,是做人做事的自律标准,是自我修养和追求的一种精神境界。在儒家思想范畴里,诚信首先是对君主的承诺,如忠信;然后是对朋友之间的承诺,如千金一诺;当然也包括商业方面的契约遵守。但由于中国社会民商事法律不发达,没有像罗马法②那样的法律基础,这种诚信强调的依然是非经济因素的个人品质,往往与"忠""孝""仁""义"联系在一起。因此,我国文化传统上的道德诚信与法律层面上的"诚实信用"相距甚远,主要指为人处世的"诚实"。诚信与法律的远离是中国传统文化特质所决定的,也是家国同构的"礼治"文化的组成部分,反映的是以宗法家族关系为支柱的熟人社会的道德要求。因此,产生于这种特定文化背景下的诚信具有鲜明的道德属性。

---

① 邹建平:《诚信论》,天津人民出版社2005年版,第81页。
② 恩格斯把罗马法称为:"一部直接关系私有制和商品交换的法律""罗马法规定了私有财产权利、抽象的权利、私人的权利、抽象人格的权利"。

而诚信在西方建立的基础与中国文化完全不同。西方的诚信是建立在契约论基础上社会性的生活准则,是在地处地中海的罗马帝国繁荣的海外贸易和简单商品经济充分发展的基础上建立起来的,诚信是"对承诺和协议的遵守和兑现,如果某人不履行他允诺的事,他就是在恶意行事"①。西方文明史中没有中国传统的家国同构现象,其社会形成的基础是人与人之间的合作,而维持这种合作的基本道德要求是做到诚信,背离这种道德要求的结果将导致人类社会的瓦解。这里诚信的对象是整个社会所有互不认识的陌生人(古罗马时期也包括外邦人),而不仅仅是熟人,这种广泛的要求为诚信从道德规范上升为法律原则奠定了基础,"诚信契约"与"诚信诉讼"在当时罗马成为最普遍的商业和司法原则。②

可见,建立在中国"礼治"文化背景下的道德诚信与建立在契约精神、平等精神基础上的道德诚信具有完全不同的价值指向,一个关注个人的修身养性,超凡入圣;一个关注社会的维持和人与人之间的合作。这使得中国人和西方人的诚信观在很大程度上有着"基础性"的差异,中国人的诚信以人格信任为基础,以道德为基础,以情理为基础;西方人的诚信以系统信任为基础,以法律为基础,以法理为基础。③ 一句话,中国人的诚信多伦理性和感性,可概括为人伦诚信;西方人的诚信多契约性和理性,可概括为契约诚信。这种文化和价值的差异导致的结果是:虽然"诚信"的概念在中国有着悠久的历史,但是我国现行法律制度中所谓的诚实信用原则在更大程度上已经属于"舶来品"的范畴。法律诚信的来源并不是我国传统文化中的道德诚信,而是来自西方文化中的道德诚信。《罗马法》形成的契约自由思想给后世法律带来了深远的影响,也正是从《罗马法》开始,诚信从道德规则逐步上升为法律原则,并一步步发展成为民法中的"帝王条款",且呈现出由私法领域向公法领域渗透的趋势。

---

① 徐国栋:《客观诚信与主观诚信的对立统一问题》,载《中国社会科学》2001年第6期。
② 刘李明、冯云翔:《法律诚信与道德诚信辨析》,载《学术交流》2003年第7期。
③ 景枫:《社会诚信研究》,中国社会科学出版社2005年版,第184—185页。

二、何为诚信原则

(一)诚信原则的理解

1. 学界关于诚信原则的不同观点

诚信原则或称诚实信用原则,一直是学界关注和研究的热点。在私法领域,尤其是在民法的债权理论中,诚实信用原则占据着很重要的位置。关于这方面的论著可谓汗牛充栋,各种观点林林总总、见仁见智,但从未就诚实信用原则的含义这一基本问题达成共识。概括起来,对于民法上的诚实信用原则的理解,主要有这么几种学说:

(1)语义说。即从诚实信用的字面含义入手阐释该原则的含义。如佟柔教授认为:诚实信用原则就是要求民事主体在从事民事活动时应该诚实、守信用。① 梁慧星教授认为:诚实信用,意即要求人们在行使权利和履行义务时讲究信用,恪守诺言,诚实不欺。②

(2)一般条款说。该说认为诚信原则是现代民法直接增设的一般限制条款,不能从其字面理解限定其含义,它的外延不十分确定,但却是具有强制性效力的一般条款。因而应把它理解为一项由司法者享有的法律适用授权规范,司法者可以根据它所包含的衡平精神,限制、补充、协调其他规范的适用。③

(3)利益衡平说。德国法学家 Schneider 认为,诚实信用是当事人双方利益的平衡,Egger 也认为,诚实信用是公正估量双方的利益并谋求其利益之调和。我国台湾学者史尚宽认为,除当事人利益之外,需要考虑的因素还包括社会一般公共利益。④ 徐国栋教授认为,诚信原则就是要求民事主体在民事活动中维持双方的利益平衡,以及当事人利益与社会利益平衡的立法者意志。是立法者实现三方利益平衡的要求,目的在于保持社会稳定与和

---

① 佟柔:《中国民法》,法律出版社 1990 年版,第 27 页。
② 梁慧星:《诚实信用原则与漏洞补充》,载《法学研究》1994 年第 2 期。
③ 龙卫球:《民法总论》,中国法制出版社 2001 年版,第 67 页。
④ 梁慧星:《民法解释学》,中国政法大学出版社 1995 年版,第 304 页。

谐的发展。①

（4）三种诚信说。该说在前说的基础上认为，诚信原则可分为客观诚信和主观诚信两个方面。客观诚信是当事人忠实地履行自己义务的行为，主要适用于合同法领域。主观诚信是当事人相信自己未损害他人的一种内心状态，主要适用于物权关系，尤其适用于以完成取得时效为目的的占有，通常被译为善意。该说提出以"信"的社会契约论为基础实现客观诚信与主观诚信的统一，还主张，无论是客观诚信还是主观诚信，因其模糊性导致它们成为授予法官自由裁量权的工具，最终都转化为裁判诚信。如此一个诚信原则就分解为主观、客观和裁判三种诚信了。②

（5）双重功能说。该说认为诚实信用原则由于将道德规范与法律规范合为一体，兼具有法律调节和道德调节的双重功能，使法律条文具有极大的弹性，法院因而享有较大的裁量权，能够据以排除当事人的意思自治，而直接调整当事人间的权利义务关系。也就是说诚信原则具有法律调整和道德调整的双重功能。③

这五种观点分别从不同角度和侧面揭示诚实信用原则的概念内涵，因此各有其理论价值。

2. 诚信原则的理解要点

上文仅仅列举了有关诚实信用原则的五种最为典型的学说，目前，这项"君临全法域"的法律原则还处于激烈的论战之中。笔者在本书中无力也无意给诚信原则下一个定义，笔者认为，全面地理解民法上的诚实信用原则，应该包含如下要点：

（1）诚信原则是一种价值准则。它将最低限度的道德要求上升为法律要求，是道德规范的法律化。当事人、法官、立法者等都应该恪守诚实善意、守信不欺的价值标准，它约束的是与民事行为有关的所有人。基于诚信原则的道德内核，必然要求民事行为中的人特别是当事人进行民事活动时具备诚实、善意的内心状态，并诚实、守信地实施一切行为。

（2）诚信原则体现了契约与伦理的融合。诚信本身是一种伦理要求，

---

① 徐国栋：《诚实信用原则研究》，中国人民大学出版社2002年版，第50页。
② 同上书，第3页。
③ 张新宝：《民事活动基本原则》，法律出版社1986年版，第23页。

这种要求与契约相结合才产生了诚信原则。契约是明确当事人相互之间权利义务关系的协议,欲使契约得以顺利订立、履行,首先就需要双方当事人基于善意的主观心理状态,本着公平、诚实、信用的精神,协商解决双方的分歧,平衡双方的利益关系。因此,没有约定与承诺,没有主体间的平等与尊重、合作与妥协,就不会有诚实信用。

(3) 诚信原则旨在实现利益平衡。诚信原则涉及两个利益关系即当事人之间的利益关系和当事人与社会之间的利益关系,诚信原则的宗旨在于实现这两个利益关系的平衡。应该看到,诚信原则本身是对民法意思自治的一定程度的限制。意思自治是民法最为根本的精神和原则,诚实信用原则是对民事主体追求个人利益最大化的限制,要求尊重他人利益,以对待自己事务的注意对待他人事务,保证法律关系的当事人都能得到自己应得的利益,不得损人利己。除了民事主体间的利益衡平,诚信原则也旨在维护当事人利益和社会利益的衡平。诚信原则要求当事人不得以自己的活动损害第三人和社会利益,必须在权利的法律范围内以符合社会经济目的的方式行使自己的权利。

(4) 诚信原则的实质在于法院自由裁量权。[①] 不确定性是诚信原则的重要特征。[②] 诚信原则内容上的概括抽象,内涵和外延的不确定性,可以说它还是一种未形成的法规,是白地规定。[③] 立法者有意识地利用诚实信用原则的不确定性规定,通过这种空白委任状,授予法官以自由裁量权,使法官能够通过对诚实信用原则进行扩张性解释,并依其处理一些特殊案件,以实现个案处理公平、正义之目标,从而确保司法能动性的实现。当然,这种不确定性有可能会带来一种不安全性,因此需要通过法律的技术手段来有效地规制其在个案中具体含义的释放。

(二) 诚信原则的适用

1. 诚信原则适用范围的扩张

总的来说,诚信原则呈现出从民法扩展至整个私法领域又逐步向公法

---

① 梁慧星:《诚实信用原则与漏洞补充》,载《法学研究》1994 年第 2 期。
② 不确定性与补充性、衡平性一并被视作诚信原则的三大特征。参见徐国栋:《诚实信用原则的概念及其历史沿革》,载《法学研究》1989 年第 4 期。
③ 梁慧星:《民商法论丛》(第二卷),法律出版社 1999 年版,第 67 页。

领域渗透的趋势。

（1）从契约关系扩展至整个民法。源于罗马法中的诚信契约和诚信诉讼的诚信原则最初仅适用于契约关系。1804年法国首次将诚实信用原则规定到民法典中,规定"契约应依诚信履行";1900年施行的《德国民法典》就不仅仅将诚信原则限于契约中——"契约应斟酌交易上之习惯,遵从诚信以解释之"（第157条),而且规定"债务人应斟酌交易上之习惯,遵从诚信负给付之义务"（第242条),即将适用诚信原则的范围扩大到债法;至1907年,《瑞士民法典》第2条规定:"无论何人,行使权利、履行义务,均应依诚信为之"。这就将诚信原则的适用,由债权债务关系扩充到民法中的一般权利义务关系。此后大陆法系诸国纷纷效仿,从而使诚实信用原则成为现代民法的最高行为准则,完成了从道德规范到"帝王条款"的转变。

（2）从民法领域扩展至整个私法领域。自20世纪以来,随着经济的发展,个体权利滥用给社会秩序带来极大破坏的现实,使人们清醒地认识到,必须通过限制私权绝对,不断强化社会本位意识。只有这样,才能有效维护公共秩序、促进社会稳定、推进社会进步。在此背景下,诚实信用原则的适用开始扩张。由民法向整个私法领域扩展是诚实信用原则发展迈出的重要一步[1],诚信原则逐渐扩张至商法、合同法、保险法领域,从仅适用于债权关系的原则,上升为涵盖整个私法领域的基本原则。

（3）从私法领域向公法领域渗透。诚信原则向公法领域渗透的趋势引人关注。1931年德国帝国法院就在一项判决（JW,1931,735）中明确宣称"诚信原则,对于一切法律界,且包括公法在内,皆得适用"[2]。1933年修改的《德国民事诉讼法》和《日本民事诉讼法》关于当事人真实义务的规定,德国《租税通则》对于纳税人和税务机关诚信义务的相关规定等,都体现了诚实信用原则。英美法系中,英国行政法上对相对人"合理期待"的信赖利益保护、英国司法中有关"违反诚实信用的司法行为准则"的判例、美国刑事诉讼法中的"诉辩交易"制度等,无不体现了诚信的原则和理念。[3] 尽管诚信原

---

[1] 方桂荣、李超:《也论诚实信用原则的扩张》,载《河北法学》2007年第11期。
[2] 林孝元:《诚实信用原则与衡平法之性质及其功能》,载刁荣华主编:《现代民法基本问题》,汉林出版社1981年版,第49页。
[3] 李伟涛、吴冬妮:《试论诚实信用原则在公法域的适用》,载《广西政法管理干部学院学报》2005年第4期。

则能否适用于公法领域在理论上存有较大争议,但这项原则却渗透到了越来越广泛的法律领域,并成为高层次的理念为人们信奉和遵守。

2. 诚信原则在我国法律中的体现

(1) 在民法中得到确立。1986 年的《民法通则》第 4 条规定:"民事活动应当遵循自愿、公平、等价有偿、诚实信用的原则。"这一规定从法律形式上对传统伦理道德上的诚实信用原则进行了继承和确认。

(2) 在民事诉讼法中得到确立。2012 年修改颁行的《民事诉讼法》首次规定了诚信诉讼的基本原则。其中第 13 条增加一款,作为第 1 款:"民事诉讼应当遵循诚实信用原则。"这是针对民事诉讼中出现的大量的违反诚信原则的诉讼现象作出的一项审时度势的修改,具有鲜明的时代色彩。诚信原则写入《民事诉讼法》虽然历时多年,但相关法律规范中实际上早已体现了诚信原则的精神实质:如 2002 年 4 月 1 日开始实施的最高人民法院《关于民事诉讼证据的若干规定》针对民事责任的分配,明确规定了"公平诚信原则",该司法解释第 7 条规定:"在法律没有具体规定,依本规定及其他司法解释无法确定举证责任承担时,人民法院可以根据公平原则和诚实信用原则,综合当事人举证能力等因素确定举证承担的责任。"可以预期,随着诚信原则的入法,民事诉讼及强制执行中一度横行的非诚信、恶意、有意制造诉讼障碍等"诉讼病理"现象将会大大减少。①

(3) 在行政法领域得到初步确认。2004 年颁布实施的《行政许可法》确定了对行政相对人的信赖保护,开创了行政诚信的先河。《行政许可法》第 8 条明确规定,公民、法人或者其他组织依法取得的行政许可,应当受到法律的保护,除法律另有规定的以外,行政机关不得撤销或者变更已生效的行政许可;即便是为了公共利益的需要变更或撤回行政许可,行政机关对由此而造成的损失应当予以补偿。这表明,诚实信用第一次在具体的行政行为领域得以确认,但有关诚信原则的研究还需进一步深入。

(4) 在刑事诉讼法中得到一定体现。我国《刑事诉讼法》中虽然没有"诚实信用原则"的字面表述,但是诚信的真谛已经渗透到刑事诉讼中。这主要体现在如下三个方面:一是确立了以事实为根据、以法律为准绳的基本

---

① 汤维建:《诚信原则入民诉法彰显时代色彩》,载《法制日报》2012 年 9 月 4 日。

原则。2012年《刑事诉讼法》第6条规定:"人民法院、人民检察院和公安机关进行刑事诉讼,必须依靠群众,必须以事实为根据,以法律为准绳。对于一切公民,在适用法律上一律平等,在法律面前,不允许有任何特权。"二是强调司法机关的取证行为和所作出的法律文书忠实于事实真象。如《刑事诉讼法》第50条规定:"严禁刑讯逼供和以威胁、引诱、欺骗以及其他非法的方法收集证据";第51条规定:"公安机关提请批准逮捕书、人民检察院起诉书、人民法院判决书,必须忠实于事实真象。故意隐瞒事实真象的,应当追究责任。"三是强调证人、鉴定人等其他诉讼参与人和其他相关人员如实提供证据。如《刑事诉讼法》第59条规定:"……法庭查明证人有意作伪证或者隐匿罪证的时候,应当依法处理。"第123条规定:"询问证人,应当告知他应当如实地提供证据、证言和有意作伪证或者隐匿罪证要负的法律责任。"第145条第2款规定:"鉴定人故意作虚假鉴定的,应当承担法律责任。"第52条规定:"人民法院、人民检察院和公安机关有权向有关单位和个人收集、调取证据。有关单位和个人应当如实提供证据。……凡是伪造证据、隐匿证据或者毁灭证据的,无论属于何方,必须受法律追究。"但刑事诉讼能否适用诚实信用原则在理论上存有较大争议。

三、何为司法诚信

(一) 司法诚信的内涵和特征

1. 司法诚信的内涵

从语词的解析上来讲,"司法诚信"包含"司法"和"诚信"两方面内容,前者是对后者的限定,准确理解司法诚信的关键在于司法内涵的界定,这直接决定了"司法诚信"的适用范围。

司法,通常亦称"法的适用",它是指国家司法机关依据法定职权和程序,具体运用宪法和法律确定权利义务关系的诉讼和非诉讼活动,是法律实施的一种重要方式。司法有狭义和广义之分。狭义的司法,即形式意义上的司法,特指法院的权限及其审判活动。在这个意义上,司法机关即法院,司法程序即诉讼程序。广义的司法,即实质意义上的司法,是指与立法和行政相对的、通过适用具体法律规范解决争讼的一种国家的专门活动。在这个意义上,除法院以外的许多国家机关或机构也承担着一定的司法功能(或准司法功能),当然,法院和法官诚信是司法诚信最为重要的内容。

司法诚信是司法主体对诉讼参与人和公众的诚信,它要求司法主体依据司法规则、司法伦理道德规范和司法价值目标的要求来实施司法行为。从具体行为的角度看,司法诚信要求司法主体在司法活动过程中合法、公正、合理、廉洁、勤勉地实施一切行为,恪守诚信理念,遵守职业正义,不得欺瞒、哄骗、打压、拖延、强迫当事人接受有违公平正义的负担。① 因此,司法诚信既是司法行为的准则,也是司法行为正当性的评价标准。

司法诚信是一个关系概念,司法诚信问题的本质是司法如何合乎公众的司法需求与期待,因此,司法诚信具有司法伦理的内涵,但更主要的是具有司法建设的时代内涵。司法行为与司法结果是否合法,司法结果与司法程序是否公正,司法裁量是否合理,司法人员是否清廉、勤勉,这些因素是衡量司法诚信与否的标准。合法、公正、合理、廉洁、勤勉是评价司法诚信的五个重要维度②,也是解读司法诚信内涵的五个关键词。合法强调的是司法机关必须严格依照法律、法规的规定行使司法权力、作出司法行为,忠实于事实和证据,做到主体合法、权限合法、程序合法、标准合法;公正强调的是裁判结果和裁判过程必须体现公平正义的精神,做到认定罪名准确、罚当其罪、程序公正;合理强调的是司法机关及其工作人员在事实、证据认定和法律适用缺乏绝对标准和规定时,须在法律规定的幅度内适当地行使自由裁量权,并最终使司法合乎一般公众心理所反映的、法律规范所应具有的规律性和公理性;廉洁强调的是司法人员在行使司法职权过程中,不应介入任何个人利益,更不得故意运用司法权力获得个人的好处;勤勉强调的是司法人员应当增强责任感和使命感,开拓创新,忠于职守,勤奋工作,尽职尽责,以求优质高效地实现司法职责。

2. 司法诚信的特征

司法诚信除了具有一般诚信的特征外,还附加了司法的职业特质:

(1)司法强制性。司法诚信是司法主体职权(公权)适用的强制性规

---

① 孙山、易利娟:《司法诚信:诉讼语境中的行为规制》,载《法学杂志》2010年第1期。
② 此部分内容在本书第三章"刑事诉讼视角下司法诚信状况的评价维度"中有详述。

定,不能放弃适用,亦不允许约定排除和任意取舍。

(2) 适用主体的专属性。司法诚信只约束司法机关及司法人员,也只能由这些特定主体行使,不能转让。

(3) 司法程序性。司法诚信要求司法主体严格遵循法律规定的程序,并将这些程序规定运用于具体案件,实现程序正义①,通过严格的司法程序、规范的司法行为向全社会和诉讼参与人展示其诚实信用的品格和力量。

(4) 行为对价性。司法诚信规制司法主体行使司法权,并强调权力行使不当的法律后果。即不诚信司法行为如果造成当事人利益损失或国家利益损害的,司法主体应承担相应的法律责任。

(二) 司法诚信的本质

诚信是司法的应有之义,司法诚信本质上是一种国家诚信。国家诚信是相对于公民诚信而言的。实现法治的过程,实质上就是建设国家诚信、使法律取信于民进而成为公众信仰的过程。

诚信是国家的一种道德义务。从社会契约论的角度看,国家的权力来源于公民对自身权利的让渡,权力的行使是国家与公民之间达成的一种无形的契约。国家的诚信,具体表现在立法、执法和司法三个方面。立法是国家向人民作出庄严的承诺。国家制定法律就是要通过权利和义务的合理分配,建立一套调整社会关系的规则体系,实现正义。树立立法的诚信,就是要制定良好的、明确的、可行的法律,立法的空头支票是对国家诚信的最大损害。执法和司法是对国家诚信的维护,是国家兑现立法承诺的保障。执法和司法机关及其工作人员信守法律、忠信不欺,就是兑现国家的承诺;相反,就是违背国家的承诺,必然失信于民。

司法的诚信是国家诚信的最后堡垒,相关国家机关的不诚信行为最终能通过司法得到救济。因此说,司法是社会正义的最后一道防线,司法诚信具有格外重要的意义。因此,司法一定要做到以直论诚,提倡诚直,戒在一个枉字。办案要秉公持正,以事实为根据,以法律为准绳,不能掺杂私心邪念,更不能拿法律做交易。司法人员要固执正义,排除各种干扰,才能达到

---

① 孙山、易利娟:《司法诚信:诉讼语境中的行为规制》,载《法学杂志》2010年第1期。

司法的至诚至信。①

(三) 司法诚信与相关概念辨析

1. 司法诚信与司法公信力

司法公信力是近年来学界关注的一个热点问题,指的是司法机关依据自身对法律和事实的信用所获得的社会公众信任的程度,反映了社会公众对司法机关的主观评价、心理反应及价值判断。

虽然司法公信力与司法诚信都包含一个"信"字,但两者有着很重要的区别,主要体现在三点:(1)侧重点不同。司法诚信强调的是对司法机关自身的诚信要求,而司法公信力强调的是司法机关获得的社会公众信任的程度。司法诚信强调的是司法主体内在的品格要求和建构,司法公信力强调的是一种公众对司法的外在的信任结果。(2)包含的维度不同。司法诚信的维度是单一的,是从权力运行角度出发的一个概念,涉及的主体只有司法机关。而司法公信力是一个具有双重维度的概念,包含着权力运行和受众心理两个维度,涉及信用方(司法机关)和信任方(社会公众)两个主体。司法对公众的信用和公众对司法的信任共同构成了司法公信力中最核心的部分。因此,较之司法诚信,司法公信力是一个更为宽泛的概念。(3)基础地位不同。司法公信力是人们对司法诚信感知、评价的结果。相比之下,司法诚信具有更为基础的地位。法律在运行中是否有信,主要不是取决于公众信守法律的程度,而是取决于执法者信守法律的程度。

当然,司法诚信与司法公信力也有着密切的联系,这主要体现为两者在最终的落脚点上高度契合。可以说,没有司法机关自身的诚信建设,司法公信力无从谈起,因此,司法诚信是实现司法公信力的前提。同时,司法诚信评价标准的确立需要站在公众的视角,顾及公众的感受,这也是司法为民的重要体现。

2. 司法诚信与司法公正

公正是人类的美好理想,其基本内涵是公平、正义、不偏不倚,简言之,公正应是人们之间分配关系上的合理状态。司法公正是指司法权运作过程

---

① 谢鹏程:《法治是国家的诚信》,载《人民日报》2006年9月27日,第13版。

中各种因素达到的理想状态,指的是国家司法机关运用特定职权处理各类案件时以公道正直的态度对待案件参与各方,严格遵循和依照法定程序,公平正确地确认和分配具体的权利和义务。司法公正涵盖整个司法过程,其价值蕴含包括适用法律平等、诉讼程序正义和判决结果公平三个方面。

司法诚信与司法公正是紧密相关的两个概念,这主要体现在如下两个方面:(1)从司法主体伦理品格上讲,司法诚信是实现司法公正的要求,是实现司法公正的保障。司法诚信要求司法人员信守法律、忠信不欺,法律规定的严格遵守正是实现司法公正的重要保障,而司法的不诚信行为,往往会严重影响案件处理的公正性。(2)从司法诚信的外化形态看,司法公正是司法诚信的一个评价维度,是司法诚信存在的基石和落脚点,是司法诚信最核心的表现形态。司法诚信在道德伦理上应以公正为基础。君子可以讲信用,小人同样可以讲信用,只不过小人可能是结伙去违法乱纪罢了。所以说诚信不是绝对的,关键看是否符合道义。正所谓"大人者,言不必信,行不必果,惟义所在"①。因此,司法诚信一定要符合公平正义的要求。

还应该看到,司法诚信和司法公正有着重要的区别。两者主要有如下三点区别:(1)两者所处的价值位阶不同。司法公正是法律至高无上的终极价值,是司法的价值目标和司法的道德要求。没有司法公正的价值追求,也就不需要司法人员素质品格的严格要求,司法诚信也就没有了存在的空间。(2)两者评价的对象不同。司法诚信侧重对司法人员内在品格与司法行为的评价,司法公正侧重对司法活动效果的评价。②(3)两者内涵的侧重点不同。诚信强调的是刚正诚直,信守承诺;公正强调的是公平正义、不偏不倚。从两个概念对立面能够更好地看出这两个概念侧重点的区别,与诚信对立的是欺诈和背信,与公正对立的是偏私和偏袒。

3. 司法诚信与司法权威

司法权威本身并不是一个法律概念,而是一个社会和政治概念,是指司法机关通过公正司法活动严格执行宪法和法律,形成命令和服从关系,具有

---

① 该句出自《孟子》的《离娄章句下》,意思是:"通达的人说话不一定句句守信,做事不一定非有结果不可,只要合乎道义就行。"

② 司法公正包含实体公正和程序公正,就程序公正而言,司法行为公正与否的评价也主要是针对司法行为对案件处理结果或司法参与人利益的影响状况而言的。

使人信服的力量和威望。司法权威的内涵主要包括两个方面：一是司法应当具有至上的地位，法院享有解决一切法律争议的终局权力；二是公众对司法裁判结果普遍遵从，内心形成对法律的信仰。

司法权威与司法诚信关联密切，但不是与生俱来的兄弟。这可以从正反两个角度来理解。从正面看，司法诚信是影响司法权威的核心因素。掌控国家权力的司法机关虽然具有强制的话语权，但它只是司法的单方表象，并不表明当事人对司法机关本身的诚信认同，也不表明权威与诚信是与生俱来的孪生兄弟。① 司法权威是通过一系列的人格化得以实现的，需要依靠司法机关用司法行为来取得当事人的信任，使当事人亲身感受到司法的诚信与可靠，进而使这种信任感弥散到更广泛的社会公众中去，从而形成一种法律至上、法律神圣信念；从反面看，司法机关的不诚信行为是司法权威最大的破坏力量。司法机关不信守法律承诺，甚至以权谋私、以权代法、以权废法，就会丧失国家在诚信上的示范作用，动摇公众对法治的信念，极大地破坏司法权威。

司法权威和司法诚信的不同之处体现在内涵侧重点的差异上。司法诚信强调的是司法机关信守法律、诚信不欺、取信于民的理念、制度、措施和行动，主要是从司法人员品格和行为的角度而言的；司法权威强调的是司法的至上性地位和公众对法律的普遍信赖和服从，主要是从结果的角度而言的。

4. 司法诚信与司法职业道德

司法职业是指以法官、检察官为代表的，受过专门法律训练，具有精良的法律知识、娴熟的法律技能与严格的法律伦理的司法工作者所构成的自治性共同体。广义讲，它还包括侦查员、公证员、律师以及司法辅助人员。司法职业道德，主要指的是司法职业群体在履行司法职能过程中或者从事与之相关的活动时，在其职业范围内逐渐形成的比较稳定的道德观念、行为规范和习俗的总和。②

司法诚信和司法职业道德密不可分。一方面，诚信本身是一种道德要求，司法诚信的实质是诚信原则在司法中的运用，是司法人性化、道德规则法律化的一种表现形式。诚信表现在个体品质上的最高境界是自律，即伦

---

① 宋立峰、魏冬云：《司法权威与司法诚信》，载《法制与社会》2006 年第 6 期。
② 曹建明：《法官职业道德教程》，法律出版社 2002 年版，第 13 页。

理道义的内在储备。而诚信的外在规制虽为必要但却是被动的,只有在强制性规定中起作用,遇到自由裁量时却显得力不从心,这就是为什么司法诚信要强调司法人员道德品质的重要性的真谛所在。① 另一方面,诚信本身就是司法人员特别是法官所应具有的基本职业道德,司法诚信要求司法人员具有强烈的社会责任感和使命感,坚定地站在国家利益和广大人民群众的立场上,以对人民高度负责的精神,刚正诚直、守信不欺、公正司法,这体现了对司法人员的道德品质的高要求。

但是两者也有不同。一是司法诚信更多地体现为一种法律原则而不是道德要求。较之职业道德,其具有更多的约束力和强制性,这就意味着在司法实践中,司法人员必须遵循司法诚信的要求,不能随意放弃,而不遵守司法诚信的行为需要受到惩戒。二是两者在职业层面的价值作用不同。司法诚信在职业层面上的价值作用主要体现为规范行为,而职业道德在职业层面的价值作用主要体现在约束内心。

洞悉了司法诚信的内涵和本质,辨明了司法诚信与相关概念的关系,不难看出,司法诚信对于司法权威的确立、司法公正的实现、公众法律信仰的形成和司法人员诚信道德的确化具有重大而深远的意义。

四、何为刑事诉讼视角下的司法诚信

(一) 刑事诉讼视角下的司法诚信的内涵

明确刑事诉讼视角下的司法诚信的内涵对本书的写作至关重要,这涉及研究范围的确定。司法制度及其运作体系在我国主要分为民事诉讼、刑事诉讼与行政诉讼三类。刑事诉讼应理解为国家裁判机构在追诉机构(以及自诉人)的追诉活动与被指控者的防御活动之间实施审查,并开展理性争辩与说服,最终解决刑事案件的活动和过程。② 刑事诉讼视角下的司法诚信是刑事诉讼和司法诚信两个概念的结合,指的是刑事诉讼中的人民法院、人

---

① 孙山、易利娟:《司法诚信:诉讼语境中的行为规制》,载《法学杂志》2010 年第 1 期。
② 陈卫东主编:《刑事诉讼法》,中国人民大学出版社 2004 年版,第 5 页。

民检察院和公安机关等承担司法或准司法功能的机关和人员在当事人和其他诉讼参与人的参与下,在解决刑事案件活动的过程中合法、公正、合理、廉洁、勤勉地实施一切行为,恪守诚信理念,遵守职业正义,不得欺瞒、哄骗、打压、拖延、强迫当事人接受有违公平正义的负担。

站在刑事诉讼的视角下对司法诚信的概念进行解析,应注意把握如下四个要点:

1. 应对刑事诉讼中的司法机关作广义的理解

理解刑事诉讼视角下的司法诚信,一定要明确刑事诉讼中的司法机关的范围。前文提到,虽然法院和法官诚信是司法诚信最为重要的内容,但除法院以外的许多国家机关或机构也承担着一定的司法功能(或准司法功能),他们的诚信表现也是司法诚信的重要组成部分。因此,应对司法机关作广义的理解。这在刑事诉讼中体现得尤为明显。刑事诉讼中包含多种国家机关,最为典型的是人民法院、人民检察院和公安机关。一般认为,在我国,司法机关仅指人民法院和人民检察院,公安机关属于行政机关。但不可否认的是,公安机关在刑事诉讼中所进行的侦查活动属于一种准司法活动,从这个意义上说,警察是一种重要的刑事司法力量。刑事诉讼是一个既有分工又有协作的整体程序。立案、侦查、起诉、审判和执行构成其完整的流程,除了法院,公安机关、检察机关甚至监狱都是完成这一流程的重要力量。以刑事诉讼为视角研究司法诚信问题需要全面考察这一流程中所有的国家机关特别是公、检、法机关的诚信表现。

2. 司法诚信的实现离不开刑事诉讼参与人的参与

从本质上看,刑事诉讼是国家为了追究犯罪而进行的专门活动,是一种司法活动。但需要指出的是,刑事诉讼也是诉讼主体遵循诉讼规则的相互作用过程,完整的刑事诉讼活动不仅包括侦查机关的侦查活动、检察机关的起诉活动、法院的审判活动,还包括犯罪嫌疑人、被告人自始至终的防御活动,以及证人等诉讼参与人的参与活动等。可见,尽管司法具有适用主体的专属性,但刑事诉讼活动的完成却不仅仅是司法机关单方面的行为,还必须有当事人(犯罪嫌疑人、被告人、被害人、自诉人、附带民事诉讼原告和被告)和其他诉讼参与人(如证人、鉴定人、翻译人员等)的参与,这些参与者在诉讼中具有主体的资格,他们的诚信表现同样影响司法诚信的实现和公众对司法诚信的评价。如证人伪证、鉴定人虚假鉴定等不诚信行为势必影响案件事实真相的查明,进而影响司法判断的形成,为司法不公埋下伏笔,而这种结果反过来又影响公众对司法诚信的感知与评判。因此,如果从更广义的角度研究刑事诉讼视角下的司法诚信,与刑事诉讼活动相关的所有主体的诚信表现都应该列入研究范围,既包括司法机关的诚信,也包括诉讼参与人的诚信。当然,笔者在本书中着重探讨的是司法机关的诚信。

3. 司法诚信的内容应包含主观和客观两个层面

站在刑事诉讼的视角下,司法诚信应该包含两个层面的内容,即主观心理层面和客观事实层面。主观心理层面的司法诚信指的是刑事诉讼中的司法机关在刑事诉讼活动过程中应该持有的善意心态,或者说"不存恶意"的主观心理。主观诚信的基本含义是出于善意,与其对反的概念是恶意或"恶信"[①];客观事实层面的司法诚信指的是刑事诉讼中的司法机关在刑事诉讼活动中应该诚信不欺,信守诺言,言行一致,不得有欺瞒、哄骗、打压、强迫、背信等行为,具体表现为公安机关的诚信立案、诚信侦查,人民检察院的诚信控诉、诚信监督,人民法院的诚信释明、诚信查证认证、诚信裁判等行为。[②] 主观心理层面和客观事实层面的司法诚信并非互相隔绝和分裂,而是紧密相连,并具有相互融合和相互转化的作用。[③]

4. 司法诚信包含横向和纵向两个维度

以刑事诉讼为研究视角,我们可以从横向和纵向两个维度对司法诚信加以考察。从横向的维度看,诉讼总是由若干人构成的,司法机关与诉讼当事人应当是诉讼的主体,如果两者缺乏相互信任,或处于普遍的战争状态,诉讼也就难以顺利进行。[④] 因此,刑事诉讼视角下的司法诚信首先应该考察的是司法机关对诉讼参与人的诚信表现;从纵向的维度看,刑事诉讼作为一种程序需要一定的层次与结构,这就意味着需要一种时间与空间上的秩序

---

① 徐国栋先生将拉丁文"mala fides"通常翻译的"恶意"改译为"恶信",以与"bona fides"(诚信或良信)相协调,意指"诚信的阙如"。参见徐国栋:《民法基本原则解释:以诚实信用原则的法理分析为中心》(增删本),中国政法大学出版社 2004 年版,第 64、410 页。

② 陈光中:《刑事诉讼中公安机关定位问题之探讨——对〈刑事诉讼法修正案(草案)〉中"司法机关"规定之商榷》,载《法学》2011 年第 11 期。

③ 唐东楚:《诉讼主体诚信论》,光明日报出版社 2011 年版,第 29 页。

④ 陈浩铨:《当前刑事司法诚信所面临的挑战——基于博弈理论的分析》,载《法治论丛》2006 年第 5 期。

安排与权力安排,而刑事诉讼的顺畅运行离不开公、检、法三机关之间的配合和制约,如果这三机关之间缺乏诚信基础,着眼于各自的部门利益而不是司法公正的实现,势必导致冤假错案丛生,影响司法诚信的实现。

(二) 刑事诉讼视角下的司法诚信的特征

1. 场域性

法国社会学家皮埃尔·布迪厄把整个社会世界解释为诸多场域的集合,其中就包括法律场域。一个场域可以定义为在各种位置之间存在的客观关系的一个网络,场域中充满了力量和竞争。站在刑事诉讼的视角下,司法诚信是在刑事诉讼这个特定"场域"中的司法诚信,属于诉讼诚信的范畴。因在"诉讼系属"中,受到诉讼期日、诉讼场所、诉讼程序和诉讼法规范等多方面因素的约束,较之实体法诚信往往体现出更多的"程序理性"和"斗争理性"。[1] 而刑事诉讼被认为是一场国家与公民之间的对抗,与民事诉讼和行政诉讼相比,刑事诉讼处理的案件性质最为严重,往往涉及公民人身、自由、财产等宪法性基本权利的限制和剥夺,场域中冲突与竞争的激烈程度无可比拟。就刑事诉讼自身而言,它涉及的司法机关最多,诉讼阶段最多,需要运用的谋略和手段也最多,因此,程序理性和斗争理性在刑事诉讼中显得格外重要。

2. 程序规范性

诉讼的外观是程序,司法诚信的实现离不开诉讼程序的规范。三大诉讼都有各自的程序规范,但刑事诉讼的程序规范在数量上和行为指引的细致程度上远远超过民事诉讼和行政诉讼。除了《刑事诉讼法》外,最高人民法院、最高人民检察院和公安部还发布了若干司法解释和规定,2012 年最新修订的最高人民法院《关于适用〈中华人民共和国刑事诉讼法〉的解释》《人民检察院刑事诉讼规则》和《公安机关办理刑事案件程序规定》的条文数量分别达到 548 条、708 条和 376 条,这些解释和规定为各级司法机关履行刑事诉讼职能、为刑事诉讼程序运作提供了具体实用的行为规范。这些行为规范本身既是对司法机关的要求,也是对公众的承诺。正当的诉讼程序

---

[1] 唐东楚:《诉讼主体诚信论》,光明日报出版社 2011 年版,第 30 页。

本身就是司法诚信的应有之义,严格遵守程序规则是司法诚信的底线。因此,刑事诉讼中的司法机关严格依法行事,善意不欺地作出一切行为,特别是法官不恶意地适用程序或者适用法律本无明文规定的程序,做到刚性程序下的人性化释明,这些对于司法诚信的实现至关重要。

3. 主体的复杂性

在民事诉讼和行政诉讼中,司法机关仅仅涉及法院,而刑事诉讼中却包含人民法院、人民检察院、公安机关、监狱等多个机关。当然,司法诚信的根本在于裁判公正,以刑事诉讼为视角,司法诚信研究的重点在于法院和法官的诚信,但人民检察院、公安机关、监狱的活动领域同样存在着大量的诚信问题,值得深入研究。特别是刑事侦查领域,过去习惯于强调对抗思维和"斗争哲学",特别是习惯于用军事斗争的谋略指导侦查工作,欺骗手段的使用司空见惯。这种手段可不可以使用,可以在什么程度和范围内使用,都是我们需要回答的问题。可见,主体的复杂性扩大了刑事诉讼领域司法诚信问题研究的广度,也增大了研究的难度。

(三)刑事诉讼视角下的司法诚信的时代内核

刑事诉讼视角下的司法诚信除了表现为司法机关遵守法律规范、恪守职业道德、维护职业信誉、塑造司法品格、实现社会正义外,这一概念也随着时代的发展变化以及刑事诉讼观念和制度的更新和变革而被赋予了一些新的精神内核,这主要表现在如下四个方面:

1. 对多元价值的追求和多方利益的兼顾

笔者在前文谈到,诚信原则旨在实现利益衡平。刑事诉讼过程涉及自由、安全、公正、效率等多元价值,在不同价值之间必然存在着冲突。刑事诉讼中存在着多方利益主体,不同主体有着不同的利益追求。多元价值的冲突性、利益视角的多样性加之现有司法资源的有限性使得司法机关常常面临艰难的抉择,而作出正确选择的前提是对多元价值和利益进行综合考量,坚持国家利益、社会利益、被害人利益、犯罪嫌疑人、被告人利益及其他诉讼参与人合法权益综合平衡的多元化价值取向。随着刑事诉讼的发展,司法诚信这一重要精神内核将得到越来越明显的体现。

2. 对犯罪嫌疑人、被告人主体地位的认同

诚信的前提和条件是交往双方的主体资格。司法诚信意味着对诉讼主

体特别是当事人主体地位和人格尊严的尊重。当然,没有对主体地位的认同,尊重无从谈起。从某种意义上讲,刑事诉讼中出现欺诈和背信行为的根源在于司法机关的高高在上,仅仅将犯罪嫌疑人、被告人看作消极的司法客体,将刑事司法看作司法机关主导的单方"游戏",忽视了刑事诉讼中其实也有"对手",忽视了"游戏"也有规则。因此,确立司法诚信理念首先需要认同犯罪嫌疑人、被告人的主体地位。

3. 对诉讼主体意志和自由的尊重

笔者在前文中谈到,诚信原则的产生是契约与伦理融合的结果。没有约定与承诺,没有主体间的平等与尊重、合作与妥协,就不会有诚实信用。随着刑事诉讼的发展,当事人的意志和自由越来越成为影响司法结果的重要因子,也越来越成为刑事诉讼需要考虑的因素。诚信精神需要在商谈、宽容而不是压制、强权的环境中生长。司法诚信就意味着司法机关和人员要改变刑事诉讼中国家机关与公民之间不可平等对话与协商的观念,尊重和保障诉讼主体意志和自由的充分表达和实现,而不能凭借司法机关拥有的权力恶意屏蔽诉讼主体的意志表达。比如在刑事和解中,无视被告人和被害人的和解需求强行判决或者强迫和解都是司法不诚信的表现,背后往往是司法机关的私利在作怪。

4. 对犯罪嫌疑人、被告人权利的保障

司法诚信理念强调司法机关要守信于民,尤其强调对犯罪嫌疑人、被告人承诺的信守和权利的保护。因为在刑事诉讼中,犯罪嫌疑人、被告人是最为核心的当事人,他们处于天然的弱势地位,基本权利极容易受到侵犯。不当使用诱惑侦查、不信守司法承诺、虚假指控、滥用自由裁量权等司法不诚信行为都是直接侵犯犯罪嫌疑人、被告人权利的表现。而离开诚信约束的刑事诉讼必然使原本实力不均等的控辩双方差距更加悬殊,司法公正难以实现,这是与司法诚信理念相背离的。

第二章 刑事诉讼与司法诚信的契合性论证

诚信本身即包含着真诚、善意、信用、无虚假、不欺诈、守承诺的意思。在现代社会中,诚信道德作为市场经济的内在要求,其存在和践行是建立在对个人主体的确立以及对他人权利的尊重与认同的基础之上的。在市场经济中,每一个参与经济活动的人都是自主权利的主体,有着对等的权利和义务,在诚信方面则应当相互信任,共同履约。[①] 诚信的外在表现是对契约的遵守,对法律的尊重,对良知的守护,对他人权利的维护,对自身人格的忠诚以及对自身信誉的珍视。正是由于诚实信用的这些固有内涵建立在人类基本活动和理性的基础上,反映了人类生活及活动的基本要求,它才逐渐得以由道德规范上升为法律原则,并从私法领域扩展到公法领域,得到普遍尊重和遵循。刑事诉讼为什么要格外强调司法诚信?笔者在本章中将从四个方面对这一问题展开论证。

---

① 姜美珍:《诚信:中国传统道德内涵及现代价值思考》,载《华南农业大学学报(社会科学版)》2005年第3期。

一、刑事诉讼与司法诚信契合的伦理基础

(一) 诚信是人类本性的固有品质

诚信是内在于人类本性中的一种固有的品质,是人之为人的基本品格,也是人类特有的生存方式。中西方文明一直倡导诚信品格。作为一个伦理学范畴,诚信在中西方有着不同的源头,但诚信品格的根基地位却同样坚定不可动摇。

中国人诚信观的源头在于传统儒家思想。儒家思想对中国历史文化的影响最大,传统儒家赋予了诚信丰富的伦理内涵。中国古人把诚看作是内在的生命状态,信则是诚的外在行为表现,"诚于中而形于外"。在儒家经典《礼记·中庸》中,"诚"字出现了24次之多;而"信"则是"五常"之一,在《论语》中出现了38次。孔子说:"人而无信,不知其可也"①,认为诚信是做人的基本品质,也是一个人在社会中安身立命的道德起点。孔子把诚信作为做人的三大德之首要,"人之所以立,信、智、勇也。"②荀况说:"养心莫善于诚。"③"诚"是一切德行之本。王船山说:"诚也者,实也,实有也。"④认为"诚"是世界万物和人类社会所普遍固有的确确实实的实有,真实无伪,实有不虚,所以人的行为规范必立其诚。可见伦理化的儒家认为诚信是人最基本的道德,它不仅是人自立于这个社会的一个根本性因素,"而且还是人生之道上的'通行证'"⑤。

在西方,诚信也一直是一种受人尊崇的品质。诚信在西方文化中可以追溯到两个源头,一个是基督教文化中的诚信观,另一个是古希腊文化延伸出来的契约伦理。《圣经》就被视为犹太民族与上帝耶和华的一种契约。而犹太人之所以受苦受难,一种传统的犹太文化解释就是因为犹太人违背了

---

① 《为政》。
② 《左传·成公十七年》。
③ 《荀子·不苟》。
④ 《尚书引义(卷四)》。
⑤ 唐贤秋:《道德的基石:先秦儒家诚信思想论》,中国社会科学出版社2004年版,第62页。

契约。"信、望、爱"是基督教的三大主德,而"信"可以说是基督教伦理学的核心。在基督教里,"信"有多种含义,除了信仰、信实、信任还有相信的含义,既要相信上帝的爱,也要相信教会的存在。马丁·路德的"因信称义"更是强调了"信"的作用,只有内心的"信"才能达到整个社会的公义和正义。在基督教有关教义里,"诚信"也是做人基本的品德。犹太——基督教传统把"不可作假见证陷害人"作为摩西十诫之一加以强调。"你希望别人如何待你,就如何待人"。这种思想在经由基督教的传播而进入欧洲大陆,特别是进入罗马之后,又通过罗马法中固有的契约思想而得到强化,或者反过来说强化了罗马法中的契约思想和欧洲人的契约意识。虽然罗马法在中世纪的时候几乎沉寂,但经过启蒙运动的洗礼,古老的罗马法制度在古典自由主义思想体系内浴火重生,诚实守信的道德诉求屹立不倒,我国也深受其影响。

可见,无论是中国还是西方,诚信品格都受到了极高的推崇,它是社会得以存在和个人得以立世的基础。

(二) 诚信是司法人员的基本职业道德

"法律根植于人类的心性之中……法律的最大正当性,乃在于其与人类最为深沉之天性契合无间。"① 因此,司法"应当是人生活方式的规则呈现,是对生活实体的常态、常规、常例的描述,反映其背后的常识、常理与常情……是一种对人的处境充满同情的规则之治。"② 诚信是人之为人的基本品格,脱离了人性基本品格、不尊重人性发展规律的司法自然将无法得到人们的认同,无法融入社会生活实践之中。因此,诚信应该成为司法人员最为基本的职业道德。法律"运用之妙,存乎于心,在乎于人"。"厚德"才能"载法"。司法是社会正义的最后一道防线。由于司法具有个案处理的特点,也就自然地成为立法的后天补足手段,满足着社会生活对法律变化的需要,并使人们对正义的渴望成为活生生的现实。从承担司法或准司法功能的角度看,司法人员不仅指法官,但必须看到,司法公正最终表现为法官的诚信裁判,法官是实现

---

① 〔美〕霍姆斯:《法律之道》,许章润译,载《环球法律译论》2001年第3期。
② 许章润:《法学家的智慧——关于法律的知识品格与人文类型》,清华大学出版社2004年版,第36—37页。

司法公正最关键的因素。法官们拥有非同一般的权力,出于正义的目的还是出于私利,会生产出截然不同的司法产品,法官如何选择最终考验的还是一个人的道德品行,考验其是否忠实诚信、正直正派。可以说,法官诚信正直的品格是司法公正的根基。对法官而言,诚信的基本要求就是"严格执法、秉公办案",这也是法官所应遵循的最起码的职业道德。因此,在西方人的眼中,不是立法保证了社会正义的实现,相反,"除了法官的人格外,没有其他东西可以保证实现正义"①。

中西方都格外强调对法官道德品行的要求,世界各国都要求法官具有良好的司法品行和职业能力,并建立了一套严格、公开、社会各界参与的法官遴选机制,来保证具有高尚品德和优良素质的人担任法官。在法官履职方面,《美国法官行为准则》规定:"法官应该本着提高司法机构在老百姓中的公信力来履行职责,所有法官必须具备正直、公正的品行"。《德国法官法》在法官誓词中写道:"法官仅服务于真理和公正的事业。"香港法律规定每一位香港法官就任前都必须作出"以无惧、无偏、无私、无欺之精神,维护法制,主持正义"的宣言;在法官选拔方面,泰国法律规定,参加法官资格公开考试的报名条件第五项是"品德端正","经考核,专业知识和道德品行都合格的,才能任命为初级法院法官"。委内瑞拉法律规定,担任法官的人必须"行为一贯清白","有刑事前科或者曾被法院判刑或被专门纪律机关认定为有不端行为的人"不能担任法官。英国、澳大利亚等许多国家及我国的台湾、香港、澳门地区都在法官任职资格上作了"经历清白、品行良好、有良好的个人声誉"等具体规定。

我国对法官的道德品行也有明确的要求。《中华人民共和国法官法》第 7 条规定:"法官应清正廉明,忠于职守,遵守纪律,恪守职业道德。"第 9 条规定:担任法官必须有良好的政治、业务素质和良好的品行;《中华人民共和国法官职业道德基本准则》第 6 条规定:"热爱司法事业,珍惜法官荣誉,坚持职业操守,恪守法官良知,牢固树立司法核心价值观,以维护社会公平正义为己任,认真履行法官职责。"第 9 条规定:"坚持以事实为根据,以法律为准绳,努力查明案件事实,准确把握法律精神,正确适用法律,合理行使裁量

---

① 〔美〕本杰明·卡多佐:《司法过程的性质》,苏力译,商务印书馆 1998 年版,第 6 页。

权,避免主观臆断、超越职权、滥用职权,确保案件裁判结果公平公正。"这些都是对法官诚信司法的要求。

笔者认为,诚信既然是人之为人的品格,在司法领域中就显然不应该仅仅规制法官,也应规制所有承担司法或准司法职能的人员。在我国对司法人员的职业道德规范中,虽然没有诚信的字面表述,却处处体现了诚信的要求。《中华人民共和国检察官职业道德基本准则》第 2 条规定:"检察官职业道德的基本要求是忠诚、公正、清廉、文明。"2011 年新修订的《公安机关人民警察职业道德规范》要求人民警察做到忠诚可靠、秉公执法、英勇善战、纪律严明、无私奉献。诚信本身就是忠诚的应有之义。对于司法人员而言,在法律规定的范围内活动,时时事事处处坚守诚信的道德底线,把诚信的外在道德约束内化为自己的思想品德,自觉用诚信的准则约束自己的所作所为,信守自己的诺言,这就是忠诚于党、忠于国家、忠于人民、忠于法律的最好的体现,也是践行忠诚价值观的最好方式。

二、司法诚信与刑事诉讼契合的价值分析

从法律的角度看,司法诚信对司法意味着什么?对刑事诉讼又意味着什么?刑事诉讼这种司法活动为什么要格外强调司法诚信?刑事诉讼与司法诚信相契合的原因或者说动力在哪里?笔者认为,我们可以从如下四个方面进行分析。

(一) 提高司法公信力解决刑事司法诚信危机的需要

一方面,司法诚信对司法本身具有重要的意义,是提高司法公信力绕不开的一步棋。法律体系可以理解为国家与所有法律管辖范围内的人们之间签订的一个契约。现代意义的法律本身即是社会公共诚信的表现。立法是国家对公众的承诺,这种信用对所有主体及由其连成的社会关系具有普遍约束性。而司法是将法律贯彻到现实社会中的最重要的机制,它把抽象的法律变成了一个个活生生的现实,完成这种伟大变化的就是承担司法职能的机关和人员。因此,从某种意义上说,司法是一所学校。因为"法院通过

对法律的尊重,对正义的追求,以及对人们平常社会关系中所蕴涵的法律道理的阐述,使每一个参与其中的人受到潜移默化的教育,权利观念得以强化,秩序意识得以培养"①。可见,司法的失信所导致的结果不仅仅是其本身的失信,而且是整个法制过程的失信。司法失去了诚信,法律和司法就都失去了自身存在的道德基础和发展根基,司法公信力自然无从谈起。

另一方面,司法只有具备诚信的品格,才能激发公民对法律的信赖和遵守。如果司法运作过程充满了欺诈,司法活动将失去基本的秩序,而法律被肆意亵渎的结果就是公众对司法丧失信心,漠视法律的心态和相应的行为就会出现和蔓延,法律权威的树立将遥遥无期,再好的法律也只是一纸空文而已。令人遗憾的是,刑事诉讼领域正面临着一场空前严重的诚信危机,刑事诉讼中的不诚信行为几乎涵盖刑事诉讼的所有主体,有当事人、其他诉讼参与人,也有司法机关。其中司法机关的不诚信行为尤为令人忧心,如侦查人员在立案中弄虚作假,不破不立,在案件侦破中不当使用诱惑侦查、侦查陷阱、诱供等手段,不信守司法承诺甚至故意做坏证据;公诉人在指控中提出虚假的主张和证据,虚假承诺引诱被告人认罪,在证据展示中刻意隐瞒对辩方有利的证据,滥用检察裁量权;法官在证据认定时有意失去中立立场,偏采偏信,滥用自由裁量权等等,难怪最高人民法院常务副院长沈德咏坦承自己的担忧:"当前,部分群众对司法的不信任感正在逐渐泛化成普遍的社会心理,这是一种极其可怕的现象。"②

刑事诉讼领域的"三聚氰胺"正在考验着人们对刑事司法的诚信预期,让公众对刑事诉讼失去了信心。刑事诉讼虽然带有对抗的性质,但应该是"君子之争",而不应成为"小人之斗"。事实上,今天的刑事诉讼早已不只是国家与被告人的一种对抗,它也是被害人与被告人的一种较量,这种较量可能以对抗也可能以合作的形式出现,司法机关在刑事诉讼中承担的角色可能表现得更为谦抑和温和;刑事诉讼不仅要惩罚犯罪,也要保障人权,更要让受损害的社会关系得到修复;刑事诉讼已经慢慢模糊了镇压者的面孔,越来越呈现出司法克制、平等对话、讨论协商、妥协宽容的内容和特点,展现出一张母亲般慈祥的脸。因此,带有深刻"斗争哲学"烙印的对抗思维必须得

---

① 陈雪琴:《论现代司法理念下的诚信》,载《前沿》2005 年第 10 期。
② 吴兢:《追求看得见的公正》,载《人民日报》2009 年 8 月 19 日。

到重大转变①,将诚信的伦理观引入刑事诉讼,完成刑事诉讼与司法诚信的契合是解决刑事司法诚信危机的必然选择,也是保障人权的需要。

(二) 实现公正与效率价值的需要

效率与公正永远都是一对存在着矛盾的主题,人们一方面希望以最有效率的方式实现公平的目标,另一方面又希望以公平的方式实现最优效率,但两者往往不能协调一致。从博弈论的视角看,其实效率与公平是陷入了"囚徒困境"②。"囚徒困境"描述了这样一个故事:两个犯罪嫌疑人共同作案后被警察抓住,分别隔离审讯。警察告诉他们:如果两人都坦白,将各判8年徒刑;如果两人都不坦白,将各判1年徒刑(警察缺乏足够的证据指证他们所犯的罪行);如果其中一人坦白、另一人不坦白,则坦白者释放,不坦白者判10年徒刑。在这个博弈模型中,两个囚徒都有两个策略:坦白或不坦白,两个囚徒都是在不知道对方做何选择的情况下作出自己的选择。从这个故事可以看出,"囚徒困境"的根源在于局中人相互之间缺乏必要的先期交流,避免"囚徒困境"的方法是由单纯追求"个人理性"与对手竞争到底转向与竞争者进行一定程度的合作。司法诚信正体现了这样一种合作的理念。

司法诚信理念的确立有助于实现公正价值与效率价值的共赢。就公正价值的实现而言,笔者在第一章中论述到,诚信本身即是公正的应有之义,刑事司法不是一场不择手段的诉讼技巧的竞技,司法离开了诚信的指引,诉讼过程将充满欺诈,裁判结果必将出现偏差,司法公正将成为一个奢侈的愿景;就效率价值的实现而言,一方面,司法诚信本身就要求司法人员恪尽职

---

① 需要反思的是,长期以来,诚实信用在中国似乎与刑事司法活动毫无关系。尽管诚信原则已经出现了从私法领域向公法领域扩张的趋势,但很多人依然认为,这只是民法等私法领域的指导原则,不能也不应拓展到公法领域。1996 年修正的《刑事诉讼法》虽然较 1979 年《刑事诉讼法》有了很大进步,但受斗争哲学观影响的痕迹仍较明显,重打击、轻保护,重实体、轻程序的观念仍没有得到根本改变。修改后的《刑事诉讼法》引入了英美法系对抗制的因素,但一些司法人员没有认识到对抗制的运行机理是诉讼双方在平等的基础上进行诉讼进攻和诉讼防御,却进一步强化了以斗争哲学观为基础的对抗思维。在这种思维的指引下,欺骗手段的使用和背信行为的出现就成了司空见惯的事情,与之相伴而生的是辩方不择手段、不计后果的竭力防御,这样的做法无疑会给刑事司法带来致命的威胁,使得刑事司法在控辩双方纯粹技术意义上的证据攻防大战中逐渐丧失其正义的本质,沦为无意义的诉讼技巧的竞赛。

② "囚徒困境"(Prisoners Dilemma)问题于 1950 年由梅里尔·弗拉德(Merrill Flood)和梅尔文·德雷西尔(Melvin Dresher)始创,同年由塔科尔(A. W. Tucker)将其定形完善。

守、勤勉敬业、竭诚全力行使好司法权。这有助于增强司法人员的时效意识,解决刑事诉讼中的推、拖、压等不正常现象,提高诉讼效率;另一方面,司法诚信内含着对当事人意志、自由、人格、尊严的尊重和呵护,强调司法人员对当事人合法权益和切身利益的保障和关怀,强调司法承诺的信守,这无疑能够增强当事人对司法的信任度和满意度,使得当事人服判的几率大大增加,客观上减少申诉、上访情况的发生,减少司法程序的重新启动,从而提高诉讼的经济性。

(三)适应新型诉讼模式的需要

我国刑事诉讼传统上虽然是职权主义模式,但是随着司法的民主化、科学化、国际化,现有的刑事诉讼模式已发生了质的改变。1996年修订后的《刑事诉讼法》淡化了职权主义诉讼色彩,在一定程度上吸收了当事人主义诉讼模式的合理因素,加强了对犯罪嫌疑人、被告人权利的保障,改革了法庭审判方式,增强了控辩双方的对抗性,使法官处于更为中立、公正的地位,诉讼的结构趋于科学、合理。2012年《刑事诉讼法》的再修订,增强了人权保障,扩张了辩方权利,控辩权力(利)趋于平衡,刑事诉讼构造更加科学,刑事诉讼的中国模式逐步形成。[1]

诉讼模式的改变使得司法机关强化司法诚信建设的必要性大为增强。诉讼法的历史表明,在法官一方主导的职权主义诉讼模式中,由于被告人地位的客体化,司法诚信并没有存在的可能性和必要性。[2] 但当事人主义诉讼模式合理因素的引入使得被告人成为了诉讼的主体,控辩双方的对抗和对话

---

[1] 冀祥德:《人权保障的显著进步与期待——2012年刑事诉讼法修正案评介》,载《中国社会科学院要报·领导参阅》2012年第8期。

[2] 中国古代官吏在审理案件时经常使用一种被称为"诡谲之术"的审判手法,这种手法不仅为法律所认可,并且在一定程度上还受到社会舆论的推崇。如宋人郑克在《折狱龟鉴》中就主张官吏问案可以使用诈术,布设圈套,使被告人就范。包公是中国老百姓非常熟悉的历史人物,可谓是"清如水、明如镜、目光如炬、断案如神",一直都作为中国历史上"清官"的典型代表。史载,他曾审理过这样一件案子:"尝有二人能饮酒,一能,一不能饮。能饮者袖有金数两,恐其醉而遗也,纳诸不能饮者。(能饮者醒而索之,不能饮者拒之)曰:'无之。'金主讼之。话问,不能。公密遣吏持碟为匿金者自通取诸其家。家人谓事觉,即付金于吏。俄而吏持金至,匿金者大惊,乃伏。"本案中,我们可以清楚地看到作为中国古代官吏楷模的包拯同样会使用"诡谲之术"审理案件。在中国古代的诉讼模式下,原被告都只是官吏查明案件事实真相的会说话的工具,均是诉讼的客体,在这种情况下,运用"诡谲之术"进行审理也就是再正常不过的事了。

成为可能,也为法官审查其他国家机关及诉讼参与人诉讼行为的合法性与合理性提供了空间。在这种新型诉讼模式下,司法公正的实现很大程度上取决于检控方与辩护方的诚信对抗和法官的诚信裁判。还应该看到,由于历史的影响,我国诉讼模式的改革具有特殊性,当事人主义目前仅仅停留在审判阶段,审前程序仍带有职权主义的色彩。2012年《刑事诉讼法》进一步强化了犯罪嫌疑人在侦查阶段的主体地位①,强化了辩护人的地位和作用②,强化了法院、检察院在侦查阶段的居中介入③,从而使"控、辩、裁"三方的诉讼化模式构建理念在刑事侦查程序中得以渗透,这使得以往侦查过程中表现出的犯罪嫌疑人、辩护律师与侦查机关力量对比的失衡现象得以改善,审前程序的对抗性和司法控制得到了加强。因此,检警人员应该做好充分应对,摆正自己的位置,正确行使权力,自觉接受司法诚信理念的制约,以适应这种改变。但不能否认的是,审前程序的基本构造并没有改变,新法对于在审前程序中

---

① 2012年《刑事诉讼法》第50条规定:不得强迫任何人证实自己有罪。虽然本次《刑事诉讼法》修改未将沉默权写入法条,但通过不得强迫其自证其罪的规定已经在侦查中赋予了犯罪嫌疑人对抗式的权利,对于侦查机关带有明显倾向化的问题,犯罪嫌疑人可以不予回答。这使得犯罪嫌疑人的主体地位得到了加强。

② 2012年《刑事诉讼法》第33条规定:犯罪嫌疑人自被侦查机关第一次讯问或者采取强制措施之日起,有权委托辩护人;在侦查期间只能委托律师作为辩护人。这一规定将律师作为辩护人的时间从检察院审查起诉之日前移到首次讯问或采取强制措施之日,明确了侦查期间律师作为犯罪嫌疑人合法权益维护者的法律地位,对侦查机关的权力行使形成了有效的制约。第37条规定:律师持"三证"即可会见犯罪嫌疑人,了解有关案件情况、提供法律咨询等,这一规定实现了《刑事诉讼法》与《律师法》的有效衔接。第36条规定了辩护律师在侦查期间可以为犯罪嫌疑人提供法律帮助,代理申诉、控告,申请变更强制措施,向侦查机关了解犯罪嫌疑人所涉嫌的罪名和案件有关情况,提出意见。这一规定增加了辩护律师向侦查机关了解案件有关情况和提出意见的权利,进一步完善和强化了辩护律师在侦查期间的作用,改进了侦查阶段侦查机关和犯罪嫌疑人力量相差悬殊的状况。

③ 2012年《刑事诉讼法》在一定程度上确立了"非法证据排除"规则。第54条第2款规定:"在侦查、审查起诉、审判时发现有应当排除的证据的,应当依法予以排除,不得作为起诉意见、起诉决定和判决的依据。"这表明公检法三机关都有排除非法证据的义务。第55条、第56条、第57条细致规定了检察院、法院排除非法证据的过程和方式,使得检察院、法院在侦查阶段得以介入。按照新的法律规定,人民检察院认为侦查人员以刑讯逼供、暴力、威胁等非法方法收集证据的行为,侵犯诉讼参与人的合法权利,破坏司法公正,一方面要通过非法证据排除程序使其获得的证据不能在诉讼中使用,另一方面要对非法取证的行为本身和违法的侦查人员依法作出处理,这无疑加强了人民检察院对侦查活动的监督和制约;法院作为中立的第三方,认为可能存在非法取证情形的,应当启动以证据收集合法性为中心的法庭调查程序,这一程序由控、辩、审三方参与,以查明证据收集是否合法。虽然在法庭审查环节启动证据效力的裁判具有一定的滞后性,无法对侦查阶段的证据收集活动形成及时有效的制约,但相较于1996年《刑事诉讼法》的有关规定,已有很大进步,法院无疑已经成为侦查环节证据效力的裁判者。

引入更为中立有效的第三方"裁判"的力度还是稍显欠缺,我们只能希冀下一次修法带来根本性的改变。因此,在现有制度条件下,检警人员自身诚信品格的回归和检控方的诚信表现仍然成为制约审前阶段案件办理质量的关键因素,否则,强大的权力优势加上使用诈术的便利条件将使控方在审前程序中轻而易举地主导案件审判的方向。

(四)体现国家诚信示范意义的需要

笔者在第一章已经论述司法诚信本质上是一种国家诚信。这一点在刑事诉讼中体现得尤为明显,刑事司法诚信对于国家诚信的彰显具有更大的示范意义,这一结论可以通过与其他法律的比较得到清晰的论证。

在民法等私法领域,诚信更多地表现为约束双方当事人行为的一项原则,这是由民法调整的特点决定的。民法确认和维护民事主体的平等地位,尊重民事主体的自主意志,赋予了民事主体民事权益的处分权,也赋予了民事主体解决纠纷途径的选择权。民事纠纷通常是以协商的方式来解决的,当其不能达到解决纠纷的目的时,他们有权选择诉讼方式,也可以通过仲裁、第三人调解、自行和解等非诉讼方式来解决争议。可见,诉讼只是众多纠纷解决方式中的一种,是私人之间无法达成合意之后的一种选择。民事诉讼主要解决的是私人之间的纠纷,主体间的合意与诚信尤为重要。加之民事诉讼中涉及的司法机关只有法院,民事诉讼中的司法诚信就突出地体现在法官的诚信裁判上,主要表现为法官对自由裁量权的合理掌握。

与私法调整平等当事人之间的权利义务关系相对,公法要处理的是国家权力和公民权利之间的关系问题,限制国家权力、防止公权力的异化是公法的基本理念。这一点在行政法中体现得非常明显。行政法的调整对象是行政关系,也就是行政主体(一般是行政机关)在实施国家行政权过程中所发生的各种关系。其中最为主要的是行政管理关系。与之相对的,行政诉讼主要解决的是由国家行政机关和行政管理相对人在行政管理活动中发生的行政争议。行政法对权力的控制是显而易见的。英国著名的行政法学家韦德给行政法下的一个定义是:行政法"就是关于控制政府权力的法"。[①] 因

---

① 〔英〕威廉·韦德:《行政法》,楚建译,中国大百科全书出版社1997年版,第7页。

此，诚信对行政法而言不仅意味着对行政主体与行政相对人双方兑现承诺、恪守信用的要求，更意味着对权力的一种方向性指引，指引着行政主体在具体的行政行为和行使自由裁量权的过程中信守法律、诚信不欺。这种方向性指引又通过行政诉讼得到进一步的强化，因为行政诉讼的本质就是将权利和权力之间的冲突提交中立的第三方——法院进行裁决，法院审查的内容就是行政主体权力的行使是否合法，是否构成了对行政相对方的侵害。① 因此，较之民法，行政法领域中的诚信对国家诚信的示范意义更为明显。

虽然同样属于公法，但与行政法相比，刑事诉讼中体现的权利与权力的交锋更为尖锐与激烈。刑事诉讼被认为是一场国家和个人之间的较量，它涉及国家公权力对个人权利直接的介入——干涉、限制和剥夺。刑事诉讼法具有惩罚犯罪和保障人权的双重目标，从目的的对比上来说，没有哪一个部门法的目标能像刑事诉讼法那样接近宪法，可以毫不夸张地说，刑事诉讼法就是一部小宪法。尤其需要指出的是，刑事诉讼不仅是一种公共权力介入的社会冲突解决方法，而且"刑罚之权利，唯有国家方得行使之"②。在刑事诉讼中，国家权力表现出了对刑事诉讼全过程的主导性和控制性，从立案侦查到裁判和执行，国家权力的身影一直无处不在，无时不在：它以国家法律表现国家权力、以国家机构行使国家权力、以诉讼程序实现国家权力。因此，刑事诉讼就是一个以国家权力的运作为主线的过程和典型场域，国家权力构成了刑事诉讼机制的核心结构要素。③ 更为重要的是，刑事诉讼中国家权力的行使主要表现为司法机关的单方面行为，比如证据收集、强制措施、审查起诉、审判等等，尽管随着刑事诉讼观念的革新和理论的嬗变，刑事诉讼中已经出现了越来越多的契约和合作，但较之其他所有法律，国家主体职权性的行动在刑事诉讼中体现得最为明显，司法机关行使的职权范围也最为广阔。正如美国大法官罗伯特·杰克逊所说：没有哪个部门法比刑事诉讼法更关注公正。政府拥有巨大的权力，它独自拥有指控、控诉、惩罚方面的合法权威，所以任何一个在政府和公民之间的刑事审判，按其固有的特

---

① 范培根：《行政诉讼的目的初探》，载《上海市政法管理干部学院学报》2001年第5期。
② 〔德〕克劳思·罗科信：《刑事诉讼法》（第24版），吴丽琪译，法律出版社2003年版，第4页。
③ 卞建林、田心则：《论刑事诉讼中权力的和谐化》，载《人民检察》2008年第4期。

性,都不是对等的。① 因此,刑事诉讼领域显然更容易出现权力的滥用,格外需要强调司法诚信和正当程序②,这对于国家诚信的确立有着更为突出的示范意义。

笔者认为,在缺乏法律诚信孕育基础、缺乏诚信法制传统的现代中国,在诚信危机严重、道德价值匮乏的今日社会,国家主体推动型的诚信显然较之公民诚信更容易推行,对诚信社会的构建也具有更为重要的示范意义。作为人之为人的基本品格,国家机关及其工作人员必须要在其职权行为中首当其冲地体现诚信品格,践行诚信要求。这一点在刑事诉讼领域无疑会得到很好的实践和证明,刑事诉讼中的司法机关通过自身的职权行为展现其诚信的职业道德和形象,必将极大地推动司法公正和司法权威的实现。

三、司法诚信与刑事诉讼契合的现实根基

司法诚信与刑事诉讼的契合不仅有充分的理论根据,而且已经有了现实的表现。比照笔者在本章第一节论述的司法诚信理念的精神内核,即对多元价值的追求和多方利益的兼顾、对诉讼主体平等地位的认同、对诉讼主体意志和自由的尊重以及对犯罪嫌疑人、被告人权利的保障,不难发现,当今刑事诉讼的理论与实践已经呈现出与司法诚信理念高度契合的态势。

(一)刑事诉讼理论与司法诚信的契合

1. 刑事诉讼平衡价值观与司法诚信的契合

美国学者卓尔·萨马哈曾指出,平衡乃刑事诉讼的核心问题,刑事诉讼

---

① 程荣斌、侯东亮:《试论刑事诉讼价值平衡》,载《河南省政法管理干部学院学报》2010年第1期。

② 虽然从技术的角度看,侦查技术的落后、司法资源分配的相对不足给规范刑事诉讼中权力的行使和司法人员素质的提高带来了极大的困难,但随着科学技术的飞速发展和社会生产力水平的迅速提高,运用公权力过程中不诚信的正当性正在丧失:就多数案件而言,采用欺骗手段进行侦查的必要性已不存在。

程序是按照平衡相互冲突的利益的中心议题组织的。① 传统的刑事诉讼理论强调国家本位的立场,强调刑事诉讼法对刑法实施的保障作用,致力于保持对犯罪的高压态势,追求除恶务尽、消灭犯罪,导致刑事诉讼严厉有余而宽容不足、打击犯罪有余而保障人权不足。随着刑事诉讼的现代化,利益类型不断分化,出现了国家利益、社会利益、犯罪人利益、被害人利益、社区利益的纷繁交织,利益主体多元化的发展趋势对利益的最大化及其冲突与平衡提出了制度化的要求。作为公共利益守护者和社会利益保护神的现代国家在运用法律这一社会控制手段时呈现出两种面孔:既期望公权力的行使能够为社会带来秩序,但又惧怕公权力的肆意导致对公民权利的践踏;既期望通过权利的行使最大限度地制约公权力的不当行使和滥用,又担心正当程序的运行阻却了公权力的正常行使。② 1996年《刑事诉讼法》修改之后,惩罚犯罪的单一诉讼目的观已被摒弃,惩罚犯罪与保障人权之双重目的论已经逐渐成为理论界与实务部门的基本共识。2012年《刑事诉讼法》更是把宪法确立的"尊重和保障人权"明确写入到了总则当中。可见,今天的刑事诉讼在价值观上越来越呈现出注重利益平衡的趋势,这与司法诚信所包含的利益平衡理念高度契合。

2. 诉讼主体性理论与司法诚信的契合

诉讼主体性理论的形成是现代刑事诉讼法的一个重要标志。现代法意识中的最根本的因素是主体性意识,包括对本人权利的主张(自由)和对他人权利的尊重(平等)这两个互相关联(团结)的方面。③ 一般认为,主体性理论的主要意义在于使被追诉人的主体地位得以确立,被追诉人诉讼权利得以扩张。笔者认为,被告人一方虽然是主体性理论最大的受益方,但却不是唯一的受益方,主体性理论对被害人一方的价值同样不容忽视。主体性理论的价值体现在刑事诉讼中表现为两个方面:一是要求将被指控有罪的人作为其自身目的的主体来对待,而不是将他作为惩罚的对象和获得证据的工具。二是承认被害人主体地位的独立性,不能把被害人仅仅视作证人,将

---

① 沈德咏:《刑事证据制度与理论》,法律出版社2002年版,第123页。
② 程荣斌、侯东亮:《试论刑事诉讼价值平衡》,载《河南政法管理干部学院学报》2010年第1期。
③ 季卫东:《法律秩序的传统与创新(代译序)》,载〔日〕川岛武宜:《现代化与法》(修订版),申政武等译,中国政法大学出版社2004年版,第7页。

其仅仅当作国家追诉犯罪的工具。诉讼主体性理论意味着国家要尊重包括犯罪嫌疑人、被告人和被害人在内的诉讼主体的人格尊严和自主行动意愿，使其能有机会和条件通过人性化的制度安排对诉讼结果施加有效的影响。诉讼主体性理论充分证实了在现代刑事诉讼中，"裁判不是在其单方面调查取证基础上形成的，而是通过与控辩双方进行理性的协商、交涉和争辩而产生的"①。这就意味着刑事诉讼已经不完全是国家权力主导的程序空间，刑事诉讼也不再是国家机关主宰的单方游戏。诉讼主体地位的确立和权利的张扬必然限制权力行使的恣意，改变权力行使的方式，其中最为基本的要求就是司法要诚信。还应该看到，诉讼主体性理论使刑事诉讼的当事人在某些问题的选择与处理上享有自由行动的权利，并能通过利益权衡与相对方进行合作，进而在规则许可的范围内达成合意②，这样的"平等"与"自愿"无疑与诚信精神的指向不谋而合。

3. 程序正义观与司法诚信的契合

程序正义观是以发生、发达于英国法并为美国法所继承的"正当程序"思想为背景而形成和展开的。在英美法里，满足正当程序要件的程序才是合乎正义的程序，反过来说合乎程序正义的程序就是正当程序。正当程序的核心，乃是将刑事诉讼的各个利益相关者视为有尊严的主体，并充分关照其意思和利益。③ 美国学者戈尔丁曾言："坚持公正标准能促进纠纷的解决，而不仅仅是把它们了结。"④戈尔丁所说的"纠纷的解决"和"纠纷的了结"的差异中，体现出了程序正义的价值。程序正义观已经在我国理论和实务界得到普遍共识。实际上，强调程序正义就是强调程序独立于实体结果的内在价值，强调法律程序的意义就在于其是实现诸如人的尊严和自主性等价值的保障。程序的遵从者时刻也不能忘记人之尊严和权利才是程序的根本。而基于国家在刑事诉讼中拥有压倒性的先天优势，程序正义首先应当体现为对被追诉人的权利保障的关注。矫正被追诉人与国家权力先天失衡的态势是程序正义的应然之义，司法诚信无疑是实现这种矫正的一种重要

---

① 陈瑞华：《刑事审判原理论》，北京大学出版社1997年版，第12页。
② 詹建红：《论契约精神在刑事诉讼中的引入》，载《中外法学》2010年第6期。
③ 肖仕卫：《纠纷解决：一种新的刑事诉讼目的观》，载《中国刑事法杂志》2010年第9期。
④ 〔美〕戈尔丁：《法律哲学》，齐海滨译，三联书店1987年版，第240—241页。

方法和力量。不当使用诱惑侦查、不信守司法承诺、虚假指控、滥用自由裁量权等司法不诚信行为实际上都是重实体、轻程序思想的体现,侵犯了被追诉人的权利,加剧了控辩之间的不平等,背离了程序正义的要求。因此,程序正义观所内含的对国家权力的约束,对被追诉者尊严的呵护和权利的保障与司法诚信理念高度契合,只有遵守正当程序的司法才能真正获得公众的信赖。美国学者泰勒曾经作过一项关于公民服从法律的态度和行为的调查,即"人们为什么要守法",结果发现:正当程序可以激发公众的守法动机,人民对诉讼的信任与最后的输赢大体没有必然的关系,而是关心程序是否正当。①

(二) 刑事诉讼立法及实践与司法诚信的契合

自 1996 年《刑事诉讼法》修改以来,立法者与实务界自觉不自觉地作出许多努力,一反"控辩双方誓不两立"之态势,致力于寻求利益间的协商、交换与正义的妥协。契约这一原本限于私法领域的概念日益进入公法领域,且不仅仅限于理论上的探讨,也开始成为实际存在的制度实践,这使得实践对司法诚信的呼唤从来没有像今天这样强烈。② 笔者试从如下四个方面加以论证:

1. 简易程序的确立与完善

简易程序的完善是一个渐进的过程。1996 年《刑事诉讼法》虽然规定了简易程序,但是否适用以及如何适用,完全依靠法院与检察院的自由裁量,刑事被告人根本没有被赋予在适用简易程序方面的选择权,只能被动承受。③ 这一缺陷在 2003 年 3 月 14 日颁布的《关于适用简易程序审理公诉案件的若干意见》(以下简称《意见》)中予以弥补,该《意见》第 1 条即规定:适用简易程序的条件之一是"被告人及辩护人对所指控的基本犯罪事实没有

---

① 孙笑侠:《程序的法理》,商务印书馆 2005 年版,第 48—49 页。
② 笔者在前文中提到,诚信原则的产生正是契约与伦理融合的结果。中国人的契约精神核心就是诚信。诚信精神孕育于契约关系中,和契约精神一脉相承。因此,司法诚信重要性的提升和中国刑事诉讼的契约化发展紧密相联。
③ 根据 1996 年《刑事诉讼法》的规定,法院适用简易程序有许多限制条件:它只适用于轻微或简单的刑事案件。主要有三类:对依法可能判处 3 年以下有期徒刑、拘役、管制、单处罚金的公诉案件,事实清楚、证据充分的案件;告诉才处理的案件;被害人起诉的有证据证明的轻微刑事案件。而对第一类案件适用简易程序还必须以人民检察院建议或者同意为前提。

异议"。第 2 条又规定:被告人、辩护人作无罪辩护的不适用简易程序审理。这使得被告方在程序的适用上拥有了对抗意义的选择权。

《意见》更大的突破在于凸现了国家权力与公民权利之间的对话和协商。第 7 条第 2—4 款规定:"独任审判员应当讯问被告人对起诉书的意见,是否自愿认罪,并告知有关法律规定及可能导致的法律后果;被告人及其辩护人可以就起诉书指控的犯罪进行辩护。被告人有最后陈述的权利。被告人自愿认罪,并对起诉书所指控的犯罪事实无异议的,法庭可以直接作出有罪判决。"第 9 条规定:"人民法院对自愿认罪的被告人,酌情予以从轻处罚。"这使得简易程序增加了民主的色彩和"合作"的因素。《意见》承诺自愿认罪的被告人有权获得法院的从轻处罚,这是法院与被告人之间的合作,合作能否成功,很大程度上取决于司法是否诚信。只有诚信合作,契约中的实惠才能得以实现。被告人可以通过认罪尽早摆脱缠讼,还可获得较轻的刑罚,而法院也可以尽快结案,缓解积案的压力。

虽然《意见》规定的简易程序体现了对被告人选择权的关注,赋予了被告人根据自己的自由意愿选择是否适用简易程序以及享受由此带来的利益的权利,但 1996 年《刑事诉讼法》规定的简易程序仅适用于依法可能判处 3 年以下有期徒刑、拘役、管制或者单处罚金的案件,适用范围过于狭小,大量的刑事案件无法纳入该轨道而不得不适用普通程序。司法资源的紧张和审判效率的低下合力激发了实践部门的探索欲望和改革动能。一些法院从 1999 年就开始探索那些事实比较清楚、被告人对指控的基本犯罪事实没有异议、判刑可能在 3 年以上刑罚的案件的适用程序,最高人民法院对此也大力支持。2003 年 3 月 14 日,最高人民法院、最高人民检察院与司法部联合发布了《关于适用普通程序审理"被告人认罪案件"的若干意见(试行)》(以下简称《试行意见》),对实践的做法进行了整理与确认,解决了各地司法实践做法不一的问题。

和原来的简易程序相比,《试行意见》最大的特点在于受案范围广泛,除可能判处死刑以外的案件原则上都可适用。与简易程序的相同之处在于,《试行意见》同样赋予了被告人对程序的控制权,比如《试行意见》第 1 条第 1 款即规定"被告人对被指控的基本犯罪事实无异议,并自愿认罪的第一审公诉案件,一般适用本意见审理"。第 4 条规定:"人民法院在决定适用本意见审理案件前,应当向被告人讲明有关法律规定、认罪和适用本意见审理可能导致的法律后果,确认被告人自愿同意适用本意见审理。"第 9 条规定:"人民法院对自愿认罪的被告人,酌情予以从轻处罚。"这些都体现了利益交换的契约精神。《试行意见》的实施无疑使得司法诚信理念有了更大的适用空间。

2006 年 12 月 28 日,最高人民检察院通过《关于依法快速办理轻微刑事案件的意见》,继续为普通程序简化审积极创造条件。① 该《意见》规定对于案情简单、事实清楚、证据确实充分、犯罪嫌疑人、被告人认罪的轻微刑事案件,在遵循法定程序和期限、确保办案质量的前提下,简化工作流程、缩短办案期限。公、检、法三机关密切联系和配合,保障轻微刑事案件在侦查、批捕、起诉、审判环节快速办理。可见,符合轻刑快审程序适用条件的犯罪嫌疑人、被告人可以得到"简上加简"的优惠和三机关的合力保障。当然,犯罪嫌疑人、被告人承认实施了被指控的犯罪是适用轻刑快审办案机制的前提条件。

2012 年《刑事诉讼法》进一步扩大了简易程序的适用范围,第 208 条取消了原先"有可能判处 3 年以下有期徒刑"的犯罪案件才可适用简易程序的条件,规定对基层人民法院审理的案件,无论重罪或轻罪,凡案件事实清楚、证据充分的,被告人认罪,对指控犯罪事实无异议,被告人对适用简易程序无异议的刑事案件,均可依法适用简易程序办理,这意味着国家权力与公民权利之间的对话和协商有了更大的空间。

在简易程序改革的基础上,2014 年 6 月 27 日,第十二届全国人民代表大会常务委员会第九次会议通过了《关于授权最高人民法院、最高人民检察院在部分地区开展刑事案件速裁程序试点工作的决定》(以下简称《速裁决定》),授权最高人民法院、最高人民检察院在北京等 18 个城市开展刑事案件速裁程序试点工作。《速裁决定》明确提出对"事实清楚,证据充分,被告人自愿认罪,当事人对适用法律没有争议的危险驾驶、交通肇事、盗窃、诈骗、抢夺、伤害、寻衅滋事等情节较轻,依法可能判处 1 年以下有期徒刑、拘役、管制的案件,或者依法单处罚金的案件,进一步简化刑事诉讼法规定的

---

① 樊崇义:《我国刑事案件速裁程序的运作》,载《人民司法》2015 年第 11 期。

相关诉讼程序"。2014年10月14日,最高人民法院、最高人民检察院、公安部、司法部《关于在部分地区开展刑事案件速裁程序试点工作的办法》(以下简称《办法》)中的有关规定进一步体现了国家司法机关与当事人之间的协商,强调适用速裁程序的前提是征得犯罪嫌疑人、被告人的同意,而且需要对指控的犯罪事实及人民检察院提出的量刑意见均不持异议。① 《办法》还规定人民法院适用速裁程序审理案件,需要听取公诉人、辩护人、被害人及其诉讼代理人的意见。② 在此基础上,如果被告人当庭认罪、同意量刑建议和使用速裁程序的,不再进行法庭调查、法庭辩论。③ 如果被告人自愿认罪,退缴赃款赃物、积极赔偿损失、赔礼道歉,取得被害人或者近亲属谅解的,可以依法从宽处罚。④ 可见,无论是速裁程序的启动条件,还是司法机关与被告人在定罪与量刑方面需要达成的双重合意,还是人民法院对多方意见的听取需求,或者认罪从宽机制的建设均体现了国家权力与公民权利之间的对话协商与利益交换的契约精神,这无疑与司法诚信的精神指向相契合。

2. 辩诉交易的精神体现

"辩诉交易"是世界不少国家刑事诉讼法规定的一项特别审判程序,具体是指公诉方与被告方及其辩护人经过协商与讨价还价达成一份协议,以被告方承认某些罪名来换取公诉方不予追究或以较轻罪名、较轻刑罚追究的承诺。辩诉交易在我国虽然没有得到立法的确认,但却在实践中完成了在法无明文规定的情况下的首次亮相。2002年4月11日,牡丹江铁路运输法院审理了一宗故意伤害案,这起被称为"国内辩诉交易第一案"的基本案情如下:被害人王玉杰与被告人孟广虎因车辆争道而发生争吵,后被告人孟广虎及同伙将被害人王玉杰打成重伤。案发后15个月内,因公安机关未能抓到孟广虎同案的其他犯罪嫌疑人,故无法判断被害人的重伤后果是何人所为。为尽快了结本案,经公诉机关与辩护人协商:只要被告人认罪,并自

---

① 《办法》第1条规定了适用速裁程序需要符合的四个条件:(1)案件事实清楚、证据充分的;(2)犯罪嫌疑人、被告人承认自己所犯罪行,对指控的犯罪事实没有异议的;(3)当事人对适用法律没有争议,犯罪嫌疑人、被告人同意人民检察院提出的量刑建议的;(4)犯罪嫌疑人、被告人同意适用速裁程序的。

② 参见《办法》第11条。

③ 同上。

④ 参见《办法》第13条。

愿承担民事责任,控方同意建议法院对被告人适用缓刑从轻处罚。最后法院采纳了控辩双方的交易结果,以故意伤害罪判处被告人孟广虎有期徒刑3年缓刑3年。开庭时间仅用了25分钟。①

此案一石激起千层浪,尽管最高人民检察院对此明确地表明了态度:由于没有法律明文授权,辩诉交易不能用于办案,但理论界与实务界的讨论并没有停息,主张将辩诉交易制度引入中国的呼声不绝于耳。究其缘由,很重要的一点是辩诉交易可以在某种意义上形成辩诉双方"双赢"的局面,解决中国司法"公正与效率不能兼得"的困境。笔者认为,以"讨价还价"为外观的辩诉交易虽然好似损害了司法的严肃性和公正性,但却是在诉讼的公正与效率之间,寻求博弈均衡点的不得已的选择。实际上,虽然辩诉交易在立法中没有得到确认,实践中也没有得到推行,但这些年来司法机关所进行的证据开示、量刑建议、普通程序简化审的探索与改革都体现了辩诉交易的精神实质,而正在试点的速裁程序更是被称作"中国式的诉辩协商制度",即司法机关以从宽处理来换取被告人认罪认罚。值得注意的是,辩诉交易具有鲜明的合同属性,突出体现了作为诉讼主体的控辩双方进行自愿合意的核心理念,而支撑这种制度顺畅运行的正是控辩审三方的诚信合作。要实现辩诉交易对国家或社会利益的维护,就要求检察官能像刑事和解中的被害人一样,尽力地维护其自身的利益,也要求审判人员能够兑现法律赋予被告人的"量刑优惠",因此,司法人员的诚信品行格外重要,这正是司法诚信的重要方面。

3. 刑事和解的制度实践

刑事和解指在犯罪发生后,通过调解人的帮助,加害人和被害人直接接触和交谈,共同协商达成经济赔偿和解协议后,司法机关根据具体情况作出有利于加害人的刑事责任处置的诉讼活动。刑事和解与辩诉交易的共同之处在于都是通过与加害者(即刑事被告人)进行协商,从而使既已发生的社会纠纷得到解决。不同之处在于刑事和解是被害人与加害人之间两个独立的个体之间进行的协商,而辩诉交易是国家权力机关(机构)与刑事被告人(个人)之间进行的协商。② 显然,刑事和解突出了被害人的地位,而辩诉交

---

① 张景文等:《聚焦国内辩诉交易第一案》,载《人民法院报》2002年8月8日。
② 刘方权:《刑事和解与辩诉交易》,载《江苏警官学院学报》2003年第4期。

易中被害人被边缘化,交易的结果很有可能违背被害人的意愿。

近年来,许多实践部门在刑事和解方面开始了一些可贵的探索。北京、河南、湖南、江苏、山西、云南等地的检察院和法院系统都表现出了实践刑事和解的热情,并各自出台了有关刑事和解的相关规定。① 在实践的推动下,最高人民检察院早在 2007 年的时候就开始对各地刑事和解实践开展调研,学界在刑事和解方面的理论研究也逐步走向成熟。2012 年《刑事诉讼法》在特别程序中专章规定了"当事人和解的公诉案件诉讼程序",对案件范围、适用条件、法律效力等作出明确规定。第 277 条将因民间纠纷引起,涉嫌侵犯人身权利民主权利、侵犯财产犯罪,可能判处 3 年有期徒刑以下刑罚的故意犯罪案件,以及除渎职犯罪以外的可能判处 7 年有期徒刑以下刑罚的过失犯罪案件纳入公诉案件适用和解程序的范围。第 278 条规定公安机关、人民检察院、人民法院应对和解的自愿性、合法性进行审查。第 279 条规定对于达成和解协议的案件,人民法院、人民检察院和公安机关可以依法从宽处理。自此,刑事和解制度作为我国司法改革的一项重要成果以立法形式固定下来。

需要注意的是,刑事和解实际上只是将加害人与被害人达成和解的情况作为案件处理时一个重要但不是唯一的考虑因素,而后通过正常的程序制度予以吸纳,如不起诉、辩诉交易等。② 刑事和解中一定包含司法人员的身影,他们的作用或是居中调停、或是监督控制,当然,最终也需对和解协议的自愿性、合法性进行裁定。司法诚信对刑事和解制度的顺利运行起着至

---

① 2002 年,北京市朝阳区人民检察院就率先制定《轻伤害案件处理程序实施规则》,明确规定:检察机关对于移送审查起诉的轻伤害案件,应当讯问犯罪嫌疑人,听取犯罪嫌疑人委托的人的意见。同时,检察人员应当告知犯罪嫌疑人如果和被害人达成和解,就可能被作出相对不起诉的处理决定。北京市朝阳区人民法院在全国率先将庭外和解制度应用于刑事和解领域,刑事自诉案件和刑事附带民事案件的当事人,可自主选择是否以法官庭前调解、特邀调解员调解或律师和解方式解决纠纷。自 2006 年 10 月 31 日开始,湖南省检察机关正式实施《湖南省人民检察院关于检察机关适用刑事和解办理刑事案件的规定(试行)》。2007 年,江苏省无锡市公、检、法、司四机关联合出台了《关于刑事和解工作的若干意见(试行)》,并于 4 月 1 日起实施。2007 年 7 月初,河南省郑州市人民检察院出台了《关于贯彻宽严相济刑事司法政策的若干规定》,规定中明确了对一些轻微刑事案件的处理标准。2007 年 9 月 1 日起,山西省太原市人民检察院开始实施《办理轻微刑事案件适用刑事和解的规定(试行)》。云南省昆明市检察机关也根据《昆明市检察机关在办理刑事案件中适用刑事和解的规定》,开始依法对轻微刑事犯罪案件试行刑事和解制度。

② 詹建红:《论契约精神在刑事诉讼中的引入》,载《中外法学》2010 年第 6 期。

关重要的作用,不能忘记人们关注刑事和解制度的一个主要原因是对其公正性的疑虑。因为争议解决方式由原来法院判决转向私人协商,这样以对话和协商为基础,会对所有加害人的平等处理带来妨碍,也就是说对"形式平等"产生妨碍,但要做到"实质的平等"即不同情况不同对待,又要求法官的绝对中立和诚信司法,如法官不把这种获得宽缓的机会平等平均地分配势必造成"特权主义",所以在现实中加害人可能更会想方设法地与司法人员打通关系,成为法外因素干预司法的新途径。①

4. 刑事证据开示制度的试行

刑事证据开示主要是指公诉人与犯罪嫌疑人、被告人的辩护人之间,在人民法院对公诉案件开庭审理以前,相互交换证据信息的活动。1996年《刑事诉讼法》的修改使得起诉方式发生了重大的改变,规定起诉书中只需载有明确的指控犯罪事实,再附上证据目录、证人名单和主要证据复印件或者照片即可。司法实践中,控辩双方都在为庭前无法获取对方更多的证据信息而抱怨。一方面,辩方无义务将收集的无罪或罪轻的证据在开庭前告知控方,控方因庭前无法获取辩方证据,往往是在庭上才得知辩方的举证内容;另一方面,控方在开庭前也没有将所收集的具体证据呈送法院的义务②,这直接导致辩方阅卷权的缩小,而辩方的申请调取证据权往往流于形式、难以实现。这两个方面合力导致了控辩双方开庭前如同两军对垒,互相封锁证据,审判时抛出"重型炸弹"的现象时有发生,这种敌对、互不信任的对抗显然不利于诉讼目的的实现。

为了解决实践中的这一困境,刑事证据开示制度应运而生。这项制度在1996年《刑事诉讼法》中可以找到一定的法律依据,1996年《刑事诉讼法》第36条、第96条、第150条及有关司法解释,分别规定了辩护律师在侦查、起诉、审判等诉讼的不同阶段可以获取的证据信息,但是并没有规定辩护方调查取得的证据应向公诉方展示,这一缺陷在2012年《刑事诉讼法》中得到了一定程度的弥补,新法第40条规定:"辩护人收集的有关犯罪嫌疑人

---

① 罗莉:《浅析刑事和解》,载 http://old.chinacourt.org/html/article/200902/13/344430.shtml,最后访问时间:2016年2月13日。

② 检察院移送给法院的只是主要证据复印件、证据目录、证人名单,使辩方在法院无法查阅控方的全部卷宗材料。

不在犯罪现场、未达到刑事责任年龄、属于依法不负刑事责任的精神病人的证据,应当及时告知公安机关、人民检察院。"笔者认为,尽管有上述规定,严格意义上的庭前证据展示制度在我国并没有建立。作为最高人民检察院近年来倡导的公诉改革之一,许多地方的检察院和法院围绕刑事证据开示制度进行试点。其中,北京市海淀区人民检察院的举措比较有代表性。2002年6月25日,北京市海淀区人民检察院和北京市律师协会签订了"证据开示协定书",规定从协定书签字之日起,该院与北京市的25家律师事务所就该院立案侦查的全部案件开展对应的证据开示。此外,北京市门头沟区人民检察院、山东省寿光县人民法院、浙江省宁波市江北区人民检察院等都开始尝试实行刑事证据开示制度。证据开示制度体现了以诚实信用为基础的合作精神,其所带来的直接价值是从信息占有的角度保障了控辩双方的平等。控辩双方按照既定的协议相互展示自己所拥有的证据,任何一方的隐瞒或欺诈都将破坏日后继续合作的可能,可见,司法诚信是证据开示制度顺利运行的前提,而出于维持控辩双方更持久、更稳定的协作关系的考虑,司法诚信亦成为必然。

四、司法诚信与刑事诉讼契合的特殊形态

前文从不同角度论证了刑事诉讼与司法诚信的契合性。需要指出的是,刑事诉讼并非没有欺骗,这一点在侦查领域体现得尤为明显。在刑事诉讼中,存在着打击犯罪与保障人权、公共利益与犯罪人、诉讼参与人利益的冲突,为打击犯罪、切实保护公共利益,司法机关有时会实施欺骗性行为。表面看来,这些行为不符合诚信原则的要求,但认真剖析会发现这些行为不仅受到诚信原则的规制,而且有其诚信根基。因此可以把这类行为视作刑事诉讼领域司法诚信的特殊形态。

(一) 各国允许的欺骗性侦查手段

从世界范围来看,各国允许使用的欺骗性侦查手段主要集中在秘密侦查和讯问两个范畴之中。

1. 秘密侦查中的欺骗手段

从总体上看,秘密侦查可分为监控型秘密侦查或乔装欺骗型秘密侦查两大类。监控型秘密侦查简称"秘密监控",是指侦查人员通过一种不与侦查相对人直接接触的方式,对其与外界的联系、活动、持有或控制的物品进行秘密监视与控制的秘密侦查方法。包括对侦查相对人与外界的谈话、电话、电子通讯进行的监控如窃听、电话监听、电子邮件的拦截、邮件检查等涉外联系控制,也包括对其外部活动进行的跟踪、监视、守候、定位以及秘密拍照、录像、录音,还包括对其持有或掌管的物品进行的秘密搜查、秘密提取以及控制下交付;乔装欺骗型秘密侦查是指侦查人员或者侦查机关控制下的线人通过隐瞒身份或者隐瞒目的的方式,打入犯罪组织或者接近犯罪嫌疑人以获取案件线索、搜集犯罪证据的一类秘密侦查活动。典型的表现形式包括诱惑侦查、卧底侦查等。[1] 这两类秘密侦查中,很显然,乔装欺骗型秘密侦查突出地体现了欺骗的要素,尤以下列几种侦查手段最为典型:

(1)诱惑侦查。诱惑侦查又称"陷阱侦查"或"诱饵侦查",在我国,诱惑侦查俗称"钓鱼""做笼子",是刑事案件侦查中的一种特殊的调查取证手段,指的是国家侦查机关及侦查人员通过特意设计创造某种场境、条件或机会,诱使存在犯罪意图的人实施犯罪行为并以此为根据提起刑事指控的刑事侦查措施。这种侦查方法在贩毒、行贿、伪造货币、买卖伪币、组织卖淫、网络犯罪、非法武器交易等案件侦破中得到了较多的运用,取得了较好的效果。

一般认为,诱惑侦查可分为"机会提供型"和"犯意诱发型"两种类型。"机会提供型"指的是犯罪嫌疑人本来就有犯罪的意图,侦查机关的诱导只是为其实施犯罪提供一种机会[2];"犯意诱发型"指的是由于侦查机关的诱导,行为人才产生或加速实施犯罪的意图,并进而实施犯罪[3]。考察目前各国的立场,大多数国家对"机会提供型"的诱惑侦查持肯定立场,对于"犯意

---

[1] 程雷:《秘密侦查比较研究》,中国人民公安大学出版社2008年版,第24页。

[2] 例如,警方得知有一抢劫团伙欲在某银行运钞途中行动,遂把大量作了记号的现金用运钞车招摇过市运往银行,却在暗中布下严密的控制网,待犯罪分子全面行动时将其一网打尽。此案中警察的行为只是提供了对罪犯犯罪的有利场合与环境,目的是获取证据,擒获隐蔽的罪犯。

[3] 例如,一个人并不吸毒,但化装成毒品贩子的警察一再向他推销,说效果绝妙、价格不高,终使他决定一试。此类侦查中并不存在确定有犯罪倾向的嫌疑人,侦查人员的行为在整个过程中起了主导作用,实质上与教唆鼓动清白之人犯罪无异。

诱发型"的诱惑侦查持否定立场。①

诱惑侦查本质上是使用诈术为达到目的而利用对方的某种欲望（如金钱、毒品、色情）而进行的侦查。在诱惑侦查中，侦查人员往往隐蔽真实的身份和意图，以假面目示人，由于使用诈术，嫌疑人不知道对方是政府官员或代理人，并且正在从事侦查行为，更不知道侦查对象就是自己。显而易见，诱惑侦查属于一种欺骗性侦查手段。但是，这种手段的使用只要没有超出"不能诱导他人犯罪"的底线要求，世界各国的立法及司法实践都普遍予以认可，有许多国家通过制定法律法规将诱惑侦查纳入合法运行的轨道，甚至在国际刑事侦查中对此也有明确的规定。如美国自 1910 年 FBI 成立之后就开始将这种诱惑性手段运用于刑事侦查中，在第二次世界大战期间这一手段运用最为频繁。美国司法部《关于秘密侦查的基准》中明确规定了诱惑侦查的许多基准以及申请程序的实施期间；德国《刑事诉讼法》第 11 条明确规定四类情况下可以使用秘密侦查员。②

（2）卧底侦查。卧底侦查一般是指侦查机关选派专门的侦查人员，以某种身份为掩护，获得犯罪分子的信任，在一定期限内潜伏于犯罪组织内部，收集犯罪组织的内幕信息，或者从内部瓦解犯罪组织，以配合案件侦破的一种秘密侦查方式。③ 卧底侦查方式因"知己知彼"的优势，在对付有组织犯罪的侦查中效果显著，为大多数国家所采用并由法律明确授权。

卧底侦查是建立在向犯罪组织内部派遣秘密侦查员并以某种身份为掩护的前提之上的，就其以假面目示人而言，显然也具有明显的欺骗因素。美国最早关于卧底侦查的立法是《洗钱控制法》，授权政府使用卧底勤务或线民的方式侦查违法金融交易活动，后来卧底侦查逐渐法制化。德国 1992 年的《刑事诉讼法》就规定了卧底侦查的条款，并在 1994 年的修正案中作了进一步的明确。我国台湾地区近年也提出了"卧底侦查法"草案。④ 各国对卧底侦查的使用，均有严格的限制。实务中，一般将卧底侦查限定于毒品犯罪、有组织犯罪、腐败犯罪、伪造货币、危害国家安全、危害公共安全等隐蔽

---

① 王平：《诱惑侦查的法律规制》，载《兰州大学学报（社会科学版）》2007 年第 1 期。
② 邢颖：《诱惑侦查合法性分析》，载《安徽农业大学学报》2006 年第 4 期。
③ 王国民：《犯罪侦查中的欺骗：在合法与非法之间》，载《甘肃政法学院学报》2007 年第 2 期。
④ 同上。

性极强、社会危害性极大的犯罪中。同时立法也对卧底侦查的操作程序进行了严格的规定。①

（3）使用线人。所谓线人，是侦查机关从社会各个阶层、各个方面或者说"三教九流"的人员中秘密吸收的用于同刑事犯罪作斗争的隐蔽力量。使用线人与卧底侦查的最大区别在于线人并非侦查机关工作人员，而只是侦查机关用于侦破刑事案件、搜集犯罪情报、发现和控制犯罪活动的隐蔽力量，他们一旦被侦查机关停止使用，便不再同侦查机关发生任何工作上的关系。使用线人的欺骗性体现在两个方面：第一，线人开展工作是建立在隐瞒其真实身份的前提下的，唯有如此，才能取信侦查对象，获取犯罪情报和证据，也才能保障自己的人身安全；第二，在使用线人开展侦查活动过程中，为了获取犯罪情报信息，特别是有关犯罪集团和有组织犯罪的内幕信息，掌握侦查对象的犯罪动向，往往离不开带有欺骗因素的手段的使用（诸如虚构情况等）。上述两个方面的欺骗性手段通常综合运用。②

运用线人同刑事犯罪作斗争，是世界各国侦查机关普遍采用的侦查手段。只不过对其称谓不尽相同，如有的将其称之为刑事特情，有的称之为情报员或秘密情报员等等。③ 在德国，尽管线人至今仍然活动在一个法律的灰色区域，但司法实践表明，线人的适用远比卧底警察的适用更为频繁。对于恐怖犯罪或极端政治组织的犯罪，使用线人是最根本的手段，因为派遣卧底警察是根本不可能打入上述犯罪组织的。④ 而线人中不少是违法人员有些甚至是犯罪分子，因而他们比较易于接近犯罪分子，获取犯罪情报信息。在英国，2000 年 RIPA 法令公布以前，线人的使用已经具有悠久而漫长的历史，虽然法律上并没有明确的授权规定，但这并没有妨碍线人制度为司法实

---

① 陈立：《卧底侦查司法实践的比较法分析——兼论卧底侦查行为的正当化根据》，载《河北法学》2010 年第 11 期。

② 邓立军：《诚信与欺骗：侦查中的形象要求与手段选择》，载 http://www.fdprocedurallaw.com/listall.asp? id=180&LvPath=10021,10027,最后访问时间：2015 年 8 月 17 日。

③ 王国民：《犯罪侦查中的欺骗：在合法与非法之间》，载《甘肃政法学院学报》2007 年第 2 期。

④ Jacqueline E. Ross, *Dilemmas of Undercover Policing in Germany: The Troubled Quests for Ligitimacy*, unpublished paper with file on authou, p. 49, 转引自程雷：《秘密侦查比较研究》，中国人民公安大学出版社 2008 年版，第 342 页。

践所接纳、认可。① 2000年制定的RIPA法令规定了"秘密人力情报来源"的范围,这使得英国的线人制度首次具备了制定法基础。

在我国,上述几种属于秘密侦查范畴的欺骗性侦查手段在毒品犯罪、涉枪犯罪、黑社会性质的组织犯罪等特定类型案件的侦查中得到了广泛的运用,而且实际运用中往往存在一定程度的交叉关系。例如,在某些案件的诱惑侦查中,有可能会利用线人来进行,或者线人与秘密侦查员密切配合进行。典型的如在对某些毒品犯罪案件实施诱惑侦查过程中,侦查人员有可能利用线人提供的贩毒情报线索,指挥使用线人以"中间人"的身份,为毒犯介绍"买主",而侦查人员则扮作"买主",在与其"成交"过程中将其当场抓获。②

2. 侦查讯问中的欺骗手段

在人权保障呼声强烈的当代,肉体强制(刑讯)和精神强制(威胁)的讯问方法因其严重侵犯犯罪嫌疑人的人格尊严而为现代社会所唾弃。同时,世界各国纷纷强化以心理学为主导的审讯方法获得犯罪嫌疑人的供述。③ 在这种时代背景下,欺骗性审讯方法在各个国家得到了不同程度的适用。而且实践证明,经过精心设计的欺骗性讯问方法常常能产生意想不到的效果。甚至在有些案件中,这种讯问方法被奉为获得犯罪嫌疑人口供从而将犯罪嫌疑人绳之以法的唯一方法。

无论是中国还是外国的审讯教科书,都会讲授一些带有欺骗性质的策略方法,如设置圈套、引蛇出洞等。实际上,即使是在美国这样强调正当程序的国家,也允许警察在讯问中采用一定的欺骗和诈伪的讯问方法。1969年,美国联邦最高法院于法兰昔尔诉柯普案(Franzier v. Copp)中隐约地承认侦讯实务必然牵涉到诈伪、欺骗的手段,并且赞同这样的手段。在法兰昔尔一案中,被告以谋杀案嫌犯的身份接受侦讯,在讯问当中警方欺骗他说,另一个共犯已经认罪。联邦最高法院提出如下理由,以支持原审法院的有罪判决:警方对嫌犯传达共犯认罪的不实讯息,虽然与自白取得之过程相

---

① Alisadair A. Gillespie, *The Legal Use of Participating Informers*, Wed Journal of Current Legal Issues 2000, http://webjcli.ncl.ac.uk/2000/issue5/gillespie5.html, 最后访问时间:2015年7月17日。
② 王国民:《犯罪侦查中的欺骗:在合法与非法之间》,载《甘肃政法学院学报》2007年第2期。
③ 吴纪奎:《许诺在讯问中的容许性研究》,载《中国刑事法杂志》2008年第1期。

关,但不足以认定这样欺骗将使嫌犯任意所为自白失去合法性。当然,这些欺诈手段并不能没有节制地使用,而是应当遵循两个原则:首先,这种欺骗手段不能恶劣到使法院及社会大众的"良心愤慨"(shock the conscience);其次,这种欺骗手段也不能潜存使人为不实自白的危险。① 又如,德国《刑事诉讼法》第 136 条规定:"禁止以刑事诉讼法的不准许措施相威胁,禁止以法律没有规定的利益相允诺。"可见,世界各国的理论和实践均对侦查讯问中的欺骗有一定的容忍性,但也都规定了严格的限制。这一点在学界也得到了广泛认可。如著名法理学家波斯纳就曾经指出:"法律并不绝对地防止以欺骗手段获得口供;在审讯中是允许一定的小诡计的。特别是夸大警察已获得的、对嫌疑人不利的其他证据,让嫌疑人觉得招供不会失去什么的预先战术设计,都是许可的。"② 美国刑事审讯专家弗雷德·英博说:审讯人员必须合法取得嫌疑人的供述,然而,"审讯人员也应该了解法律所允许的审讯策略和技术,这些策略和技术建立在以下事实基础之上:即绝大多数罪犯不情愿承认罪行,从而必须从心理角度促使他们认罪,并且不可避免地要通过使用包括哄骗因素在内的审讯方法来实现。这种方法被恰当地规定下来。"③

在我国,尽管 2012 年《刑事诉讼法》第 50 条延续了 1996 年《刑事诉讼法》第 43 条作出的"严禁以威胁、引诱、欺骗的方法收集证据"的规定,但在刑事审讯的实践中,一定程度上的欺骗性讯问手段长期以来均是被允许的,而且不少案件犯罪嫌疑人的口供都是通过这种手段而获取的。常见的欺骗性讯问手段有:出示虚假证据、离间同案犯、情感性欺骗、减轻处罚性欺骗、进行假象欺骗、谎称被害人还没死等等,这些手段往往能够帮助侦查人员在与犯罪嫌疑人的"对弈战"中胜出,但是否均符合必要的限度,还需要做深入的研究。

(二)诚信要求为欺骗性侦查手段的使用"套上笼子"

不加限制的使用欺骗性侦查手段将不可避免地产生冤假错案,不仅有

---

① 〔美〕佛瑞德·英鲍、约翰·莱德、约瑟夫·巴克来:《刑事侦讯与自白》,高忠义译,台北商业周刊出版股份有限公司 2000 年版,第 280 页。
② 〔美〕波斯纳:《法理学问题》,苏力译,中国政法大学出版社 1994 年版,第 231 页。
③ 〔美〕弗雷德·英博:《审讯与供述》,何家弘等译,群众出版社 1992 年版,第 275 页。

损司法公正价值目标的实现,而且也严重破坏了诚信这一基本的伦理道德规范。因此,各国都规定了一系列的限制使用条件。从严格限制使用的原则看,主要有以下几项原则:

1. 必要性原则

即欺骗性侦查手段的使用必须是在其他侦查手段都无法达到好的效果时的最后选择,是"两害相权取其轻,两利相权择其重"的一种权衡。必要性原则包含两个要素:一是案件性质严重,在较易破获的普通案件中不能也没有必要使用这一策略。典型的性质严重的案件如危害国家安全犯罪、恐怖活动犯罪、黑社会性质的组织犯罪、重大毒品犯罪案件等;二是已经穷尽了其他策略方法,不得已而为之。当然,此处的"穷尽"是指依照经验或者根据侦查活动的一般规律,使用常规的方法难以取得成效甚至不可能取得成效,而非指必须首先采用其他侦查方法,待其他侦查方法不能奏效或者难以奏效的情况下再采用欺骗性侦查手段。必要性原则在许多国家的立法中均有所体现。① 如美国《关于秘密侦查的基准》规定:"陷阱的设置,应尽可能避免。"《德国刑事诉讼法》第 110 条规定:对秘密侦查员,只能在采用其他方式侦查将成效渺茫或者是十分困难的情况下,才准许派遣。除此之外,在案情特别重大应该派遣并且采用其他措施将难以奏效的情况下,也允许派遣秘密侦查员侦查犯罪行为。② 日本也规定,只有在被侵害法益很大,侦查比较困难的无被害人犯罪中,才可以适用"诱惑侦查"。

2. 目的正当原则

这一原则要求欺骗性侦查手段的使用,应当出于正当目的,即只能为侦破客观上已经发生,或者正在发生,或者即将发生的性质严重的犯罪案件而采用。决不能为诱人犯罪、报复陷害等不正当目的而使用这类侦查手段,或者将这类侦查手段用作政治打击手段,服务于陷害异己的不正当目的,更不能把这种侦查手段作为"创收",追求所谓"经济效益"的一种手段来使用。③ 我国的司法实践中,有个别地方曾经出现过公安机关为了提高破案率而派出线人装扮成毒贩子劝说他人贩卖毒品,或者为了"创收"使用诱惑侦查手

---

① 王国民:《犯罪侦查中的欺骗:在合法与非法之间》,载《甘肃政法学院学报》2007 年第 2 期。
② 储槐植:《美国刑法》,北京大学出版社 1996 年版,第 128 页。
③ 王国民:《犯罪侦查中的欺骗:在合法与非法之间》,载《甘肃政法学院学报》2007 年第 2 期。

段打击卖淫嫖娼,造成了不良的社会影响。

3. 道德限度原则

即侦查人员采取的欺骗性侦查手段不得违背社会公认的道德底线,违反伦理、违反社会基本道德秩序、有违社会的公序良俗的欺骗性手段以及社会通常观念难以容忍或者难以接受的其他欺骗性手段都不可使用。例如,美国、加拿大等国的刑事审讯,对欺骗方法使用的合法性判定有一条标准,即这种方法的使用不能使社会和法庭"受到良心上的冲击",或者"使社会震惊","使社会不能接受"。比如利用亲情,让犯罪嫌疑人的近亲属以线人的身份对犯罪嫌疑人开展侦查,或利用牧师或律师的特殊身份,如警察装扮成牧师去听嫌疑人的忏悔或警察装扮成可以提供帮助的律师来引出嫌疑人的有罪陈述等等。此类欺骗性手段具有"使社会震惊"的性质,使社会通常观念难以容忍或者难以接受,因此不能采用。① 在我国的侦查实践中,曾经出现过让强奸案被害人充当诱饵再次诱惑犯罪嫌疑人作案,结果被害人再次被强奸的案例,令被害人家属和当地公众无法接受、愤慨不已。值得注意的是,道德标准具有极大的弹性,不同案件的最低道德限度并不相同。一般而言,社会危害性越大,案件越复杂,侦查难度越大的案件,其最低道德限度相对越低,而普通刑事案件则需要较高的道德保护标准。

4. 对象特定原则

为防止欺骗性侦查手段的滥用,这类手段的适用对象应当具有严格的限定性。首先,只能适用于犯罪嫌疑人,对证人以及其他公民不能采用欺骗性侦查手段。其次,只能适用于已经立案,以及尚未立案但存在犯罪嫌疑的人员。对不特定的、缺乏犯罪嫌疑的对象不能使用欺骗性侦查手段。② 其中,秘密侦查中的欺骗手段仅可针对重大或者特别重大案件中有重大犯罪嫌疑的人,不得随意扩大适用范围。再次,对未成年犯罪嫌疑人不能使用欺骗,这是保护未成年人的需要。

5. 防止虚假原则

欺骗性侦查手段最为人诟病的弊端就是容易产生虚假的供述和其他虚假证据,进而造成冤假错案。因此,欺骗性侦查手段运用的合法性底线就是

---

① 王国民:《犯罪侦查中的欺骗:在合法与非法之间》,载《甘肃政法学院学报》2007年第2期。
② 龙宗智、何家弘:《"兵不厌诈"与"司法诚信"》,载《证据学论坛》第六卷。

不能产生虚假的证据。特别是欺骗性讯问行为,任何剥夺或扭曲被审讯人的自由意志,可能导致其虚假供述的审讯都是不允许的。在英美法庭,欺骗性审讯获得的供述被接纳为证据有一项限制条件:欺骗不得有利于导致虚假供述。日本《刑事诉讼法》规定了禁止采用胁迫的手段讯问犯罪嫌疑人,对引诱和欺骗的手段并没有规定,但前提是不得使嫌疑人陷入不实自白。实践中,有的侦查人员以虚构法律、政策规定,过度虚构证据等影响相对人自由判断和决定的策略进行侦查取证,误导了嫌疑人的行为选择,其结果往往是造成冤假错案。需要注意的是,是否可能诱发虚假证据,并非完全从结果即所获证据是否虚假来判断,而应从侦查谋略本身在力度和强度上是否足以影响嫌疑人、证人等意志的自愿性和真实性来评判,因为违背意志自由而获得的证据根本不具有可采性和正当性。①

值得注意的是,2012年《刑事诉讼法》修改在秘密侦查方面有了重大进步,在"侦查"一章中增设了"技术侦查措施"一节,从148条至152条共五个条文,规定了秘密监控、乔装侦查和控制下交付三类特殊的侦查措施,而且对其适用的时间、范围、条件等方面作出了严格的规定,充分体现了欺骗性侦查手段的上述限制原则。具体表现为:(1)适用时间限制:立案之后。2012年《刑事诉讼法》第148条规定:公安机关、检察机关只有在立案之后才可以采取技术侦查措施。(2)适用范围限制:重罪原则。2012年《刑事诉讼法》第148条规定:只有"危害国家安全犯罪、恐怖活动犯罪、黑社会性质的组织犯罪、重大毒品犯罪或者其他严重危害社会的犯罪案件"以及"重大的贪污、贿赂犯罪案件以及利用职权实施的严重侵犯公民人身权利的重大犯罪案件"才可以采取技术侦查措施。(3)适用条件限制:必要原则、严格审批。2012年《刑事诉讼法》第148条规定:根据侦查犯罪的需要,经过严格的批准手续,可以采取技术侦查措施。第149条规定:"批准决定应当根据侦查犯罪的需要,确定采取技术侦查措施的种类和适用对象。批准决定自签发之日起3个月以内有效。对于不需要继续采取技术侦查措施的,应当及时解除;对于复杂、疑难案件,期限届满仍有必要继续采取技术侦查措施的,经过批准,有效期可以延长,每次不得超过3个月。"这两条规定强调

---

① 万毅:《侦查谋略之运用及其底限》,载《政法论坛》2011年第4期。

了技术侦查措施不得任意为之,只有确实存在侦查犯罪的必要、经过严格的批准手续才可以采用。

同时,2012年《刑事诉讼法》依然保留了"禁止以威胁、引诱、欺骗的方法收集证据"的规定。笔者认为,《刑事诉讼法》对欺骗性侦查手段的一概禁止会导致立法规定与实践的严重背离,法律应当对不超过限度的欺骗性讯问手段的合法性予以确认,并列出相应的限制条款,规定只有超过法律界限,可能导致证据虚假的欺骗性取证方法,才属于禁止使用的范围。①

(三)一定限度内使用欺骗性侦查手段的诚信根基

诚信为欺骗性侦查手段的使用套上了笼子。司法人员对欺骗性侦察手段必须审慎使用,不能越离诚信这一社会伦理道德规范最基本的要求。同时,欺骗性侦查手段的存在也有其诚信根基。第一,一定限度内使用欺骗性侦查手段之所以呈现出法律许容性,体现了一种"两害相权取其轻"的价值选择,归根结底这是一种利益平衡的结果,而利益平衡本身就是诚信原则的要旨所在;第二,侦查阶段的特殊性使得对侦查行为的诚信要求得到了一定程度的降低;第三,侦查阶段的侦查谋略的使用具有暂时性,诚信仍是对侦查人员的基本行为要求。因此,欺骗性侦查手段的使用具有诚信根基。

1. 使用欺骗性侦查手段是利益平衡的结果

虽然欺骗性侦查手段可能带来诱发虚假供述、冲击道德标准以及压制个人意志自由等弊端,但从社会防卫的角度讲,如果对一些特殊犯罪不采取特殊的侦查措施,任其自由蔓延,最终受害的还是社会公众,这样的结果会降低公众对司法公正和司法诚信的评价,并对国家机关履行职责的能力和诚意产生质疑。因此,欺骗性侦查手段的使用是利益平衡的结果,是"两害相权取其轻"的一种合理的选择。正如龙宗智教授所提出的,只要侦查行为的欺骗性尚未逾越被普遍认可的国家机关的道德责任界限,就具有一定的法律容许性。这是由犯罪行为对社会的危害性,与使用欺骗性侦查手段的

---

① 据悉,立法者在这一条文的制定中出现反复,修正案草案最初吸收了"两个证据规定"的基本精神,删除了"威胁、引诱、欺骗"的表述方式,但在草案征求意见过程中,司法机关和社会公众一致认为"威胁、引诱、欺骗"作为司法实践中常见的三类非法取证方式仍应当予以保留,如果删去会对侦查人员和侦查工作产生误导,因此,2012年《刑事诉讼法》最终恢复了这一表述方式。参见陈卫东主编:《刑事诉讼法修改条文理解与适用》,中国法制出版社2012年版,第84页。

负面影响两者之间相权衡而作出的价值和政策选择,这种选择在各国的社会道德体系中应当说是可以接受的。在各种犯罪猖獗、侦查难度加大的今天,在某种程度上允许具有欺骗性的侦查行为其实是一种无奈但必要之举。① 也就是说,国家宁可冒可能侵犯犯罪嫌疑人权益的风险,也要采取保护大多数人的、社会整体的利益,这符合"最大多数人利益"的功利思想。② 因此,只要没有超过合理的限度,这种侦查手段在现代各国均未被排斥。虽然世界各国的司法实践都仍然存在着滥用欺骗性侦查手段的风险,但使用条件的日趋严格使得这种风险需要被重新加以客观评估。比如防止虚假原则已经在许多国家的立法中得以体现;而欺骗性侦查手段对道德的冲击远不像我们想象的那样强烈,比如人们早已通过案件纪实或影视剧对卧底侦查、线人侦查以及诸如此类的欺骗性侦查手段耳熟能详,只要不违反行为底线,这种侦查手段并不违背法律和社会道德体系的基本准则要求。就个人意志而言,合理限度内的欺骗性侦查手段只会在一定程度上影响犯罪人的自由意志,但并不会剥夺犯罪人的自由意志。换句话说,嫌疑人并没有因为欺骗性侦查手段的使用而丧失供述的自主性。可见,限制使用条件的日趋严格使得欺骗性侦查手段的弊端大为消减。

2. 侦查阶段的特殊性在一定程度上降低了对侦查行为诚信评价的要求

与刑事诉讼流程的其他诉讼阶段相比,侦查环节在对抗的强度和力度上均远胜公诉、审判,如果说审判类似于体育竞技活动,那么,侦查则更接近于军事行动。与审判中控辩双方"君子动口不动手"的"唇枪舌剑"不同,侦查程序中侦查机关与犯罪嫌疑人的对抗与较量是第一线的"短兵相接",甚至可能是"你死我活"的斗争③,这种斗争在毒品犯罪、枪支犯罪、黑社会性质组织犯罪、恐怖活动犯罪等特殊类型的犯罪中表现得尤为残酷。在这类案件中,侦查机关面对的是一群亡命之徒,如果不动用特别的侦查谋略与特殊的侦查方法,其自保都成问题,何谈打击犯罪?正因为如此,在审判程序中可能构成违法的一些比较极端的调查手段和诉讼谋略,如威胁、引诱、欺骗

---

① 龙宗智:《欺骗与刑事司法行为的道德界限》,载《法学研究》2002年第4期。
② 功利思想本身也蕴含着巨大的风险,结果决定手段的论证方式与正当程序的理念存在明显的抵牾,因此需要防止功利思想成为限制、剥夺公民正当诉讼权利、破坏程序价值的口实,对欺骗性侦查手段的使用作出严格的限制。
③ 万毅:《侦查谋略之运用及其底限》,载《政法论坛》2011年第4期。

等,在侦查环节却可能因为侦查程序本身具有更高的容忍度而被合法化。这种对抗属性也决定了侦查人员需要适当地降低道德水准,合理地运用谋略,而很多谋略都是具有欺骗性的。古人云:"兵不厌诈",尽管刑事侦查与军事斗争不尽相同,但是与严重刑事犯罪斗争,两者却有着许多相似之处。因此,面对穷凶极恶的犯罪嫌疑人,侦查人员只能"站在较低的道德水平上,不能像遵守道德和法律的公民在处理日常事务时所期待的那样"①。可见,特定情境中的欺骗性侦查手段的选择是合理的,亦因其打击犯罪的高效性为公正的实现增加了砝码。当然,欺骗性侦查手段的合理性并不意味着侦查人员可以任意使用、不择手段、丧失道德底线。

3. 侦查阶段欺骗性侦查谋略的使用具有暂时性,诚信仍是主线

侦查阶段,带有欺骗性的侦查谋略的运用只是权宜之计,当能够贯彻诚信原则之时,仍需要恪守诚信。对侦查人员的诚信要求体现在侦查阶段的多个环节。犯罪嫌疑人一旦到案,就应该如实告知其享有的诉讼权利,给予其切实的引导和帮助;对真诚悔罪、改过自新者,侦查人员要充满真诚与善意;对顽固不化的犯罪嫌疑人,侦查人员要公正对待,捍卫其应有的权利;侦查人员作出承诺要慎重,承诺一旦作出,要言而有信;取证活动要合法公正,既要取信于当事人,也要取信于社会公众;侦查结论及所依据的证据,要经得住庭审质证的考验和社会舆论的监督。总之,侦查人员要超越个人好恶,不能凭其偏好去对待当事人,要做到依法取证,公正执法,如此才能站稳公正执法的立场,让所办案件经受得起历史的检验。从这个角度说,欺骗性侦查谋略的运用,并不必然违背司法诚信的大原则。恰恰相反,侦查谋略实施的结果,使侦查人员查清了案件事实真相,使司法公正有了坚实基础,更利于树立司法的权威。在公正的基础上,才能实现实质意义上的司法诚信:让当事人满意,让社会公众信服。②

---

① 〔美〕弗雷德·英博:《审讯与供述》,何家弘等译,群众出版社1992年版,第6页。
② 陈闻高:《侦查谋略和司法诚信的冲突与协调》,载《求索》2015年第3期。

第三章 刑事诉讼视角下司法诚信状况的评价维度与影响因素

一、刑事诉讼视角下司法诚信状况的评价维度

我国现今刑事诉讼领域的司法诚信状况如何？评价维度的确定至关重要。笔者认为，合法性、公正性、合理性、廉洁性和勤勉性是评价司法诚信状况的五个主要的维度。

（一）合法性维度——评价司法诚信的基本维度

现今对合法性的界定有两种范式：一是经验式，强调合法性是主体对统治和权力的认同、忠诚与自愿服从；一是规范式，强调合法性应具有其内在价值标准。[①] 坚持规范式合法性的学者对经验式合法性的界定提出了批评，认为对合法性的评价应当有一定的价值标准，即"合乎某种正当标准"。笔者倾向规范式合法性界定，并据此认为：所谓司法合法性应当是指司法机关为了维护公共利益和国家的根本利益，严格依照法律、法规的规定行使司法权力、作出司法行为，忠实于事实和证据，做到主体合法、权限合法、程序合法、标准合法，从而使社会成员产

---

① 何永军：《司法合法性问题探析》，载《湖南公安高等专科学校学报》2004 年第 4 期。

生出对法的内心确信和信念。

　　司法"合法",应当是司法活动最为基本的要求。司法活动最起码应该做到拥有合法的外观。刑事司法过程是一个通过在案件事实与法律规则之间往返运动来寻求真实和真理的过程。司法机关欲获得司法诚信的评价,行为合法是前提。笔者在前文谈到,诚信是司法的应有之义,司法诚信本质上是一种国家诚信。刑事司法诚信对于国家诚信的彰显具有更大的示范意义。法治的最大优点是确保法律实施的可预期性。人们按照法律的规定行使自己的权利,履行自己的义务,就应当得到国家的支持和保护。国家通过刑事立法向人民作出庄严的承诺,人们因此对行为的后果和进入刑事诉讼程序后可能受到的对待有了确定的预期。什么样的行为达到立案标准,侦查机关可能采取何种强制措施和侦查手段开展侦查活动,侦查到何种程度达到检察机关的起诉标准,法院在何种情况下会作出有罪判决,每一个诉讼阶段的时限是多少,犯罪嫌疑人、被告人以及其他诉讼参与人享有的权利是什么,承担的义务又是什么,这些公众关心的问题法律都有明确的规定。从公众的角度看,这是国家通过立法对其许下的明确的承诺,这种承诺需要司法机关通过具体的司法行为予以兑现。如果司法机关和司法人员违背法律的规定,无论是滥用职权还是不作为,都会给公众留下司法不诚信的印象。因此,合法性是对司法诚信的形式要求,合法性维度是评价司法诚信最基本的维度。与其他维度相比,合法性维度因为法律规定的明确性拥有了最为确定的评价标准。

(二) 公正性维度——评价司法诚信的核心维度

　　司法机关进行司法活动,仅仅满足合法性还不够,司法实践中,需要引起我们注意的是一些不公正的"合法"。可见,合法仅是司法形式上的要求,公正才是司法的实质要求和最高目的。一般认为司法公正包含实体公正和程序公正两个方面。实体公正也称为结果公正或实质公正,主要指裁判结果体现公平正义的精神。在刑事诉讼中表现为认定罪名准确、罚当其罪;程序公正又称过程公正或形式公正,主要指诉讼程序体现公平正义的精神。在刑事诉讼中表现为司法机关严格按照程序办案,对诉讼各方的诉讼权利给予平等的保护。程序的中立性、公开性、及时性、平等性等都是程序公正所包含的内容。

案件处理公正与否,是评价司法诚信状况的核心维度。司法权是国家政权的重要组成部分,司法被认为是社会正义的最后一道防线,其功能在于依据法律和事实判断是非,明确当事人间的权利义务,最终解决纷争,维护社会秩序的稳定。公正是司法活动的核心价值目标,没有司法公正,司法活动也就失去了存在的必要,司法诚信这一伦理准则也自然失去了根基。司法人员被认为是公平和正义的化身,其承担的角色为是非曲直的裁判者,公众对司法人员最核心的期待就是公正司法。社会角色的分工加之法律赋予的神圣权能使得司法人员公正司法成为一个不需要论证的命题。司法不公有违司法的功能也将使公众对司法的期待严重落空。正因如此,司法公正就顺理成章地成为司法诚信最为核心的评价维度。

实践中,人们常以司法公正状况来衡量司法诚信。一般说来,人们所追求和期望的是结果公正即实体公正,但程序不公如刑讯逼供、超期羁押等行为同样会影响公众对司法公正的判断。当案件处理过程和结果出现有失公正的情形时,司法人员的诚信状况往往随之受到质疑。"言必行,行必果。"如果说言是一种立法承诺,合法性是公众对司法活动"行"的要求,公正性就是公众对司法活动"果"的要求。如果一个案件的处理仅仅是形式合法,实质上不符合公平正义的要求,人们很难作出司法诚信的判断,从这个意义上说,司法诚信最本质、最核心的评价维度在于公正性,司法公正是司法诚信最为根本的表现。

公正性维度是评价司法诚信的几个维度中最为复杂的一个维度。从刑事诉讼的价值目标看,打击犯罪与保护人权之间本身即存在一定的冲突,坚持两者并重是一个美好的理想,但是摆在司法人员面前的一个无法回避的难题是:这两个目标在一些个案中存在着尖锐的矛盾,使得司法人员"左右两难",无力兼顾;从社会公众的角度看,其对司法公正与否的判断往往就是一种直觉,来自心底,油然而生,难以释明,这种直觉可能与法律意义上的公正相左,这使得司法人员常常遭遇法律与社会之间的差距和矛盾,既背负着实现"程序正义"的现代法治理想的重任,又要面对社会"情理正义"观念的压力;从刑事诉讼利益主体的角度看,司法机关、犯罪嫌疑人、被告人、被害人、辩护律师、社会公众等各有其利益视角,对司法公正的判断标准难以统一;从社会发展变化的角度看,司法公正的内涵随着时代的发展不断丰富,不同时期、不同社会形势下人们对司法公正有着不同的理解和要求。① 因此,司法公正的评价是多元的,这使得司法诚信的评价亦具有差异性和多样性的特点。作为司法机关,应坚持全面、立体的公正观,强化实体公正与程序公正、主观公正与客观公正、司法公正与社会公正、个案公正与普遍公正相统一的意识,努力做到国家利益、社会利益、被害人利益、犯罪嫌疑人、被告人合法权益的综合平衡。但可以预想的是,无论司法机关如何努力,对公正的追求将是一个永恒的难题,正如奥塔·魏因贝格尔所言:"正义是一种任务,既是一个决定什么是公正的长期的问题,又是谋求公正地行事和创造一个(相对地)公正的世界的努力。"②

(三) 合理性维度——评价司法诚信的技术维度

合理性指的是司法机关及其工作人员在事实、证据认定和法律适用缺乏绝对标准和规定时,须在法律规定的幅度内适当地行使自由裁量权,并最终使司法合乎一般公众心理所反映的、法律规范所应具有的规律性和公理性。③ 司法的合理性最早是由当代德国学者哈贝马斯提出的。他指出:"为了实现法律秩序的社会整合功能和法律的合法性主张,法庭判决必须同时满足判决的自洽性和合理的可接受性这两个条件。因为两者不容易调和,两套标准必须在司法实践中达成妥协。"④他还指出:"司法判决的选择性结果中,法律之外的背景发生了作用,对这种作用,只有用经验分析才可能加以澄清。这些外在因素解释了法官是如何填补他们在判决中所享受的自由裁量余地的;这些因素使人能够确定司法判决的历史的、心理的或社会学的预设。"⑤可见,司法合理性阐明了对于法律不确定以及自由裁量的领域,法官应考虑多种因素,作出公平合理的判决。⑥

---

① 如"严打"在犯罪形势严峻的20世纪80年代被认为是一种公正的手段,在今天人们显然对其有着不同的评价。
② 〔英〕麦考密克、〔奥〕魏因贝格尔:《制度法论》,周叶谦译,中国政法大学出版社1994年版。
③ 孙山、易利娟:《司法诚信:诉讼语境中的行为规制》,载《法学杂志》2010年第1期。
④ 〔德〕哈贝马斯:《在事实与规范之间》,童世骏译,三联书店2003年版,第245页。
⑤ 同上书,第248页。
⑥ 合理性主要运用于法官自由裁量权领域。因为对于刚性的法律规范,其法律后果是法律预先设定的,法官没有自由裁量的余地,也就无所谓合理性。

笔者认为,司法合理性的实质在于司法行为"合乎理性",而在哲学的认识论中,理性是人的概念、判断、推理等思维形式和思维活动的能力。从这个意义上讲,刑事诉讼视角下的司法合理性显然不应仅仅局限于法官,侦查人员和检察人员在司法活动中同样应该体现合理性的要求。虽然我国《刑事诉讼法》没有明文规定合理性原则,但这项原则却体现在我国刑事诉讼活动的具体规则和制度之中,例如简易程序制度,体现了不同案件不同对待,合理配置司法资源的立法意图;又如我国设立的不起诉制度,允许检察官运用自由裁量权,根据案件的具体情况而作出不起诉决定,而自由裁量权本质上是检察官在特定情形下对某项事情进行合理平衡的权力,它要求检察官根据惩罚犯罪和保障人权的刑诉目的,对案件作出公正合理的决定,显然不起诉制度中也体现着司法合理性的要求;再如2012年《刑事诉讼法》增加的有关技术侦查措施的规定,体现了对"危害国家安全犯罪、恐怖活动犯罪、黑社会性质组织犯罪、重大毒品犯罪或者其他严重危害社会的犯罪案件"以及"重大的贪污、贿赂犯罪案件以及利用职权实施的严重侵犯公民人身权利的重大犯罪案件"等特殊类型案件侦查难度的充分考量,同时法律对技术侦查措施的使用作出了严格的限制性规定,体现了立法者对惩治犯罪与保障人权的平衡追求,亦佐证了司法合理性的要求。

司法是一个专业的领域,司法活动具有独特的技术规则,评价司法人员的法律素养有三个标准:道德品行、法律知识、法律技能。合理性维度考查的主要是司法人员的法律技能,而一切有关法律技能的规则均围绕法律思维和法律方法展开,这是司法活动职业性的集中体现,也是司法公正的保障。合理性维度是评价司法诚信的一个重要的维度,这主要源于司法诚信是诚信的司法主体和司法主体的创造性劳动两方面相统一的结果。司法过程是司法人员的一个事实和法律之发现过程,这个过程不仅仅是简单的加减运算,还需要司法人员能动性的创造性劳动。创造性劳动指的不是创造证据和法律,而是运用司法人员专业的思维和方法认定事实、适用法律、释法说理、让当事人和公众信服的过程。特别是在出现弹性法律规定或没有明确法律规定的情况下,法官需要正确地运用自由裁量权,使司法行为具有妥当性,司法结果具有合理性,这就更是对法官思维与方法的考验。因此,判断司法是否诚信,需要考察司法人员是否具有能动司法的能力,需要考察司法过程是否具备理性化、技术化的运作方式,这就要求司法人员必须具备专业的思维和方法,严格遵守司法活动的技术规则,这既是司法活动职业性的当然要求,也是司法诚信的重要体现。实践中,法官机械运用法律[①],判决书不说理等都会使公众产生"合法不合理"的质疑,进而影响公众对司法诚信的评判。这些问题的出现都是源于司法人员的法律技能不过关,从这个意义上说,合理性维度可以称为评价司法诚信的技术维度。

(四) 廉洁性和勤勉性维度——评价司法诚信的伦理维度

1. 廉洁性维度——伦理维度的低层要求

司法廉洁是现代司法观念的重要组成部分。它要求司法人员在行使司法职权过程中,不应介入任何个人利益,更不得故意运用司法权力获得个人的好处。廉洁自律被认为是司法人员纪律、道德和操行的基本要求。德才兼备、以德为先体现在司法领域,就是司法人员良知和品德的重要性甚至超过法律知识和法律技能。如果离开了良知的保障,法律知识和法律技能将是一无用处,甚至成为舞弄公权、徇私枉法、谋求私利的工具。因为一个人的司法技艺越强、玩弄诉讼技巧的能力越高,反而会使他在背离公平正义法律精神的道路上走得更远。当然,强调不让知识、技能胜过良知,并非主张司法技能无用论,绝不意味着对司法知识的偏废。司法人员的良知之所以与一般良知不同,就在于其专业性,要求司法人员深刻了解社会矛盾、充分运用司法技能、合理平衡利益冲突。因此可以说,司法人员的良知是以高超技能和广博知识作支撑的一种综合性的更高层次的智慧。[②]

好的司法人员,首先要遵守良知的底线,而廉洁是良知的基础。廉洁性是对司法人员最低的伦理要求。司法诚信与公民诚信最大的不同在于加入了司法的职业特征。从职业的特点看,司法人员需要通过职权行为履行司

---

① 如许霆案。一名社会青年,利用银行的自动提款机的错误,一时起了贪念,提走了17万元,一审判决为无期徒刑,引发社会的广泛争议。尽管从形式上看,一审法院的审理严格运用了刑法的相关解释,认定罪名和判处刑罚都是依据相关规定,符合合法性的要求,但法官机械的运用法律、僵化审理使公众对判决产生了合法不合理的疑问。许霆的行为是给银行造成了损失,但其行为的社会危害性比起那些巨贪、挪用、侵占公司巨额财产的犯罪行为要明显小得多,为什么许霆被一审处无期徒刑,而其他人却只是判处10年以下的有期徒刑?公众感觉判决不具有合理性。

② 康宝奇:《让司法良知成为法官的内心守则》,载《人民法院报》2010年10月15日。

法职能,实现司法公正,而实现这一目标的基本前提是司法人员自身要有发自内心地对职业尊严的认同与捍卫,做到廉洁司法。《中华人民共和国法官法》第 32 条和《中华人民共和国检察官法》第 35 条把贪污受贿、徇私枉法、利用职权为自己或者他人谋取私利等不廉洁行为都列入到了法官和检察官的禁止行为之列。《中华人民共和国法官职业道德基本准则》第四章用四个条文专门规定了法官要"保确保司法廉洁"。《中华人民共和国检察官法》第 8 条把"清正廉明,忠于职守,遵守纪律,恪守职业道德"列为检察官应当履行义务之一。《中华人民共和国检察官职业道德基本准则(试行)》第 2 条把"忠诚、公正、清廉、文明"列为检察官职业道德的基本要求,第四章用八个条文对检察官如何做到清廉作出了明确的规定。《人民警察职业道德规范》第 4 条规定人民警察要"清正廉明:艰苦奋斗,克己奉公,防腐拒贿,不沾不染"。可见,廉洁也是国家通过立法对公众作出的承诺。

当然,论证廉洁性是司法诚信的评价维度显然不能仅仅从国家承诺这个角度出发,更重要的是,司法诚信内含着真实客观、守信不欺。现代司法是以公众作主为前提的公众司法,这意味着这种公众司法的权力是人民赋予的,因而对公众的权利负责是司法人员的"天职"。司法机关通过人民的授权拥有了神圣的司法权力,如果不认真行使权力、为民谋利反而贪污腐败、谋己之私,这无疑是对公众最大的欺骗。因此,司法诚信本身包含着对腐败行为的谴责和排斥。从这个意义上讲,司法诚信对于公众而言不仅意味着司法行为符合国家法律的承诺和司法自身的功能,也意味着行使司法权力的司法人员本身具有正直、清廉、诚实的品质。如果司法人员沦为"财权色的奴仆",沾染"时代的恶习",办金钱案、关系案、人情案,以权谋私、贪赃枉法、权钱交易,"正义"的运送自然就会偏离法治的轨道,而这样的司法人员显然不符合自身承担的社会角色的要求,更无法满足公众的应有期待,自然无法在司法诚信的评价中过关。

实践中,司法腐败成为公众质疑司法诚信的重要因素。司法腐败本质上是司法人员自身对法律的失信和亵渎,古人云:"政者,正也。其身正,不令而行;其身不正,虽令不从。"培根在《论司法》中说:"法律所在之处,乃是一种神圣的地方,因此不但是法官的坐席,就连那立足的台,听证的围栏,都应当全无丑事贪污的嫌疑才好,因为从荆棘丛中是采不来葡萄的,从那些贪婪的吏役的荆棘之中,公道也是不能结出美果的。"最应该信守法律的群体丧失正义和良知的底线,成为破坏法律实施的"先锋",以一己之私践踏司法公正,如何树立司法诚信的形象,让公众相信司法,进而形成对法律的信仰?正因如此,司法人员的廉洁性与司法诚信的判断紧密相联。①

2. 勤勉性维度——伦理维度的高层要求

从字面意义来看,勤勉基本与勤劳、勤奋同义,即我们常说的踏实肯干,积极有效地完成工作任务。与勤勉表现相对的是工作不认真、不踏实、不负责、不投入或者没有工作热情。对司法人员而言,勤勉敬业是司法职责得以优质高效实现的基本条件。司法人员应当增强责任感和使命感,开拓创新,忠于职守,勤奋工作,尽职尽责,树立良好的工作作风,端正工作态度,遵守各项纪律,努力掌握和熟练应用司法人员必需的法律知识和司法技能,以求优质高效地实现司法职责。② 而刑事诉讼中司法人员的勤勉性不仅体现为对诉讼参与人权利的维护,也体现为公、检、法三机关之间的配合和制约,显然具有更为丰富的内容和更为复杂的表现。

勤勉性和廉洁性一样,都是司法人员职业道德规范的要求,都属于伦理性维度的范畴。但较之廉洁性,勤勉性显然是对司法人员更高的要求。司法人员的勤勉,比较明显地体现在办案效率上。《中华人民共和国法官职业道德基本准则》第 11 条规定:"严格遵守法定办案时限,提高审判执行效率,及时化解纠纷,注重节约司法资源,杜绝玩忽职守、拖延办案等行为。"《中华人民共和国检察官职业道德基本准则(试行)》第 24 条规定:"努力提高案件质量和办案水平,严守法定办案时限,提高办案效率,节约司法资源。"第 13 条规定:"勤勉敬业,尽心竭力,不因个人事务及其他非公事由而影响职责的正常履行。"从这些规定可以看出,效率是勤勉性的内在要求。效率本是程序正义的内容,"迟到的正义非正义",及时性是程序公正的评价标准之一,但勤勉性维度下的效率有了更深一层的含义。笔者认为,"审限"只是司法效率的一种最低限度,不是最佳状态,尽可能短才是最佳状态。尽可能短,

---

① 笔者认为,尽管中国各个领域都存在着不同程度的信任危机,但司法面临的信任危机比任何领域面临的信任危机都要更加严重。因为司法被认为是社会正义的最后一道防线,最后一道防线守不住,意味着社会信任体系可能遭遇全面崩塌。

② 参见蒋惠岭:《法官勤勉敬业的义务》,载《法律适用》2001 年第 5 期。

需要司法人员的勤勉方能实现,而这最终考验的是司法人员的诚信度。比如实践中一些侦查人员把法律规定的补充侦查方法演变成拖延办案时间的手段;对外地人犯罪一律按流窜作案对待,把拘留期限统一延长至37天,能提早办结的也有意拖延。表面上看,这些做法似乎没有违背法律规定,但实际上与勤勉性的要求背道而驰,是司法不诚信的表现。

除了对办案效率的要求,勤勉性还要求司法人员全身心地致力于职责的履行,保证办案质量,真正做到司法为民。而什么是全身心,什么是尽心竭力,很难有一个明确的标准,更多地体现为一个人的道德良知。2015年9月发布的最高人民法院《关于完善人民法院司法责任制的若干意见》第26条明确了违法审判责任必须追责的七种情形:审理案件时有贪污受贿、徇私舞弊、枉法裁判行为的;违反规定私自办案或者制造虚假案件的;涂改、隐匿、伪造、偷换和故意损毁证据材料的,或者因重大过失丢失、损毁证据材料并造成严重后果的;向合议庭、审判委员会汇报案情时隐瞒主要证据、重要情节和故意提供虚假材料的,或者因重大过失遗漏主要证据、重要情节导致裁判错误并造成严重后果的;制作诉讼文书时,故意违背合议庭评议结果、审判委员会决定的,或者因重大过失导致裁判文书主文错误并造成严重后果的;违反法律规定,对不符合减刑、假释条件的罪犯裁定减刑、假释的,或者因重大过失对不符合减刑、假释条件的罪犯裁定减刑、假释并造成严重后果的;其他故意违背法定程序、证据规则和法律明确规定违法审判的,或者因重大过失导致裁判结果错误并造成严重后果的。可见,因为违反勤勉性而受到惩戒的行为必须有重大过失并造成严重后果,实践中,一般违反勤勉敬业要求的行为往往被视为非根本性的"小问题",无法得到重视,也不会被追责。司法人员要做到日常工作的勤勉,无法依靠外在的约束,更多需要依靠的是自身的道德素质和思想觉悟。这也是勤勉性要求与其他道德准则最大的差异。虽然其他职业道德准则也考验着司法人员的自觉性,但一般都同时具有客观行为方面的要求。如廉洁准则要求法官不接受案件当事人及相关人员的请客送礼、不从事或者参与营利性的经营活动等,而勤勉准则却仅仅规定了严格要求自己、认真履行职责等精神与良知方面的要求,没有外在的行为要求。相比之下,勤勉性更多地侧重于对人的主观倾向和思想觉悟的规范,这显然是一种更高层次的要求。而如果司法人员能够在点滴的日常工作中时刻保持勤勉，这无疑是对公众最大的诚信。可见，勤勉性是评价司法诚信的最高维度，司法勤勉是司法诚信的最高境界。只有达到勤勉性的要求，司法才能真正做到以人为本、一心为民。①

二、刑事诉讼视角下司法诚信实现的影响因素

站在刑事诉讼的视角下，哪些因素影响着司法诚信的实现？这是司法诚信现状判断和原因分析的理论基础。笔者认为，我们可以从主体、制度、体制、文化四个方面的因素着手分析。

（一）主体的因素——司法诚信实现的关键

刑事诉讼领域的司法诚信的实现首先决定于主体的因素。这里的主体有两种理解，一个是司法的主体，一个是刑事诉讼的主体。司法的主体主要指的是国家司法机关，刑事诉讼的主体既包括以公、检、法为代表的国家司法机关，也包括诉讼参与人。可见，这两种主体在司法机关处发生重合。因此，司法机关的诚信表现是决定刑事诉讼领域的司法诚信状况的最主要的主体因素，当然，司法机关的诚信最终落脚到司法人员的身上。同时，诉讼参与人的诚信表现对司法诚信的实现也存在一定的影响。

对司法人员而言，实现司法诚信需要信仰、良知，也需要能力，这三者对于司法诚信的实现有着至关重要的影响。（1）司法人员法律信仰的形成是实现司法诚信的前提。法律是一门公正和善良的艺术，司法人员的法律信仰是法律职业的灵魂。法律对于司法人员来说，不仅是谋生的手段，更是为之献身的事业。如果没有法律信仰，法律就会成为僵死的教条和随意处置的物件，司法诚信自然失去了根基。而只有获得法律信仰的精神支持，司法人员才能具有坚强的守法精神和勇敢的护法品格，做到诚信司法。（2）司法人员法律良知的确立是实现司法诚信的根本。诚信司法考验的是司法人员的良心，良心是司法人员的人性基础。按照弗氏 A. Flew 编著的《哲学辞

---

① 《中华人民共和国法官职业道德基本准则》第五章用四个条文规定了法官要"坚持司法为民"，其中许多内容都体现了对司法勤勉性的要求。

典》的解释:"良心是一种对道德上有义务履行的行为(或不正当的行为)必须坚定地履行(或防止)的执著信念。""徒法不足以自行",运用法律维护"善良公正"的任务最终还会落到具体的人身上。司法人员办理案件的过程,其实就是道德选择的过程。法律信仰是司法人员道德选择的基点,信仰的力量有助于带动其形成内心严格的理性自律。崇高的法律信仰和法律良知相结合,司法人员才会从内心激发出无穷的动力诚信司法、为捍卫正义身体力行。(3)司法人员司法能力的提升是实现司法诚信的保障。司法能力的提升体现在法律知识和法律技能两个方面。扎实的法律知识是正确适用法律、确保司法公正的前提,在此基础上,司法人员还要增强运用法律专业知识、既定规范、操作规程处理案件的能力,丰富将静态知识转化为动态结果的方式方法。对法官而言,应着重增强法律定位技能、事实认定技能和审理运作技能,为诚信司法提供技术保障。

　　需要注意的是,虽然刑事诉讼领域的司法诚信主要评价的是司法机关和人员的诚信状况,诉讼参与人的诚信表现同样影响司法诚信的实现。比如被告人虚假供述,被害人虚假陈述,鉴定人虚假鉴定,证人、辩护人作伪证等不诚信行为都会在一定程度上干扰案件事实真相的查明,影响司法判断的形成,为司法不公埋下伏笔,而这种结果反过来又影响公众对司法诚信的认同。从某种意义上说,刑事诉讼是一个多方主体参与、博弈的过程,这种博弈不仅体现在程序内的证据展示博弈、鉴定博弈、法庭辩论博弈等等,甚至扩张到程序之外。程序外博弈主要存在两个子博弈:第一个子博弈从一些身份优越、地位显赫的犯罪嫌疑人的决策结开始,这些人有着复杂的政治、经济与社会背景,一旦涉讼,他们往往会运用自己的关系网在司法部门的上层与外围寻求力量,通过对司法机关与司法人员的影响与压力达到逃避法律惩罚的目的。第二个子博弈从一些没有门路的人的决策结开始,这些人一旦涉及刑事诉讼,其策略就是不断、频繁、多层面的上访,或通过律师或家属以书信、走访等方式向国家、省、市领导人反映情况,希望有关国家机关纠正司法机关的错误,或通过媒体曝光迫使司法机关改变判决。① 这些做法无疑会增加司法人员秉持理性和良心、忠于事实和法律办理案件的难度,

---

① 陈浩栓:《当前刑事司法诚信所面临的挑战——基于博弈理论的分析》,载《法治论丛》2006年第5期。

给诚信司法带来干扰。

(二) 制度的因素——司法诚信实现的基础

现有的法律制度是否科学完善是影响司法诚信实现的一个基础性因素。国家通过立法建立起一套调整社会关系的规则体系,对公民的权利和义务进行分配。立法仅仅给了公众一个预期,这种预期需要在一个个具体的个案中通过司法活动予以实现。因此,司法是否能够赢得公众的信赖,赢得司法诚信的评价除了取决于司法自身的因素,还取决于法律制度本身对权利义务的分配是否合理。公权力行使的规则是"法无授权不可为",科学完善的法律制度为司法权的行使和司法公正的实现提供了基础和保障。如果法律制度本身即呈现伸缩性、易变性、模糊性和不可操作性的特征,立法就表现出了诚信的不足,司法机关在适用法律的过程中就只能表现出适用空间的不适和无奈,这种不适和无奈反映到社会层面则是公众对司法整治社会的期望不可实现,这必然给司法诚信造成伤害。因此可以说,司法诚信在某种程度上取决于立法的科学性和信用性。

司法诚信是司法现代化的重要标志。从历史的角度看,刑事司法日趋走向科学和理性是与刑事诉讼立法的现代化进程结伴而行的。中国古代的刑事诉讼制度体现的是控诉和审判职能不分的纠问式诉讼模式,在这种诉讼模式下的犯罪嫌疑人、被告人仅仅是被追诉的客体。最典型的表现是中国古代历代法典都有关于刑讯逼供的规定,从简单、概括到丰富、精细,在这种立法指引下的刑事司法充满了专横和野蛮,自然与诚信无关。随着刑事诉讼立法的进步,刑事司法也一步步走向文明。1996年的《刑事诉讼法》修改比较集中地解决了一批长期没有解决和难以解决的问题,如收容审查、免予起诉、疑案的处理等,并在诉讼模式上吸收了对抗制的合理因素,在指导思想上从片面地打击犯罪走向打击犯罪和保障人权的结合。有了立法的依托,刑事司法随之大踏步地迈向前进,越来越强调权力的克制和权利的保障,呈现出仁慈和宽容的面孔,司法诚信也得到了更多的保障;然而随着社会的不断变化,特别是伴随着我国经济体制和政治体制改革的进一步深化以及全球一体化的进程,1996年《刑事诉讼法》越来越显示出其存在的缺陷与不足,这些缺陷与不足已经成为制约刑事司法进步的主要障碍。因此,时隔 16 年之后,《刑事诉讼法》于 2012 年再次修改。可见,司法要走向进步,首先要解除立法的禁锢,得到立法的保障。

判断司法诚信能否在未来得以加强,需要去 2012 年《刑事诉讼法》中寻求立法保障。本次《刑事诉讼法》修改体现了现代民主法制国家的基本要求,从注重人权保障到追求程序正义,从程序设计上的完备精密到刑事司法理念上的准确定位,与时俱进的修订使得这部法律逐步从粗疏走向严密。特别值得一提的是,2012 年《刑事诉讼法》高度关照诉讼参与人特别是受害人、犯罪嫌疑人或被告人的权利问题,将民生精神贯通始终,如增加"不得强迫任何人证实自己有罪"的规定(第 50 条),规定"传唤、拘传犯罪嫌疑人,应当保证犯罪嫌疑人的饮食和必要的休息时间"(第 117 条),这是对犯罪嫌疑人、被告人的权利关照;2012 年《刑事诉讼法》还完善了辩护制度,如明确了律师侦查阶段的辩护人身份(第 33 条),扩大了辩护律师的权利(第 37 条),而律师的权利正是犯罪嫌疑人或被告人权利的延伸;2012 年《刑事诉讼法》规定部分轻微犯罪和过失犯罪适用于刑事和解程序(第五编第二章),这体现了修复性司法理念,着眼于对受害人和加害人切身利益的双方保护;2012 年《刑事诉讼法》规定对特定案件的证人和被害人进行专门保护等措施(第 62 条),体现了对证人和被害人权利的保障等等。此外,2012 年《刑事诉讼法》还对权力的行使进行了限制,如完善了非法证据排除制度,规定"采用刑讯逼供等非法方法收集……严重影响司法公正的,对该证据应当予以排除"(第 54 条)等,对非法取证做了严厉排斥。① 对诉讼参与人权利的保护和司法机关权力的限制无疑使司法为民和司法公正有了依托,有助于提高公众对司法诚信的评价。

不过,2012 年《刑事诉讼法》也有一些规定给司法诚信的实现带来了客观的困难。如"不得强迫任何人证实自己有罪"的规定,很多人认为这是此次《刑事诉讼法》修改的最大亮点,但笔者认为,这条规定势必使刑事司法陷入两难境地。因为有关"犯罪嫌疑人对侦查人员的提问,应当如实回答"的规定在本轮《刑事诉讼法》修改中并没有废除而是予以保留,这两个条文有着明显的逻辑上的冲突。两个条文合并之后的意思即为:"犯罪嫌疑人应当

---

① 戴涛:《论现代刑事司法基本理念的民生导向——兼评〈刑事诉讼法修正案(草案)〉的有关规定》,载《国家行政学院学报》2011 年第 5 期。

如实交待自己的罪行,但可以不证实(或不承认)自己有罪。"这种矛盾、模糊而不具操作性的规定无疑给司法机关带来极大的压力,无论怎样做都无法满足公众的期待,司法诚信必然因之受到质疑,而这本质上是立法信用出了问题。可见,制度的因素是司法诚信实现的基础。

(三)体制的因素——司法诚信实现的保障

主体的诚信是司法诚信实现的决定因素。诚信往往和理性相连,一个人能被称作诚信(理性)人,前提是拥有独立的品格。如果一个法官不能拥有独立的品格,不能听从理性和良心,而是需要在审判中瞻前顾后或执行指令,则只能沦为法庭的摆设,审判的傀儡。这种情况下,能动司法只能是纸上谈兵。因为实现司法能动性的关键在于法官自身诚信品格的回归。欠缺诚信的法官不具有司法能动性所要求的独立品格,其司法的过程往往欠缺理性,难以做到创新,更谈不上创造性地认定事实和适用法律,这反过来又加剧了实现司法诚信的难度。可见,司法诚信的实现离不开司法独立。而司法能否独立,很大程度上已经超越了法律制度的范畴,而是和司法体制甚至政治体制息息相关。

一般来说,司法独立包含两个方面的要求:一是要求司法机关独立于其他机关团体和个人;二是在司法过程中要求保障法官独立审案和判决。具体来说就是:司法独立、法院独立、法官独立。① 可见,司法独立包含着两个层面的制度构架:一是司法机关和司法权在整个国家宪政体制中的地位的制度安排,它强调的是司法机关和司法权在同一层级的国家权力之间怎样保持独立性,可称为宏观司法独立制度或司法独立体制;二是司法机关系统内部各层级司法机关及司法人员的地位的制度安排,它要解决的是国家审判权在不同层次,不同级别的司法机关和司法人员间怎样保持独立性,可称为微观的或具体的司法独立制度。②

我国缺乏司法独立的传统。中国古代专制社会长期奉行的是司法权与行政权不分的体制,司法权隶属于行政权,司法权高度行政化、工具化的习惯长期存在。虽然自清末变法以来,在制度设计上已完成了行政权与司法

---

① 龙宗智、李常青:《论司法独立与司法受制》,载《法学》1998年第12期。
② 张颖:《一种新型司法独立体制模式探析》,载《株洲工学院学报》2003年第3期。

权的分离,但在习惯思维中,司法机关始终处于实现政治权威和行政权力意图的工具地位。在我国现行法律中,虽然宪法及三大诉讼法都规定了司法独立原则①,但这项原则的实现却受到体制的制约。我国现行的体制是:全国人民代表大会是国家的立法机关,各级人民法院行使审判权,各级人民检察院行使监督与公诉权,各级人民法院根据《人民法院组织法》开展工作。我国《宪法》规定:各级人民法院院长以及人民检察院检察长的任免由同级人民代表大会决定,法院、检察院的经费来源于同级财政。人、财、物的不独立导致司法依附于地方行政,这使得司法独立在实践中步履维艰,有一些领导干部把司法机关当作政府的一个职能部门,政府首长对法院院长直接下达处理具体案件的指示的案例也不鲜见,这势必给司法诚信的实现造成阻碍。可见,体制因素是司法诚信实现的保障。

(四) 文化的因素——司法诚信实现的支撑

诚信是一种文化,诚信文化是诚实守信的行为规范和价值取向,本质上属于意识形态范畴,具体表现为一定社会中普遍形成的说话诚实可靠、做事言行一致、践行承诺的良好行为准则和价值理念。诚信是一种具有引导、激励和凝聚作用的社会力量,是社会成员在社会活动与经济交往中所必须遵守的最基本的行为准则之一,是一个社会正常运行的重要基础。各行各业都有自己的诚信文化,司法诚信只是社会诚信文化的一个方面。司法诚信的实现程度在某种意义上也受制于一个社会的诚信文化状况,取决于一个社会的诚信文化基因是否夯实。

从基因上追溯,最早的"诚"来自宗教意识。诚信来自对神文化的信仰。宗教的伦理道德教义是宗教信徒在当今世界人数有增无减的重要原因。可以说:"宗教的目标就是使人类尽可能从自私自利的要求、欲望和恐惧的奴役中解放出来。"②在西方,人们祷告或坦诚地请求神助,或神的原谅,其背景上,还是屈服于一种心理上的"威慑"。不仅在基督教文化里面,几乎在所有

---

① 我国《宪法》第 126 条明确规定:"人民法院依照法律独立行使审判权,不受行政机关、社会团体和个人的干涉。"第 131 条规定:"人民检察院依照法律规定独立行使检察权,不受行政机关、社会团体和个人的干涉。"

② 乐后圣:《和谐社会构建论》,中国人口出版社 2005 年版,第 190 页。

的宗教文化里,都主张诚实和信任。这些后来构成了公众的一种普遍生存方式,促进和维护了资本主义几百年的繁荣。诚信是整个资本主义契约社会的基础,也是宗教"善"文化的体现。比如在美国,诚实守信、勤俭奋斗、友好互助、嫉恶行善以及尊重人权构成了美国人今天普遍崇尚的美德,这在很大程度上是缘于基督道德和基督教义的约束。以"信、望、爱"超性之德为根本的基督道德和基督教义在大多数美国人心中溶化成了诚实的自律意识,诚信因此成为了社会的标准,社会诚信体系也因之得以有条不紊地运行。

中国的宗教尽管并不发达,但早期也曾有过原始宗教笼罩的时期,因此也不能排除这种依附性图腾的存在。古人"诚"表达的是人对"神"的诚实或虔诚,否则在"宿命"里或迟或早都会受到"神"的惩罚。但从西周时期疑"天"思潮和"敬德保民"的思想观念产生之后,人们就不再像以前那样,消极被动地祈求上天的恩赐,而是把着眼点放在人事的力量上。后来一种所谓"天人合一"观受到了统治者的宣扬,在意识形态里,皇帝充当了"天子",则所谓"神"落到人间烟火之中,"神"被具象化。由此从对"神"的诚,转化到对"帝"的诚,或者说转化为奴才对主子的"诚"。① 因此,所谓的"天人合一"实质上是"远神近人"的表现。可以说,在中国,神和宗教始终是围绕人世问题活动的,是被作为为人事服务的工具对待的,从而形成了传统文化重人事、轻鬼神的特色。中国古代大多数思想家对宗教都缺少热情,他们所关心的乃是社会、人生的现实问题,即孔子所说的"务民之义,敬鬼神而远之"、庄子所说的"六合之外,圣人存而不论"。

可见,由于宗教传统的深远影响,西方的诚信基因基础夯实,诚信对人的约束普遍而平等,诚信甚至成为官员的首要制约条件,一旦违背诚信立即下台。在这种文化下,司法诚信自然更容易实现。而"远神近人"的传统使得中国的诚信基因要薄弱得多。韦伯在他的研究中曾经指出,"传统中国的官员和知识分子只注重自身的品质修养和道德完善——这是他们进入仕途和上层阶级的必要手段——而与下层百姓的日常生活无关,阻碍了世俗化的实现"。在中国,诚信主要表现为对上级的忠与诚,对下级或平级之间不存在制约问题。这反映了诚信文化在基因上的一种先天性缺失。因此,中

---

① 包国庆:《诚信文化:中西价值的背离与当代中国社会重构》,载《广东技术师范学院学报》2005年第1期。

国的诚信在民间最薄弱,这使得诚信危机在今天的中国社会空前严重,各行各业都深受其扰,司法诚信的实现自然也增加了一些艰难的色彩。

可见,主体、制度、体制、文化四个方面的因素影响着刑事诉讼领域的司法诚信的实现,只有努力破解这些因素的制约,司法诚信建设才不至于偏离正确的方向。

第四章　刑事诉讼领域的司法诚信存在的主要问题

笔者在第三章第一节中,以刑事诉讼为视角,谈到了评价司法诚信状况的五个主要的维度,合法性、公正性、合理性、廉洁性和勤勉性。对照这几个维度,可以看到,刑事司法存在着较为严重的诚信缺失,笔者在本章中试以刑事诉讼的典型样态——公诉案件的处理为研究对象,以刑事诉讼包含的五大程序阶段(立案、侦查、起诉、审判、执行)为线索梳理司法诚信缺失的主要表现。

一、立案阶段的不诚信表现

刑事立案是刑事诉讼活动重要的一环,立案是刑事诉讼开始的法定程序,只有经过这一法定程序作出立案的决定以后,公安机关、人民检察院、人民法院等司法机关才能开始进行侦查或审判活动。实践中,虽然立案和侦查通常是结合在一起的,侦查阶段的开始通常以立案为标志,但是,按照阶段论的分类,立案仍是一个独立的诉讼阶段,在刑事诉讼法中也被列为独立的一章。因此,笔者在本书中将立案阶段分离出来单独梳理。我国《刑事诉讼法》第18条第1款规定:"刑事案件的侦查由公安机关进行,法律另有规定的除外。"同时该条还就人民检察院依法负责侦查的刑事案件作出了明确规定：贪污贿赂犯罪，国家工作人员的渎职犯罪，国家机关工作人员利用职权实施的非法拘禁、刑讯逼供、报复陷害、非法搜查的侵犯公民人身权利的犯罪以及侵犯公民民主权利的犯罪，由人民检察院立案侦查。可见，公诉案件的立案侦查主要由公安机关和人民检察院负责，其中，公安机关管辖的案件种类和案件数量均是最多的。

立案阶段的不诚信行为突出体现在不如实立案上。2012年《刑事诉讼法》第110条规定："人民法院、人民检察院或者公安机关对于报案、控告、举报和自首的材料，应当按照管辖范围，迅速进行审查，认为有犯罪事实需要追究刑事责任的时候，应当立案；认为没有犯罪事实，或者犯罪事实显著轻微，不需要追究刑事责任的时候，不予立案……"根据这一规定，所谓"立案不实"指的是公安机关、人民检察院和人民法院对于报案、控告、举报、自首和自己发现获得的材料，没有实事求是地依照规定立案或上报的现象。立案不实问题在公、检、法三机关中不同程度的存在，其中，公安机关表现得最为突出，甚至成为一个长期困扰警务工作、影响公安机关形象的老大难问题。因此，笔者主要以公安机关为对象展开对立案问题的研究。公安机关不如实立案主要有四种典型表现：

（一）该立不立

该立不立主要有五种情形：(1) 不破不立。指的是公安机关受理了刑事案件，能侦破的，就立案，不能侦破的，就不立案。大多数基层公安机关都有这种现象存在。原因很简单，担心案件多影响成绩，担心综合治理"一票否决"。其目的是营造社会治安良好的景象，更主要的是提高破案率，有时会达到100%。(2) 难案不立。个别地方存在对一些发案现场不清、无明显线索等侦破难、处理难的案件，如扒窃、诈骗、抢夺等案件，有些甚至是重特大案件未立案、未统计上报的现象。(3) 已破不立。个别地方和个别单位担心当年发案数超过控制指标，部分刑事案件破了也不立案，在做原始台账时不填写立案登记表，只统计破案数，不统计立案数。(4) 以罚代立。个别办案单位和办案人员在利益驱动下越权、超范围办理了某些案件，甚至对某些案件降格"罚款"了事。由于有违规行为,害怕上级追查,而隐瞒不立。①(5) 不报不立。有的公安机关过分倚重群众的报案,缺乏主动发现案件的热情。有些群众由于主观或客观上的原因,在受到不法侵害后没有及时报案,甚至有些是比较严重的案件,由于公安机关的不作为造成一些案件未及时立案,隐案数量比重高。

(二) 立案不准

立案不准主要有三种情形:(1) 程度不准。即发大立小或发小立大。个别基层单位或为了缩小发案影响,在案值上做文章,有意将发生的大案立为一般案件;或为了提高"破案质量",有意将侦破的一般案件立为重大案件。当然,也不排除办案人员或基层立案统计人员由于对案件性质把握不准确或对立案标准不熟悉而造成的立案错误,如把刑事案件立为治安案件(把抢劫案立为抢夺案等等)。(2) 地区不准。即有意把发生在甲地的案件立在乙地。这种情况一般出于两种目的:一种是为了保甲地"无"案件。例如派出所为了保甲责任区为"三无"责任区,有意将甲责任区发生的案件立在了乙责任区。另一种是为了提高乙地破案率和破案指数。如乙地派出所或责任区刑警中队有意将所破获的甲地(外管区)案件立在乙地(本管区)。(3) 个案不准。即一案多立或昔案今立。个别单位为了提高破案指数,把已破获的案件分拆开来,立为数起。如把 1 起抢劫强奸案件,分别立为 1 起抢劫案件和 1 起强奸案件;把 1 起案值 10000 元的盗窃案件,分别立为 10 起案值 1000 元的盗窃案件,或者把所侦破的往年隐案立为当年现发案件等。②

(三) 立案不报

有些基层公安机关依照法定程序,填写立案登记表,有关领导已审批,案件已立,但是未能上报。如某派出所一月立了 25 起案件,但上报的只有

---

① 黄锐平、朱丽萍、张世杰:《浅谈公安司法实践中的刑事立案不实问题》,载《公安研究》2010年第 7 期。

② 于大力:《当前立案不实的表现、成因与对策》,载《中国人民公安大学学报》2001 年第 5 期。

15起,原因是这15起已破10起,另外5起也有了线索,还有10起破案无望。① 这类现象的出现依然是指标在作怪,为了完成上级公安机关下达的破案和打击处理指标,提高破案率,个别公安机关出此下策。这样的做法表面上完成了立案程序,但客观上造成了立案数量的统计不准确,给错误估计治安形势埋下隐患,也影响了国家治理犯罪决策的科学性和正确性。

(四) 不该立而立

实践中,不该立而立情形的出现主要是因为职能管辖的错误和刑事案件立案标准掌握的错误而导致的。也有一种情况是因当事人报假案,公安机关没有仔细审查而立案。比较恶劣的一种情况是公安机关为了某种目的而立假案,这个问题在近年来比较突出地体现在公安机关插手经济纠纷上。为什么在中央三令五申"严禁公安机关插手经济案件"的背景下,民事纠纷"被刑事"的现象仍有愈演愈烈之势?除了法律认识上的错误外,利益驱动是主因。有的公安机关明明知道纠纷的性质属于民事纠纷,但是,出于其局部单位经济利益的考虑,认为有"油水"可捞,或者,个别办案民警违法收受对方"好处"之后,滥用职权,非法插手经济纠纷。据最高人民检察院的专项统计,2005年至2006年上半年,全国检察机关在审查逮捕和立案监督工作中共发现、纠正违法办案、插手经济纠纷205人,其中通过监督撤案纠正不该立案而立45人,占22%。违法办案、插手经济纠纷涉及的罪名主要集中在刑法第三章"破坏社会主义市场经济秩序罪"和第五章"侵犯财产罪"。2007年至2008年8月,全国检察机关共监督公安机关撤案14377件,其中最多的是侵犯财产类案件,共计7347件,占51.1%;破坏市场经济秩序类案件有675件,占4.7%。②

可见,公安机关在办案过程中能否依法如实立案既体现其诚信品行,也直接影响法律的严肃性和公正性。虽然公安机关采取了一系列措施,检察机关依法行使监督职能,在一定程度上减少了立案水分,但仍然没有得到根

---

① 王海军:《立案不实的危害及对策思考》,载《公安研究》1998年第1期。
② 元明、胡耀先:《刑诉法应明确规定对不应立案而立案的监督》,载《检察日报》2012年2月17日。

本改观。据测算，现在全国每年仍有 1/3 的应立案件没有立案。① 甚至有些地方群众遭受犯罪行为侵害后，要走后门、找领导批示，公安机关才予以立案，严重影响了公安机关的诚信形象。上述问题在检察院的立案过程中也不同程度的存在，比如面对大量的职务犯罪现象，一些地方存在"选择性执法"、有案不立的现象，对司法诚信造成负面影响。

二、侦查阶段的不诚信表现

笔者在第二章第四节中论述了司法诚信与刑事诉讼契合的特殊形态，指出侦查阶段的特殊性决定了一定限度内的欺骗性侦查手段具有法律许容性。但必须强调的是，侦查阶段同样需要强调诚信。诚信既然是公权力运作的一个基本要求，国家侦查权的运作自然不能例外。而司法实践中，侦查阶段呈现出的不诚信问题颇为严重，具体有哪些表现，需要从侦查的具体职能入手分析。

侦查是指刑事诉讼中的侦查机关为了查明犯罪事实、抓获犯罪嫌疑人，依法进行的专门调查工作和采用有关强制性措施的活动。一般从立案开始，到案件作出是否移送起诉的决定时止。所谓"专门调查工作"，是指为完成侦查任务依法进行的讯问、询问、勘验、检查、搜查、扣押物证或书证、鉴定、通缉等；所谓"有关强制性措施"包括两类，一是许多专门调查工作如讯问、搜查、扣押、通缉等侦查手段本身所含有的强制性；二是专门针对犯罪嫌疑人适用的拘传、取保候审、监视居住、拘留和逮捕等强制措施。和立案管辖相一致，侦查机关行使侦查权有明确的分工，其中，公安机关是最主要的侦查机关，承担大部分刑事案件的侦查工作。侦查阶段的职能主要包括专门调查工作（又可称为侦查取证）和强制性措施两大部分。笔者试在本节中围绕这两个方面梳理侦查阶段的不诚信表现。

---

① 引自公安部刑事侦查局局长何挺在中国人民公安大学高级警官培训班上的讲话，载中国人民公安大学进修部编：《高级警官培训讲堂录》，中国人民公安大学出版社 2004 年版，第 57—58 页。

(一) 侦查取证环节的不诚信

侦查取证工作是侦查机关最为重要的职责之一。侦查机关最终作出是否移送起诉的决定要建立在坚实可靠的证据的基础之上,因此,取证工作的基础性地位是不言而喻的。实践中,侦查取证环节也成为诚信危机频发的重灾区,主要表现在如下方面:

1. 违法取证

笔者前文论述到,合法性是司法诚信最基本的评价维度。实践中,侦查阶段的违法取证行为屡见不鲜。以言词证据和实物证据的分类为标准,违法取证主要有如下两大类表现:

(1) 违法获取言词证据。在言词证据的获取上,典型的违法取证行为有如下两种:

第一,刑讯逼供和暴力取证。包括捆绑悬吊、鞭抽棒打、电击水灌、火烧水烫等直接伤害犯罪嫌疑人、证人人身使其遭受痛苦而被迫供述或作证的肉刑,也包括采取长时间罚站、不准睡觉、冻饿、晒烤等折磨犯罪嫌疑人和证人身体、限制其人身自由而迫其供述或作证的变相肉刑。

第二,威胁、引诱、欺骗行为。2012年《刑事诉讼法》修改在"威胁、引诱、欺骗"的问题上虽然经过了一番摇摆,但最终立法者继续选择了绝对禁止的态度。① 这样的立法很大程度上是因为威胁、引诱、欺骗的做法同样是造成冤错案件的重要原因,而且往往与刑讯结合在一起发挥巨大威力,因而应列入违法取证的范围。但问题在于,威胁、引诱、欺骗很难与侦查谋略相区分,难以被准确地界定为违法。② 正如笔者在第二章第五节所论述的,只要不超过一定的限度,威胁、引诱、欺骗行为在中国的司法实践中具有一定的容许度。但是,应该看到的是,超出法律规定的范围扩张使用此种手段的现象较为普遍。例如,用诱人犯罪的方法侦查取证,或用超出法律范围或道德底线的方式引诱或威胁,如对一杀人案嫌疑人说:"你说吧,说清了我们就

---

① 提交全国人大常委会一审的刑事诉讼法修正案草案中赫然删去了"威胁""引诱"和"欺骗"字样,但在二审提交的草案中又将其恢复,最终将其保留。

② 笔者更赞同德国的处理方式,即以法定原则限制侦讯手段。《德国刑事诉讼法》第136条a就"禁止的讯问方法"规定:"只允许在刑事诉讼法准许的范围内实施强制。禁止以刑事诉讼法不准许的措施相威胁,禁止以法律没有规定的利益相许诺。"

放你回家。"或者对他说:"你不交代,就把你父亲抓起来"等等。

(2)违法获取实物证据。在实物证据的获取上,典型的违法取证行为有如下两种:

第一,侵犯诉讼参与人权利。侵权行为可能表现为对实体性权利的侵犯,也可能表现为对程序性权利的侵犯。如非法监控侵犯公民隐私权,用刑讯手段逼迫当事人非法辨认侵犯公民人身权,无证搜查、扣押侵犯公民财产权等,这些都是对实体性权利的侵犯;侵犯程序性权利的行为表现有:在搜查、扣押、勘验、检查的过程中侵犯当事人的在场见证权[①]、申请侦查人员回避权[②]、知情权[③]等。

第二,违反取证程序。主要包括严重违反取证程序和取证瑕疵两种。严重违反取证程序主要是指违反取证程序的强制性规定。例如,搜查不是由两名以上侦查人员进行;侦查实验未经县级以上公安机关负责人批准;确定死因的尸体解剖未经县级以上公安机关负责人批准等,这些都构成违法取证;取证瑕疵主要指表面不符合合法证据的形式要求,但可以通过补正、合理解释等多种方式,转化为合法证据。如侦查人员笔录制作不规范(如对物品特征、数量、质量、名称未注明清楚)、复制件制作不合规、辨认行为不规范(如供辨认的对象数量不符合规定、辨认未制作辨认笔录)等。

2. 消极侦查

"消极侦查"本质上是一种不作为,容易造成放纵罪犯的恶果。消极侦查主要是由侦查人员工作不够尽职尽责造成的,而勤勉性也是司法诚信的一个重要的评价维度。消极侦查主要表现为"立而不查""立而假查""立而不结"行为。这种行为可能发生在三种情形之下:

(1)主动立案之后侦查机关不积极开展取证工作。如不及时收集物证、书证,不及时鉴定,导致案件事实真相发现受阻,最后不得不作销案处理。特别一些死刑案件,因为侦查人员未能及时提取现场血迹导致关键证据缺失,影响案件的最终处理结果。

[①] 根据《刑事诉讼法》第137条、第140条、第129条的相关规定,搜查、扣押、勘验、检查的过程中需要见证人,尸体解剖时侦查人员需通知家属到场。

[②] 根据《刑事诉讼法》的相关规定,进行搜查、扣押、勘验、检查的侦查人员应当是无利害关系的第三人,当事人有权申请相关侦查人员回避。

[③] 侦查行为容易侵犯当事人的合法权益,当事人有权知悉侦查行为的依据以及效力范围。

（2）立案监督环节中被动立案后"消极侦查"。指的是公安机关在检察机关要求说明不立案理由和通知立案后予以立案，但消极懈怠，该为而不为，可为而不为，在一定期限内未开展必要的侦查活动，如既不积极取证，也不对犯罪嫌疑人采取任何强制措施。实践中，有些公安机关以犯罪嫌疑人在逃为借口应对检察机关的追问，使案件久拖不决。

（3）被检察机关退回补充侦查时超期严重、补查不力或者退而不查。比如，有的案件被退回补充侦查后，侦查机关不重视依法定程序按期重报审查起诉；再如，因为侦查机关办案人员不负责任、敷衍搪塞，不按退查提纲尽力尽责补查，或者客观上因时过境迁，失去了补查条件，导致案件重报时或者原卷未动，或者仅查了一些不重要的证据，退查提纲未完成或完成质量不高；又如，有的案件退查后，侦查人员未认真补查，就将犯罪嫌疑人取保候审，一放了之，悬案不报，不合法地中止了诉讼程序。

需要注意的是，消极侦查可能为犯罪人的逃脱提供便利，影响打击犯罪的力度和被害人合法权益的保障，背后可能隐藏着渎职犯罪。如有的办案单位出于利益驱动，搞以罚代刑；有的因关系网复杂，有关领导怕"拔出萝卜带出泥"而压案不查；还有的办案人员出于私情私利，故意放纵、包庇犯罪等等。在这种情况下，"消极侦查"表面上看是不作为，但对于放纵罪犯而言，却是一种积极的作为。

3. 不信守司法承诺

相对于违法取证，不信守司法承诺是司法诚信缺失的更为明显的表现。司法机关利用公众特别是犯罪嫌疑人对国家机关的信任，作出某种许诺却不兑现，这种失信行为严重污染了我国的司法环境，损害了司法在社会公众中的权威，长此以往，公民与国家机关的协作关系将难以发生和维系。司法机关不信守司法承诺主要有如下三种表现：

（1）对犯罪嫌疑人作出承诺却不兑现。最典型的例证就是坦白从宽政策不兑现的问题。有的侦查人员明知自己并无权力和能力实现某种从宽结果，但为争取犯罪嫌疑人配合认罪，就许诺如果坦白将给以宽大处罚。而一旦犯罪嫌疑人作了坦白交待，又不能兑现承诺，甚至其承诺本身就是超出其职权范围而无法兑现的"虚假承诺"。这样的做法自然令嫌疑人感觉上当受骗，以致"坦白从宽，牢底坐穿；抗拒从严，回家过年"的口号在公众中流传，产生极为恶劣的影响。除此之外,对犯罪嫌疑人作出承诺不兑现还表现为多种形式,如以不追究其余罪行、变更强制措施、关照其亲友等为诱饵骗取嫌疑人承认指控、交代自己的犯罪事实、交出赃款赃物、交代其他人的犯罪以及提供抓捕其他罪犯的线索与条件等。①

（2）承诺为被害人、证人保密却不兑现。证人证言和被害人陈述是两种重要的证据种类,对案件的证明起着至关重要的作用。为了顺利获取证据,侦查人员往往会在取证时依据《刑事诉讼法》的规定作出为证人和被害人保密的承诺,以打消其思想顾虑,很多证人和被害人都是基于对这种承诺的信任向侦查人员提供了重要的情况和证据,使案件侦查工作得以顺利进行。然而,有些侦查人员事后却将对证人和被害人所作出的承诺置之脑后,无意中将其作证的有关情况和信息泄露出去。实践中,曾经出现过证人信息被泄漏遭遇恶意报复的案例②,也出现过强奸案被害人隐私被泄漏致其羞愤自杀的案例,造成了极为恶劣的社会影响,严重损害了司法机关的诚信形象。

（3）悬赏破案中不兑现奖金承诺。悬赏破案是新形势下公安机关广泛发动群众,调动广大群众同违法犯罪分子斗争积极性的一项重要措施。它使犯罪分子置于人民群众的汪洋大海之中,没有藏身立足之地,有利于案件

---

① 李庄案的二审审判曾出现戏剧一幕：在听到他被判处有期徒刑一年半时,还没等法官说出"本判决为终审判决,闭庭",李庄一把抢过话筒,开始在法庭上发言,大喊被"欺骗",表示要"上诉到底"。李庄说：第一,我宣布一下,上次开庭认罪是假的,希望法庭不要给我算认罪,因为我的认罪是在检察机关和公安机关诱导下,承诺认罪能够缓刑,能够不开庭。第二,判决又是有罪,不是缓刑,原来的认罪书我都是欺骗公安局和检察院,你们详细看我的认罪书。……这些都是斗争策略,希望法庭尊重我的意见,而且公诉人在当时还让我撤销上诉。完全是一种欺骗,完全是一种欺骗,这种欺骗早晚会暴露于天下。我希望中国 16 万律师继续对违反刑诉法的行为坚决斗争,斗争到底,我会上诉到底的,再见！这样戏剧化的场景引发众多媒体的关注、报道,并引发公众对司法诚信的质疑。据悉,在二审前,"李庄"曾被找去谈话,谈话之后,其才在法庭上认罪。参见《李庄二审改判一年半 庭上抢话筒 高喊认罪有假》,载《城市晚报》2010 年 2 月 10 日。

② 如 2006 年 7 月,证人肖某目睹了家门口发生的一起伤害案件,行凶的几个嫌疑人都是当地恶霸,警察希望肖某能够出来作证协助案件侦破,肖某一度因担心被打击报复而顾虑重重,后来经过激烈的思想斗争,肖某答应作证,但前提是警方能够为他严格保密,警方再三承诺没有问题。接下来,肖某一五一十地向警方说明了案发经过,也说了行凶者的住处,并动员老婆也向警方作证。当天晚上,警方将嫌疑人龙某抓获,后龙某被以故意伤害罪判处死刑,缓期两年执行。但令肖某倍感震惊的是,判决书将肖某和老婆的名字,所做的证言写得清清楚楚,肖某不断接到电话被提醒将要被报复,不得已全家流亡,漂泊异乡。参见《证人信息遭公安泄露全家流亡 保护制度形同虚设》,载《中国青年报》2008 年 9 月 3 日。

的迅速及时侦破,因而成为当今世界不少国家警方破案的手段之一。在我国,悬赏破案不仅在实践中被广泛运用,也在法律上获得了明确的授权。最新修订的《公安机关办理刑事案件程序规定》第 270 条规定:"为发现重大犯罪线索,追缴涉案财物、证据,查获犯罪嫌疑人,必要时,经县级以上公安机关负责人批准,可以发布悬赏通告。悬赏通告应当写明悬赏对象的基本情况和赏金的具体数额。"这为我国在侦查破案中运用悬赏手段提供了法律依据。然而,应该看到,实践中因悬赏破案不兑现赏金而使得公众降低对司法诚信评价的案例时有发生,悬赏破案亟待规范。如有的公安机关开出的悬赏条件模糊不清,破案后如何分配由公安机关说了算[①];有的公安机关在案件侦破之后却由于经费困难等原因不兑现或不完全兑现在悬赏通告中承诺的赏金,以致有的知情人愤而把公安机关推向被告席。[②] 这种"悬而不赏"的言而无信的行为直接冲击了公众对国家和公权力的信赖,损伤了群众同违法犯罪行为作斗争的积极性。

除了以上三种情形外,个别案件中还出现了侦查机关编造证据、做假案的情况,这种情况在公安机关和人民检察院均有发生。

(二) 强制性措施实施环节的不诚信

强制性措施包含强制措施和强制性侦查措施。强制措施是法定机关为了保证刑事诉讼的顺利进行而对犯罪嫌疑人、被告人适用的暂时限制或剥夺其人身自由的方法。包括拘传、取保候审、监视居住、拘留、逮捕五种;强

[①] 比如,湖北特大持枪抢劫运钞车案案犯谢先荣在潜逃 13 天之后,被击毙。由于案犯携枪潜逃,给人民生命财产造成巨大威胁,因此湖北警方悬赏 20 万元向群众征集案犯线索,鼓励举报案犯踪迹。然而,当案件告破之后,实际提供破案线索和协助破案的 8 名群众只获得总额为 6 万元的奖金。奖金分配一下子由 20 万变为 6 万,指挥部有关负责人解释说,因为这些线索虽然对破案有价值,但并不是直接有利于破案,警方还是通过大量的侦查手段,锁定谢先荣并将其击毙。引自《武汉晚报》2003 年 10 月 15 日。

[②] 如 2001 年 9 月 10 日,江苏省溧水县洪蓝镇发生了一起杀人案,犯罪嫌疑人逃之夭夭。为了追捕逃犯,溧水县公安局刑警大队副大队长汤志亮率领侦查员赴安徽省薄望仙红星村布控,并向该村村长李发平通报了案情。其间汤对李说,如果犯罪嫌疑人在你村出现,报案的给 5000 元,抓到人的给 10000 元。李发平抓获了犯罪嫌疑人后,溧水县公安局只发给李发平 1000 元奖金,并未兑现当初承诺的 10000 元。为了讨个说法,李发平于 2001 年 2 月 9 将溧水县公安局告上了法庭。面对李发平的诉讼,汤副队长又矢口否认了所谓的悬赏一说。无独有偶,2001 年黑龙江省玉常市公安局因不彻底兑现悬赏承诺,而被举报人告上法庭,最终以法院判决公安局给付承诺的数额而告终。引自李杰:《论司法实践中刑事悬赏存在的问题及对策》,载《侦查》2003 年第 4 期。

制性侦查措施包含勘验、检查、鉴定、搜查、扣押、划拨、冻结等侦查手段,由于这些措施在一定程度上具有很大的强制性,可将其称为强制性侦查措施。采取强制性措施是侦查机关的一项重要的职能,对保证刑事诉讼的顺利进行具有重要的意义,但是也潜藏着引发诚信危机的危险。

1. 强制措施中的不诚信表现

强制措施中的不诚信表现有如下六种:

(1) 适用条件失当。这又可分为两种情形:第一种是放宽条件,非法适用。比如,尽管《刑事诉讼法》《公安机关办理刑事案件程序规定》等法律法规对取保候审的条件及不得取保的对象做了明确的规定①,但实践中对不符合取保候审条件而取保的现象并不少见。一些办案人员在取保候审呈报书中仅仅将取保理由简略地写为"证据不足"或"情节轻微社会危害不大"甚或"其他"等,并没有与具体的取保对象条件对应,这就使得审批机关及领导无法掌握取保对象的实际情况(是否符合取保条件),给相关人员以"办人情案、关系案"的机会。第二种是故意刁难,限制适用。比如,在取保候审的适用中,办案人员对符合取保候审条件的当事人,在提出取保候审申请时,人为刁难、设置障碍、限制适用、不予适用或不予批复。这两种做法均违背了司法诚信合法性的评价维度,进一步强化了一些老百姓"办取保候审必须花钱找关系"的观念,严重影响了司法诚信的实现。

(2) 不兑现承诺。这一点在取保候审的适用中比较常见。比如,犯罪嫌疑人如实交代犯罪罪行、积极退赔后,侦查机关不按事先承诺对其取保候审;又如,侦查机关向嫌疑人及其亲友承诺,只要筹集到一定数额的保证金就放人。然而,当其亲友筹好钱交给侦查机关,侦查机关却仍然将嫌疑人关押不放。侦查机关这种缺乏信义的做法产生了恶劣的社会影响,影响了公众对司法诚信的评价。

---

① 2012年《刑事诉讼法》第65条第1款规定:"人民法院、人民检察院和公安机关对有下列情形之一的犯罪嫌疑人、被告人,可以取保候审:(一)可能判处管制、拘役或者独立适用附加刑的;(二)可能判处有期徒刑以上刑罚,采取取保候审不致发生社会危险性的;(三)患有严重疾病、生活不能自理,怀孕或者正在哺乳自己婴儿的妇女,采取取保候审不致发生社会危险性的;(四)羁押期限届满,案件尚未办结,需要采取取保候审的。"2012年修订的《公安机关办理刑事案件程序规定》第78条规定:"对累犯,犯罪集团的主犯,以自伤、自残办法逃避侦查的犯罪嫌疑人,严重暴力犯罪以及其他严重犯罪的犯罪嫌疑人不得取保候审,但犯罪嫌疑人具有本规定第77条第1款第三项、第四项规定情形的除外。"(即《刑事诉讼法》第65条第三、四项)

(3) 超期羁押。侦查阶段的超期羁押指的是被拘留、逮捕的犯罪嫌疑人,在侦查阶段的羁押时间超过刑事诉讼法规定的羁押时限的一种违法行为。2012年《刑事诉讼法》第89条规定:公安机关对被拘留的人,认为需要逮捕的,应当在拘留后的3日以内,提请人民检察院审查批准。在特殊情况下,提请审查批准的时间可以延长一至四日。对于流窜作案、多次作案、结伙作案的重大嫌疑分子,提请审查批准的时间可以延长至30日。人民检察院应当自接到公安机关提请批准逮捕书后的7日之内,作出批准逮捕或者不批准逮捕的决定。因此,刑事拘留的期限一般为10日,最多不超过14日。但是,如果被羁押者涉嫌流窜作案、多次作案、结伙作案的,公安机关提请审查批准逮捕的时间可以延长至30日,加上公安机关审查批准逮捕时间,刑事拘留的时间在这类案件中最长可以达到37日。但是,问题在于:"流窜作案、多次作案、结伙作案"很难把握,如果犯罪嫌疑人、被告人的经常居住地与户籍所在地不一致算不算流窜作案?在团伙犯罪中,团伙成员多次作案和团伙多次作案如何区分?耦合式多人作案和集团性团伙作案如何区分?等等。在司法实践中,侦查人员往往对这些问题判断不一、标准不一。侦查人员往往"宁左勿右",37日成了必然羁押期间,这其中许多案件都属于超期羁押。另外,根据2012年最新修订的《公安机关办理刑事案件程序规定》第126条第1款规定:"犯罪嫌疑人不讲真实姓名、住址,身份不明的,应当对其身份进行调查。经县级以上公安机关负责人批准,拘留期限自查清其身份之日起计算,但不得停止对其犯罪行为的侦查取证。"但是,什么是"不讲真实姓名、住址、身份不明",完全由侦查人员自行确定,如何保证这种判断的正当性则没有任何评判标准,侦查人员只要认为"不讲真实姓名、住址、身份不明"就可以此为借口,无限期地关押犯罪嫌疑人和被告人。①实践中,此项法律事由也成为超期羁押的主要理由。除此之外,逮捕之后,为了保障公检法机关刑事诉讼活动的顺利进行,《刑事诉讼法》规定了一系列办案期限,同时设置了种种延长情形和例外情形,而对犯罪嫌疑人、被告人的羁押期限则未作任何限定。相反,随着这种办案时间的法定延长,羁押期限自然延长。以至于专业的律师也无法判断羁押的期限到底有多长。可

---

① 《我国超期羁押现象的制度成因浅谈》,载 http://www.chinalawedu.com/new/16900a23301a2012/201226caoxin94347.shtml,最后访问时间:2013年9月7日。

见,法律规范不周延、不明确是超期羁押的主要原因。但同样不容忽视的是,公安司法人员在超期羁押的防范和治理中存在着较为严重的不作为,违反了勤勉性的要求,这同样是司法不诚信的表现。正因如此,2012年《刑事诉讼法》第93条规定了逮捕后对羁押必要性进行审查的程序:"犯罪嫌疑人、被告人被逮捕后,人民检察院仍应当对羁押的必要性进行审查。对不需要继续羁押的,应当建议予以释放或者变更强制措施。有关机关应当在10日以内将处理情况通知人民检察院。"2016年1月,最高人民检察院发布《人民检察院办理羁押必要性审查案件规定(试行)》,旨在加强和规范人民检察院羁押必要性审查工作,维护被逮捕的犯罪嫌疑人、被告人的合法权益。

(4) 有意拖延。如果说超期羁押是一种客观的行为表现,有意拖延则违反了主观诚信的要求。比如拘留,按照现行《刑事诉讼法》的规定最长可以到37天,但仅仅应该针对流窜作案、多次作案、结伙作案的重大嫌疑分子。司法实践中,有些公安机关对外地的犯罪嫌疑人一律按37天处理,能提早办结的也有意拖延,法律规定的补充侦查也成了侦查人员有意拖延办案时间的手段。实践中,侦查机关为延长办案期限而要求同级检察机关以退回补充侦查的方式变相延长办案期限的现象较为常见。有的表现为不移送案卷材料,而要求检察机关直接填写退回补充侦查决定书,以拖延侦查时间;有的表现为案情尚未查清,证据不足而侦查羁押期限已满,公安机关将不具备移送审查起诉条件的案件移送审查起诉,迫使检察机关退回补充侦查,从而合法地延长继续侦查的时间。表面上看,这种做法似乎没有违反法律规定,目的是进一步查清犯罪事实和收集固定证据,但实际上公安机关并没有尽到勤勉的义务,没有做到严格执法,是司法不诚信的表现。

(5) 降低标准。拘传、取保候审、监视居住、拘留、逮捕五种强制措施对人身自由的限制和剥夺由轻到重,《刑事诉讼法》对其作出的适用条件限制也遵循了同样的规律,因此,降低强制措施的适用标准无异于加大了侵犯公民人身自由的风险。作为最为严厉的羁押性强制措施,2012年《刑事诉讼法》第79条对逮捕的适用条件作出了严格的要求,将"发生社会危险性,而有逮捕必要"的规定细化为以下情形:可能实施新的犯罪;有危害国家安全、公共安全或者社会秩序的现实危险;可能毁灭、伪造证据,干扰证人作证或者串供;可能对被害人、举报人、控告人实施打击报复;企图自杀或者逃跑。但是,实践中,有的检察机关从刑事诉讼的便利性出发,降低批准逮捕的条件,如对于罪行较轻的外地犯罪嫌疑人,在公安机关按37天进行拘留处理后,检察机关也往往出于外地人在本地没有固定居所、取保候审后难以保障随时到案的考虑,倾向于作出批准逮捕的决定。这实际上降低了逮捕的条件,造成羁押率居高不下。需要注意的是,违法羁押也是刑讯逼供等违法取证行为发生的元凶,因为违反自白任意性的取证行为往往在嫌疑人被羁押的状态下获取,两者叠加产生的危害不容忽视。

(6)强制措施解除不及时。强制措施涉及对公民人身自由的限制和剥夺,其适用必须坚持变更性原则,即应随着诉讼的进展和案情的变化及时对采取的强制措施进行变更或解除。2012年《刑事诉讼法》第77条规定:对于发现不应当追究刑事责任或者取保候审、监视居住期限届满的,应当及时解除取保候审、监视居住。解除取保候审、监视居住,应当及时通知被取保候审、监视居住人和有关单位。可见,取保候审、监视居住不能自动解除,必须经过一定程序。需要注意的是,此处法律规定"应当及时解除",是为了还当事人以自由;规定"应当通知有关单位",是为了让其他人知道当事人已经获得自由。但实践中,不及时解除取保候审、监视居住的案例屡见不鲜,这使得一些人在涉案后的若干年都带着"犯罪嫌疑人"的标签,难以重新开始新的生活。目前,在司法机关未及时解除取保候审、监视居住的情况下,如果未造成严重后果,当事人很难通过法律程序追究相应司法机关和人员的法律责任,只能向人大或上级检察机关投诉,效果不甚理想。而对于财保方式的取保候审而言,不及时解除还有一个附加的后果,即保证金无法退还。2012年《刑事诉讼法》第71条规定:"犯罪嫌疑人、被告人在取保候审期间未违反本法第69条规定的,取保候审结束的时候,凭解除取保候审的通知或者有关法律文书到银行领取退还的保证金。"可见,退还保证金的前提是必须解除取保候审。而对于相关犯罪嫌疑人、被告人而言,由于强制措施解除不及时,其既无法及时摆脱嫌疑人的标签,获得真正的自由,也无法及时领取本应退还的保证金,其内心的失望与沮丧可想而知,这种对司法的不满和不信任的情绪势必会在其亲友中蔓延,而个案的影响绝对不容小觑,因为司法诚信正是由个案诚信累积而成的。

2. 强制性侦查措施中的不诚信①

如果说强制措施是对公民人身权的强制,那么勘验、检查、搜查、扣押、划拨、冻结等强制性侦查措施则更多地体现了对公民财产权的强制。实践中,强制性措施的实施过程中,违反司法诚信的行为也颇为常见,查封、扣押措施中的问题尤为突出,使得这一领域成为引发司法诚信危机的高危地带,主要表现如下:

(1)查封、扣押范围肆意扩大。2012年《刑事诉讼法》第139条第1款规定:"在侦查活动中发现的可用以证明犯罪嫌疑人有罪或者无罪的各种财物、文件,应当查封、扣押;与案件无关的财物、文件,不得查封、扣押。"但是,实践中有的侦查人员查封、扣押财物的主观随意性极大,甚至个别地方不考虑财物与案件的相关性,而是瞄准财物的经济价值,对于经济价值大的财物肆意查封、扣押,既不当场点验,也不开列查封、扣押清单。比如对一些故意伤害或盗窃等案件中犯罪嫌疑人偶尔使用的车辆,有的侦查机关以车辆是犯罪工具或与犯罪有关的财物为由予以扣押,对犯罪嫌疑人一方的生产、生活造成很大的影响。

(2)随意处分查封、扣押财物。有的办案人员利用职务便利随意处分、调换和使用查封、扣押的财物、文件,有的甚至对经济价值大的财物予以私分或者个人侵吞,而不随案移交。对与案件无关的扣押财物,有的侦查机关不及时或者根本不发还给被扣押人。比如,有的侦查人员将嫌疑人的手机留作私用,而嫌疑人及家属也不敢轻易索要;再比如车辆,有的侦查机关将之无理扣押,长期将之用于侦查办案或其他用途,甚至在案件了结后也不予返还,严重损害了侦查机关的诚信形象。

(3)保管不善致使部分罪证失灭。法律规定对于查封、扣押财物妥善保管或者封存,不得使用或损毁。但在办案实践中,因为有关查封、扣押物的管理程序和保管制度不尽完善,加之侦查人员责任心的缺失,导致丢失、损毁查封、扣押物的现象较为严重。而有些扣押物本是重要的罪证,如凶器、毒物等,由于送检不及时或保管不善,产生霉变或遗失,致使物证不能起

---

① 笔者在违法取证部分已经论述过搜查、扣押、勘验、检查等侦查取证行为中的违法表现,值得注意的是,这些侦查措施既可以归入侦查取证行为,也可以列入强制性侦查措施,笔者在前文中主要是从获取实物证据合法性要求的角度加以论述,此处着重从行为本身的角度加以论证。

到证明犯罪的作用,严重影响办案质量。

笔者前面结合侦查取证和强制性措施两个环节论述了侦查阶段司法诚信缺失的具体表现,需要强调的是,我们应该格外关注侦查阶段的腐败问题。一般认为,司法腐败更多发生在审判阶段,发生在法官身上。实际上,侦查阶段的强制措施领域也是重灾区,特别是取保候审环节。取保候审是针对犯罪嫌疑人采取的一种人性化手段,本来是值得提倡的,但目前在我国,取保候审的办理基本都是办案机关内部决定,取保候审的决定程序过于封闭,具有典型的职权色彩,与案件有关的当事人,包括被告人及其辩护人、被害人及诉讼代理人都不能充分有效地参与,不能对取保候审的适用、决定产生任何影响,更缺乏针对不当取保候审决定的救济机制。办案机关拥有的不受限制的取保候审决定权为某些部门或人员滥用权力开了方便之门。而取保候审中的保证金制度进一步滋生了腐败行为。实践中,保证金保证的适用比率远远超越保证人保证,成为取保候审的主要方式;而过多适用保证金保证的方式,将犯罪嫌疑人的人身自由与其财产状况挂钩,导致取保候审适用上的不平等,使其成为富人的专利,也助长了一些侦查人员的腐败行为,实践中出现过侦查机关对嫌疑人开出天价保证金,"狮子大开口"甚至将天价保证金予以没收、建家属楼的案例。① 除此之外,还有一些隐性腐败形式值得关注,如有的案件车辆等赃物本是被害人的,而侦查机关返还给被害人时却要求其交纳一定的费用,一般用于办案经费;又如,有些侦查机关办理经济类案件,要求被害人出钱支持侦查,赴外地的路费、食宿费等费用都要求被害人负担。当然,尽管这些现象的出现与经费保障不力有关,但这种权力的滥用同样构成一种隐性的腐败行为,同样会使公众对公权力的廉洁性产生严重质疑。

---

① 比如,据《南方周末》报道,在2002年至2009年7月19日期间,海南省海口市公安局刑警支队办理了近70宗赌博、非法经营和诈骗类案件,除极个别案件,刑拘的一百多人相继被取保释放或转为治安处罚,相关刑事案件绝大多数作撤销处理,但涉案保证金及相关"赃款赃物"被没收。在这些被没收的财产中,甚至出现了单笔上百万的保证金和单笔上千万的涉案财产,部分资金被疑用以兴建办公楼和家属住宅楼。如此大规模的"创收"行动,引发了包括警界内部人士在内的大量举报。2012年4月28日,在全国公安机关反腐倡廉建设电视电话会上,公安部长孟建柱痛批了海口市公安局刑警支队的违法违纪问题。参见张辽:《刑警支队的生意经》,载《南方周末》2012年4月26日;邱冬福:《公安部长痛批"生意经"》,载《南方周末》2012年6月5日。

三、起诉阶段的不诚信表现

刑事起诉,是指国家公诉机关和享有控诉权的公民针对所发生的犯罪行为,依法向法院提起诉讼,要求法院对指控的犯罪进行审判,以确定被告人刑事责任并予以刑事处罚的诉讼活动。刑事起诉可以分为公诉和自诉两种方式。笔者在本书中以公诉案件为研究对象。在公诉案件的起诉阶段,检察院会对侦查机关侦查终结移送审查起诉的案件和自行侦查终结的案件进行审查,具体内容包括对《起诉意见书》以及全部案卷材料和证据进行全面审查,讯问犯罪嫌疑人,听取被害人的意见,听取犯罪嫌疑人、被害人委托人的意见,调查核实其他证据,认为案件事实不清、证据不足,需要对案件作进一步侦查时,可以决定退回侦查机关补充侦查或者由检察院自行补充侦查。但对于检察机关自行侦查的案件,则只有退回侦查部门补充侦查一种方式。除上述退回补充侦查,由侦查机关作出撤销案件处理的以外,检察院审查后,在案件事实已经查清,证据确实、充分的前提下,会有两种处理方式:一是对于依法应当追究犯罪嫌疑人刑事责任的,作出起诉决定,向人民法院起诉,并将案卷材料、证据移送人民法院;二是对于依法不应追究刑事责任,或者依法不需要判处刑罚、免除处罚的,或者补充侦查的案件证据仍然不足的,不将案件交付人民法院审判,即不起诉。① 此外,检察院在起诉阶段的职责还包括对侦查机关的侦查活动进行监督,纠正违法情况;复查被害人、被不起诉人的申诉;对于公安机关认为不起诉的决定有错误而要求复议、提请复核的,及时进行复议、复核等。可见,就司法诚信而言,公诉案件的起诉阶段主要考验的是人民检察院的诚信表现。分析中国的司法实践现

---

① 2012年《刑事诉讼法》第172条规定:"人民检察院认为犯罪嫌疑人的犯罪事实已经查清,证据确实、充分,依法应当追究刑事责任的,应当作出起诉决定,按照审判管辖的规定,向人民法院提起公诉,并将案卷材料、证据移送人民法院。"第173条规定:"犯罪嫌疑人没有犯罪事实,或者有本法第15条规定的情形之一的,人民检察院应当作出不起诉决定。对于犯罪情节轻微,依照刑法规定不需要判处刑罚或者免除刑罚的,人民检察院可以作出不起诉决定。人民检察院决定不起诉的案件,应当同时对侦查中查封、扣押、冻结的财物解除查封、扣押、冻结。对被不起诉人需要给予行政处罚、行政处分或者需要没收其违法所得的,人民检察院应当提出检察意见,移送有关主管机关处理。有关主管机关应当将处理结果及时通知人民检察院。"

状,检察院的不诚信行为主要有如下四种:

(一) 证据展示中的不诚信

在多数国家的刑事诉讼中,证据展示均是审前的一项重要活动。就刑事案件而言,证据展示是在法官的参与下控辩双方于案件审理前依照一定规则相互交换证据信息的活动。审判前进行证据展示的最终目标是确保诉讼公正,防止"伏击审判",保证集中审理,提高诉讼效率。为保证证据展示活动能顺利开展,各国证据立法都制定了相应的规则,这些规则不仅要求控辩双方诚实地提供己方所掌握的依法应当披露的证据,还要求双方在适当的时间,以恰当的方式提供,即不仅应当如实提供,还应当"尽善良人之义务"选择适当的方式和时间提供。

我国《刑事诉讼法》没有规定专门的证据展示程序,但也有一些规定保障控辩双方证据信息的沟通,如有关辩护律师阅卷权的规定。在起诉阶段,2012年《刑事诉讼法》第38条规定:"辩护律师自人民检察院对案件审查起诉之日起,可以查阅、摘抄、复制本案的案卷材料。其他辩护人经人民法院、人民检察院许可,也可以查阅、摘抄、复制上述材料。"本条在一定意义上可视作控方向辩方的证据展示活动。虽然这条规定仍然具有一定的缺陷[①],但是,相比1996年《刑事诉讼法》的规定,本条的修改体现了一个巨大的进步,即辩护律师的阅卷范围的扩大,从"诉讼文书、技术性鉴定材料"[②]扩大至"案卷材料"[③],这显然有助于改变实践中律师阅卷权严重受限的现状。修法之前,律师在审查起诉阶段所能看到的"诉讼文书、技术鉴定资料"主要是拘留证、逮捕证和鉴定结论等,律师最希望看到的证人证言、物证、书证、犯罪嫌疑人供述和辩解等对定罪量刑有决定意义的证据材料都不在此范围内。由于律师无法全面了解和掌握案情,很难在这一阶段"根据事实和法律"提出

---

① 本条的缺陷有二:一是只有控方的展示义务,没有规定辩方的展示义务,不利于案件事实的查清;二是没有关于如实提供展示证据的义务及相应的制裁措施。

② 1996年《刑事诉讼法》第36条第1款规定:辩护律师自人民检察院对案件审查起诉之日起,可以查阅、摘抄、复制本案的诉讼文书、技术性鉴定材料……其他辩护人经人民检察院许可,也可以查阅、摘抄、复制上述材料……

③ 这种变化与公诉方式的变化相一致。本次《刑事诉讼法》修改将公诉方式从1996年的"移送主要证据的复印件或照片、庭前实质审查"改为"全案移送、庭前形式审查"。

正确的辩护意见。修法之后,可以预见,律师辩护功能的发挥将大大加强。但必须要注意的是,阅卷环节格外考验检察官的诚信品行。实践中,控方在审查起诉阶段对律师阅卷权的行使加以干涉和刁难,或者隐瞒辩护证据,隐藏重要控诉证据的现象时有发生①,一方面是为律师辩护准备工作制造障碍,另一方面也在为庭上证据突袭铺垫基础,这样的做法严重损害了被告人的合法权益,是十分典型的司法不诚信的表现。

当然,控辩双方的开示义务并不是对等的。为充分保障人权,许多国家规定,证据展示活动中,控方应当将其所掌握的全部证据,包括用于法庭审理和不提交法庭审理的所有证据向辩方展示;而辩方除法律规定辩方必须展示的证据外(如不在犯罪现场,被指控人不具有刑事责任能力的证据),无需展示其他证据。这意味着刑事诉讼对控辩双方诚信的义务要求是不同的。另外,控方如实展示证据的义务也不是绝对的,针对不同案件、案件的不同情况,许多国家立法中都规定了例外情况,如英国有所谓"公共利益豁免"原则,即凡涉及国家秘密的证据、与证据有关的知情人员的情况、关系其他案件侦查的证据、可能暴露特殊侦查手段的证据等,其展示可能会给社会公共利益造成损害的,可不予展示。② 因此,这样的"隐瞒"不会降低公众对司法诚信的评价。

(二) 证据审查中的不诚信

起诉阶段的核心工作在于证据的审查判断。刑事证据审查判断的任务有三项:"一是鉴别证据的真伪;二是判明证据事实对案件事实的证明力;三是在对每一个证据审查判断的基础上,把案内全部证据联合起来,进行综合分析,比较研究,排除一切矛盾,找出其内在联系,从而考察案内证据是否充分,最终对案件事实作出结论。"③不难发现,证据的审查判断正好体现了证据的本质特征,即证据的客观性、关联性和合法性。其中,证据的客观性和关联性强调的是证据的内容,涉及证明力的问题;而合法性强调的是证据的

---

① 如某地法院审理的共同侵占犯罪的案件,公诉人员在开庭时出示和宣读了四个侦查卷宗的大量证据材料,但在开庭前却只向法庭提供了一份证人证言和两个被告人的供词复印件。载吕斌:《论我国刑事举证制度的缺陷与完善》,载《合肥工业大学学报(社会科学版)》2002年第3期。
② 李蓉:《诚信机制在刑事诉讼制度中的确立》,载《法学家》2005年第2期。
③ 陈光中:《刑事诉讼法》,北京大学出版社2002年版,第176页。

形式，涉及证据能力的问题。检察机关必须要在证据的审查判断工作中完成对侦查人员收集的证据的分析研究，鉴别证据的真伪，确定证据的证明力，进而依据查证属实的证据对整个案件作出起诉与否的决定。可见，审查判断证据的基础地位不可撼动，严格把握证据审查标准关乎每个案件的犯罪嫌疑人的切身利益，决定着案件的走向。

检察机关在审查判断证据环节的不诚信表现有如下三种：

1. 对证据能力的审查不够严格或刻意回避

证据能力问题涉及证据的法庭准入资格问题，是证据能否成立和被采纳的关键。证据能力的核心是合法性问题。因此，检察机关的证据审查工作应该首先围绕合法性展开。实践中，一些检察机关对证据合法性的审查存在着不够严格甚至刻意回避的问题，被辩护律师在法庭上尖锐指出，严重影响了指控的成功率。

（1）证据能力审查不严格。如一起案件的辩护律师对讯问笔录的合法性提出质疑，这份笔录是在拘传期间形成的，但是笔录上的起始时间清晰地显示超过了12小时，而且整个案卷中这样的笔录多达12份，说明侦查人员对嫌疑人循环反复、进行了12次拘传，长达六天六夜，严重违反了"一次拘传不得超过12小时，不得连续拘传"的法律规定。最终，此案的法官采纳了辩护律师的意见，否认了这些笔录的证据能力。[①] 这个案件说明一些检察官在审查证据的过程中过分关注证明力的问题，而对证据能力的问题审查不甚严格。

（2）证据审查中刻意回避证据能力问题。这一点比较典型的发生在非法证据排除问题上。《关于办理刑事案件排除非法证据若干问题的规定》第3条明确指出："人民检察院在审查批准逮捕、审查起诉中，对于非法言词证据应当依法予以排除，不能作为批准逮捕、提起公诉的根据。"可见，审查起诉阶段，检察机关应当及时纠正侦查活动中的违法活动，排除非法证据的适用。但在现实中，检察机关很少主动对非法证据提出纠正和查办。即使被告人和辩护人提出了排除非法证据的申请，检察机关也经常置之不理。比

[①] 引自陈瑞华讲座：《刑事证据的审查判断与运用》，载 http://wenku.baidu.com/view/867eabb465ce05087632130f.html，最后访问时间：2012年8月2日。

如杜培武案件。① 杜培武在审讯中遭遇了严重的刑讯逼供,他写好了《刑讯逼供控告书》,交给驻所检察官,这位检察官当着上百名在押疑犯和管教干部的面,为杜拍下 4 张伤情照片。1998 年 12 月 17 日,昆明市中级人民法院第一次开庭审理杜培武故意杀人案。杜培武指出警方的刑讯逼供行为,并恳请检察官出示照片,但公诉人的回答是当时没有拍过照片。面对窘境,审判长宣布休庭。1999 年 1 月 15 日,昆明市中级人民法院第二次开庭,杜培武再次要求公诉人出示照片,这一次,公诉人说照片找不到了。② 但令人奇怪的是,在杜培武案昭雪后,检察官启动对涉案民警的追诉时,这些原本找不到的照片又冒了出来。可见,检察机关在非法证据排除问题上存在着严重的不作为。这种不作为固然与检察机关的角色和能力有关,但也能够从一个侧面反映出检察官的诚信品行。

2. 对证据证明力的审查不够细致、不够尽责

按照言词证据和实物证据的分类,检察机关在证据证明力的审查判断上不细致、不尽责的表现不尽相同。

(1) 在言词证据审查判断中易出现的问题。一是没有充分重视犯罪嫌疑人的供述和辩解,如赵作海案③,赵作海前后做了九次供述,矛盾重重;再如杜培武案,杜培武在四份有罪供述中表述同一犯罪事实互相矛盾,杀人的过程、弃物的地点、杀人的手段、杀人的时间、杀人的地点均不一致;又如佘

---

① 1998 年 4 月,昆明市公安局为侦破昆明市公安局通信处民警王晓湘与昆明市路南县原公安局副局长王俊波被枪杀一案,决定成立"4·22"专案组,由当时的昆明市公安局刑侦支队政委秦伯联,刑侦支队三大队队长宁兴华具体负责侦破工作。被害人王晓湘的丈夫、昆明市公安局戒毒所民警杜培武被昆明市公安局直属分局以涉嫌故意杀人罪为由刑事拘留。杜培武在遭受刑讯逼供后,不得不违心地承认杀人,并编造了杀人经过。1999 年 2 月 5 日,杜培武被昆明市中级人民法院以故意杀人罪判处死刑。杜培武不服,以"没有杀人,公安机关刑讯逼供"为由提出上诉;同年 10 月 20 日,云南省高级人民法院以故意杀人罪对杜培武改判死刑,缓期 2 年执行。2000 年 6 月 17 日,杀害"二王"的真凶杨天勇在另一案件中落网,而那把作为杀人凶器的手枪也赫然出现。2000 年 7 月 6 日,云南省高级人民法院对杜培武故意杀人案再审,宣告杜培武无罪并予释放。

② 郭国松、曾民:《世上还有包青天吗——杜培武的"死囚遗书"催人泪下》,载《南方周末》2001 年 8 月 24 日。

③ 1998 年 2 月 15 日,河南省商丘市柘城县老王集乡赵楼村赵振响的侄子赵作亮到公安机关报案,其叔父赵振响于 1997 年 10 月 30 日离家后已失踪 4 个多月,怀疑被同村的赵作海杀害,公安机关当即进行了相关调查。1999 年 5 月 8 日,赵楼村在挖井时发现一具高度腐烂的无头、膝关节以下缺失的无名尸体,公安机关遂把赵作海作为重大嫌疑人于 5 月 9 日刑拘。1999 年 5 月 10 日至 6 月 18 日,赵作海做了 9 次有罪供述。2002 年 10 月 22 日,商丘市人民检察院以被告人赵作海犯故意杀人罪向商丘市中级人民法院提起公诉。2002 年 12 月 5 日,商丘市中级人民法院作出一审判决,以故意杀人罪判处被告人赵作海死刑,缓期二年执行,剥夺政治权利终身。河南省高级人民法院经复核,于 2003 年 2 月 13 日作出裁定,核准商丘市中级人民法院上述判决。2010 年 5 月 9 日,因"被害人"赵振响的突然回家,赵作海被宣告无罪释放,河南高级人民法院认定赵作海故意杀人案系一起错案。

祥林案①，佘祥林前后交待了四种不同的作案经过，五种杀妻动机。但在上述案件的证据审查中检察院均没有进一步挖掘矛盾形成的原因。二是没有对证人证言、被害人陈述等言词证据进行全面的分析研究和对比论证，如检察机关并没有对佘祥林案中邻村村民作出的曾经见过死者的证言加以研究和论证。三是没有联系所有证据进行核证，没有将实物证据作为审查言词证据真实性的武器和方法。如赵作海案口供中交待的头、四肢等尸体躯干的去向一直没有得到核实，重要物证处于缺失状态，但检察机关并没有结合这一问题对言词证据的真实性作进一步的审查判断。

（2）实物证据审查判断中易出现的问题。一是过分相信实物证据的客观性，忽视对其客观真实性的进一步审查。如证据是否是伪造的，是否可能因为自然原因或提取、保管、固定的不严谨、不科学而发生变化，这些细节问题常成为公诉机关审查判断证据的"死角"。二是忽视对实物证据来源的审查，即忽视对实物证据收集方法的审查。如赵作海案中，杀人凶器的获取来源于赵作海的口供，而口供却是通过刑讯逼供得来的。再如获取实物证据所普遍依赖的勘验、检查方法也经常容易在法庭上受到辩护人"不及时""不细致"的质疑，甚至在一些案件中辩护律师据此帮助嫌疑人"咸鱼翻身"，辛普森杀妻案就是最好的例证。② 因此，实物证据的审查不仅要审查"果"，还

---

① 1994年1月2日，佘祥林的妻子张在玉因患精神病走失失踪，张的家人怀疑张在玉被丈夫杀害。同年4月28日，佘祥林因涉嫌杀人被批捕，后被原荆州地区中级人民法院一审判处死刑，剥夺政治权利终身。佘祥林上诉至湖北省高级人民法院，后来被撤销一审判决，将该案发回重审。因行政区划变更，佘祥林一案被移送京山县人民法院审理，1998年6月15日，京山县人民法院以故意杀人罪判处佘祥林有期徒刑15年，剥夺政治权利5年。佘祥林不服提出上诉，湖北省荆门市中级人民法院驳回佘祥林上诉，维持原判，佘祥林随后在湖北沙洋监狱服刑。2005年3月28日，佘妻张在玉突然从山东回到京山。4月13日，京山县人民法院经重新开庭审理，宣判佘祥林无罪。

② 辛普森杀妻案是指1994年美式橄榄球运动员辛普森（O. J. Simpson）谋杀其妻子妮可和另一男子的刑事案件。此案当时的审理很具有戏剧性，由于警方的几个重大失误导致有力证据的失效，辛普森在此案中被判无罪。在该案中，警方被认为存在诸多失误。比如，案发之后，大批刑警和刑事检验人员迅速来到现场，但法医却姗姗来迟，在案发10小时后才到达现场，错过了准确地鉴定被害人死亡时间的最佳时机；法医在解剖尸体时，不但没对尸体进行X光检查和采集妮可的右手指纹，而且对妮可死亡前是否受到性侵犯未作任何医学鉴定，致使破案线索大大减少；为了"保护"现场，警方人员顺手从妮克的公寓中拿了几条白被单，小心翼翼地盖在了尸体之上。可是，由于辛普森与妮克离婚后仍然藕断丝连，案发数周前他曾在妮克公寓过夜，并经常来公寓看望孩子，被单上难免会有他的头发或皮屑，结果致使检方呈庭的DNA证据的可信度大打折扣；在征得辛普森同意从其身上抽取血液样品后，瓦纳特警长并未将血样立即送交一步之遥的警署刑事化验室，反而携带血样回到了32公里以外的凶杀案现场，3个小时之后，才将血样交给正在现场取样勘查的刑事检验员丹尼斯·冯，这使得辩方质疑警方借机伪造证据。

要对"果"的源头进行彻查。三是忽视对获取实物证据的相关笔录的核证。我国《刑事诉讼法》及相关法律规定,物证、书证的收集方法有勘验、检查、搜查和扣押。每一种实物证据的获取都应有相应的笔录来记载获取的过程,以使得检察机关能够更好地从证据获取全过程的角度审查证据能力和证明力。但是,实践中,检察机关往往只重视证据本身,而忽视对记载这些证据的笔录的核证。如杜培伍案中,公诉方以汽车(此案的作案工具)离合器和油门上的泥土与嫌疑人杜培伍裤腿和鞋底上的泥土化学成分高度一致作为指控杜培伍杀人的证据之一,辩护方在法庭上提起出示汽车上泥土来源的请求,公诉人查看案卷笔录后发现侦查人员在勘验检查中忽略了对证据提取过程的记载,而控方在起诉阶段的证据审查中没有发现这一问题,这一漏洞被辩方准确抓到并提出证据排除的申请,最后,法庭采纳了辩护方的意见。上述问题的出现均源于检察机关在证据审查中的不细致、不尽责,违反了司法诚信勤勉性的评价维度。

此外,检察机关在证据审查中还存在着重打击、轻保护,重有罪证据、轻无罪证据的不良倾向,如对有些法定从轻的证据不予仔细审查。如有些案件在审查起诉阶段、甚至在开庭审理阶段被告人提出有自首情节时,侦查部门也未能实事求是的提供证据,担心证明当事人有自首情节会影响公众对自己办案能力的评价。而对于如此关键的情节,检察机关却在相关的证据审查中怠慢行事。

3. 自行侦查权使用不足

2012年《刑事诉讼法》第171条第2款规定:"人民检察院审查案件,对于需要补充侦查的,可以退回公安机关补充侦查,也可以自行侦查。"考虑到人民检察院对公诉案件的任务主要是审查起诉,而非代替公安机关进行侦查,所以立法者把补充侦查放在了前面。可见,自行侦查是立法赋予检察机关的一项补充性的权力,对于那些自己侦查没有困难,可以节省办案时间和自行侦查有利于正确认定事实和取得真实证据的案件,检察机关可以自行侦查。

自行侦查权从根本上讲从属于法律监督权,它只不过是法律监督权的主动运用。在司法实践中,公安机关侦查人员在侦查中由于思维的局限性及办案压力的影响,往往不能全方位地完成证据的调查核实。而在公诉机关要求其退回补充侦查时,由于受绩效考核等因素的影响,又不愿主动地调取犯罪嫌疑人无罪、罪轻等对案件定性有影响的重要证据。这时审查起诉案件承办人运用法律监督权进行自行侦查,一方面可以查清事实;另一方面可以对公安机关的侦查行为进行纠正,对于不当的侦查行为可以发出纠正意见,从而引导公安侦查权的正确行使。因此,自行侦查权对于公安侦查权的监督是强有力的。

但是在实践中,这项权力很少被使用。检察机关不愿意使用此项权力的原因是多方面的,除了受到诉讼构造①、自身法律定位②、人力、物力③的限制外,还有一个原因值得关注且和诚信直接相关,就是办案人员的慵懒心态。退回补充侦查显然为检察机关赢得了更多的时间。根据 2012 年《刑事诉讼法》第 171 条的规定,对于退回公安机关补充侦查的案件,应当在 1 个月以内补充侦查完毕。补充侦查以二次为限。补充侦查完毕移送人民检察院后,人民检察院重新计算审查起诉期限,即在 1 个月之内作出起诉或不起诉决定。而 2012 年修订的《人民检察院刑事诉讼规则》第 383 条规定:"人民检察院在审查起诉中决定自行侦查的,应当在审查起诉期限内侦查完毕。"因此,基于退回补充侦查和自行补充侦查期限上存在的巨大差距,很多检察机关选择了将自行侦查权束之高阁。这样的做法在某种程度上削弱了检察机关的监督权。如有些案件在经过一次补充侦查之后毫无效果,有些案件的侦查人员对补充侦查工作敷衍了事,在这种情况下,如果检察机关仍然令其二次补侦,拖延时间,而不使用自行侦查权,会导致失去调取证据的第一手时间,使得案件难以突破甚至最终无法定案。实践中,这样的失败案例并不少见。

(三) 不起诉裁量权行使中的不诚信

不起诉裁量权是指在案件具备法定起诉条件时,检察官依法享有的根据自己的认识和判断选择起诉或不起诉的权力。不起诉裁量权既可以表现

---

① 中国以"侦查为中心"的流水线型诉讼构造使得检察机关不但无权主导侦查,还要受制于侦查部门。
② 作为一种补充性侦查手段,自行侦查权的使用要格外规范和慎重。
③ 基层检察院公诉部门普遍存在着案多人少的矛盾,办案人员工作压力大,而且技术装备、资金投入方面也不是很完备和充分,在一定程度上限制了自行侦查权的使用。

为提起公诉,也可以表现为不起诉。在此意义上,不起诉裁量权也包含有起诉裁量的含义。但是,考虑到不起诉裁量权的前提条件是案件已经具备提起公诉的法定条件,提起公诉已是应有之意,而不起诉则是作为对具备起诉法定条件的案件的一种例外处理,所以,为了突出其包含的不起诉内容,笔者称之为不起诉裁量权。

20世纪以后,由于刑事案件数量激增,刑罚理念由报应刑转向目的刑,以及刑事起诉制度上的"便宜主义"①渐占上风,由此带来了起诉裁量权的扩张与控制问题。综观当今世界主要国家的刑事诉讼,起诉法定主义的独占局面已被打破,取而代之的是起诉法定主义和起诉便宜主义二元并存。我国《刑事诉讼法》也赋予了检察官一定的不起诉裁量权。根据我国2012年《刑事诉讼法》的规定,检察机关可在四种情况下作出不起诉决定:(1)法定不起诉,又称绝对不起诉,依据是《刑事诉讼法》第173条第1款的规定:犯罪嫌疑人没有犯罪事实,或者有本法第15条规定的情形之一的,人民检察院应当作出不起诉决定。(2)酌定不起诉,又称相对不起诉。依据是《刑事诉讼法》第173条第2款的规定:对于犯罪情节轻微,依照刑法规定不需要判处刑罚或者免除刑罚的,人民检察院可以作出不起诉决定。(3)存疑不起诉,又称证据不足不起诉。依据是《刑事诉讼法》第171条第4款:对于二次补充侦查的案件,人民检察院仍然认为证据不足,不符合起诉条件的,应当作出不起诉的决定。(4)附条件不起诉。这是本次《刑事诉讼法》修改新增加的一种不起诉方式。依据是《刑事诉讼法》第271条的规定:对于未成年人涉嫌刑法分则第四章、第五章、第六章规定的犯罪,可能判处1年有期徒刑以下刑罚,符合起诉条件,但有悔罪表现的,人民检察院可以作出附条件不起诉的决定。其中,酌定不起诉和附条件不起诉都是检察院"可以"对犯罪嫌疑人作出,体现了检察机关不起诉裁量权的行使。2007年2月,最高人民检察院《关于在检察工作中贯彻宽严相济刑事司法政策的若干意见》强调:"在审查起诉工作中,(检察机关要)严格依法掌握起诉条件,充分考虑起诉的必要性,可诉可不诉的不诉。"

---

① 起诉便宜主义,又称起诉合理主义、起诉裁量主义,是指检察官对于存有足够的犯罪嫌疑,并具备起诉条件的案件,可以斟酌决定是否起诉的原则。参见陈岚:《论检察官的自由裁量权》,载《中国法学》2000年第1期。

检察机关在行使不起诉裁量权过程中的不诚信行为主要表现在如下两个方面：

1. 不起诉裁量权的滥用

不起诉裁量权是法律赋予检察机关的一项重大权力，对于被告人而言，诉与不诉对其命运产生的影响不可同日而语。然而权力是一把双刃剑。博登海默指出：一个被授予权力的人，总是面临着滥用权力的诱惑，面临着逾越正义和道德界线的诱惑。①

以相对不起诉为例，司法实践中，滥用不起诉裁量权的主要表现有三：（1）滥用相对不起诉，对本应作出存疑不起诉甚至是绝对不起诉的案件，为了掩饰错案或者避免引起赔偿，故意作出相对不起诉。因为相对不起诉是有罪不诉，会使一些嫌疑人感到虽获自由身，但仍是"有罪之人"。实践中，不乏有嫌疑人对"相对不起诉"决定不服而申诉讨清白的案例。②（2）适用相对不起诉标准不一，司法随意性较大。如针对两起均符合相对不起诉条件的案件，检察机关对其中情节相对较重、涉案金额较大的案件作出了相对不起诉决定，却对情节相对较轻、涉案数额较小的案件作出了提起公诉的决定，给人以不公正之感。（3）将本应起诉的案件改为不起诉，超出了自由裁量容忍的范围，既侵害了国家利益，又侵害了被害人利益。③这类情况的发生通常隐藏着司法腐败。

2. 不起诉裁量权的怠用

纵观我国的司法实践，检察官不起诉裁量权的使用状况与立法初衷产生严重的偏离，使用率一直保持在较低的水平。受到对不起诉裁量权价值认识不足、重惩罚轻教育观念严重、自由裁量能力不够或目标考核制约④等原因的影响，一些检察机关消极行使不起诉裁量权，对本来符合相对不起诉条件的案件却不适用不起诉的方法处理。有统计数字显示，自2003年以

---

① 〔美〕博登海默：《法理学：法律哲学与法律方法》，邓正来译，中国政法大学出版社1999年版，第362页。
② 2012年1月16日，宁夏回族自治区中卫市沙坡头区人民检察院对许国清下达《不起诉决定书》，认定他"构成虚报注册资本罪，但不予起诉"，许国清随后提起申诉。
③ 王延祥：《论起诉裁量权的合理行使》，http://www.law-star.com/cacnew/200605/25011775.htm，最后访问时间：2012年9月3日。
④ 受目标考核的制约，一些检察机关为了降低不诉率而将相对不诉、存疑不诉的案件提起公诉。

来,每年判处3年有期徒刑以下刑罚的人数,基本上占当年全部刑事案件判刑人数的60%左右;其中,判处拘役、管制、被宣告缓刑、单处罚金、免予刑事处罚的人数,占当年判刑人数的30%左右。然而,与此形成鲜明对比的是,检察机关每年不起诉的人数却一直徘徊在全部审查起诉人数的1%—3%之间①,而这个数字在英国是12%②,日本是25%—30%③,德国是50%④。相比之下,我国的数字低得可怜。这个数字直观地告诉我们:对于大量轻微刑事案件,哪怕是起诉到法院可能只是判处拘役、管制、单处罚金或免予刑事处罚,有些基层检察机关依然会习惯性地将案件起诉到法院,不敢、不愿行使立法赋予自己的不起诉权力。不起诉裁量权行使的不充分性还可以从其他方面得到印证。1997年至今,我国公诉转自诉案件的情况极少⑤,许多地方没有发生一起。这也说明,检察机关在适用不起诉时,掌握的标准很高,对被害人的意见充分尊重,甚至把被害人意见作为重要或唯一的标准,凡被害人对不起诉有意见的,均提起公诉。这种做法不仅有其片面性,而且从某种角度说,也是检察机关放弃依法行使检察权的表现。而修改后的《刑事诉讼法》虽然增设了附条件不起诉,但这一制度在司法实践中被"冷落"的状况引人关注。据悉,2012年5月北京市海淀区人民检察院被确立为附条件不起诉试点院,半年仅在3件6人中进行了附条件不起诉考察,且适用罪名均为盗窃罪。数据显示,2011年内,海淀区人民检察院共受理未成年人案件230件303人,其中被实际判处1年以下有期徒刑的170人,适用罪名符合附条件不起诉规定的167人,占一半以上。调查发现,检方之所以半年试点中仅对2.3%未成年犯罪嫌疑人展开附条件不起诉工作,主要因为附条件不起诉程序繁琐,增加了检察机关检察监督环节,需要在考察前、考察后进行汇报,还需要形成诸多法律文书。在办案重压下,检察官不

---

① 范仲瑾:《认真对待立法赋予的不起诉裁量权》,载《检察日报》2012年1月2日。
② 中国政法大学刑事法律研究中心:《英国刑事诉讼制度的新发展——赴英考察报告》,载《诉讼法论丛》(第2卷),法律出版社1998年版,第335页。
③ 宋英辉:《日本刑事诉讼的新发展》,载《诉讼法论丛》(第1卷),法律出版社1998年版。
④ 龙宗智:《相对合理主义》,中国政法大学出版社1999年版,第310页。
⑤ 2012年《刑事诉讼法》第176条规定:对于有被害人的案件,决定不起诉的,人民检察院应当将不起诉决定书送达被害人。被害人如果不服,可以自收到决定书后7日以内向上一级人民检察院申诉,请求提起公诉。人民检察院应当将复查决定告知被害人。对人民检察院维持不起诉决定的,被害人可以向人民法院起诉。被害人也可以不经申诉,直接向人民法院起诉。

愿意主动适用附条件不起诉,而宁愿选择程序上相对简便的相对不起诉或刑事和解程序。① 这样的做法固然有客观的原因,但也表现出检察官消极怠惰的一面,这种行为表现是与司法诚信相违背的。

(四) 时限使用中的不诚信

笔者在第三章谈到,勤勉性是司法诚信的评价维度。勤勉性维度下的效率有了更深一层的含义,不仅不能超过时限要求,而且还要达到尽可能短的最佳状态。而实践中,办案拖延的现象非常普遍。当然,这里的拖延指的不仅仅是超出时限要求的违法行为,还包括不及时问题。主要表现有两点:

1. 滥用退回补充侦查权

为了进一步查清案件事实,确保起诉的准确性,《刑事诉讼法》赋予了检察机关将案件退回公安机关补充侦查的权力。② 但在实践中,一些检察机关将这项权力异化为拖延办案时间的手段,且不论是否需要,都将两次补充侦查用完,造成办案的拖延。实际上,针对案件证据的不足,检察机关并不是没有其他的选择,其完全可以口头或者书面通知公安机关补充证据,不必非走退回补充侦查的程序,但有的检察机关却对这个程序情有独钟。究其原因,两次补充侦查程序的启动可以给检察院带来两个月的时间,并可以重新计算审查起诉期限是主因。

2. 不及时审查起诉

2012 年《刑事诉讼法》第 169 条第 1 款规定:"人民检察院对于公安机关移送起诉的案件,应当在 1 个月以内作出决定,重大、复杂的案件,可以延长半个月。"仅就这一法条而言,《刑事诉讼法》并未区分犯罪嫌疑人被羁押或未被羁押两种情形,而是对所有案件的审查起诉期限都作了一致的规定:公诉机关应当在一个月至多一个半月内决定起诉或不起诉。然而,2012 年《刑事诉讼法》第 96 条又规定:"犯罪嫌疑人、被告人被羁押的案件,不能在

---

① 《北京海淀检察院半年仅 2.3% 涉未嫌疑人附条件不起诉》,载《法制日报》2013 年 5 月 9 日。
② 《刑事诉讼法》第 171 条第 2 款规定:"人民检察院审查案件,对于需要补充侦查的,可以退回公安机关补充侦查,也可以自行侦查。"第 3 款规定:"对于补充侦查的案件,应当在 1 个月以内补充侦查完毕。补充侦查以二次为限。补充侦查完毕移送人民检察院后,人民检察院重新计算审查起诉期限。"

本法规定的侦查羁押、审查起诉、一审、二审期限内办结的,对犯罪嫌疑人、被告人应当予以释放;需要继续查证、审理的,对犯罪嫌疑人、被告人可以取保候审或者监视居住。"显然,这条规定是对犯罪嫌疑人被羁押案件办理期限的例外规定。也就是说,对于犯罪嫌疑人被羁押的案件,因查证需要在审查起诉期限内未能办结的,可以通过变更强制措施来延长审查起诉期限,延长的时间应当为取保候审、监视居住的期限。按照2012年《刑事诉讼法》第77条的规定,人民法院、人民检察院和公安机关对犯罪嫌疑人、被告人取保候审最长不得超过12个月,监视居住最长不得超过6个月。在取保候审、监视居住期间,不得中断对案件的侦查、起诉和审理。据此可以认为,犯罪嫌疑人被羁押案件在特定情形下转为犯罪嫌疑人未被羁押案件后,只要期间未中断审查,对该案审查起诉的全部时间实际可能超过12个月或6个月。这样的立法规定无疑纵容了检察机关不及时审查起诉,使案件久拖不决,难免给公众以司法不诚信之感。

在审查起诉时限的使用上,检察机关的不诚信主要体现在两个方面:

(1) 对于犯罪嫌疑人被羁押的案件。对于犯罪嫌疑人被羁押的案件,检察机关的不诚信表现有二:一是受到法律规定不明确的影响,对法律规定的"重大、复杂案件"作出扩大解释,随意延长审查起诉期限,将大量没有达到重大、复杂标准案件的审查起诉期限延长至一个半月;二是受到不良的思维和行为惯性的影响,习惯于将审查起诉期限全部用完,能及时办结也不及时办结。甚至认为只要不超过一个半月就不算程序违法,导致工作作风懈怠、工作效率低下。

(2) 对于犯罪嫌疑人未被羁押的案件。对于犯罪嫌疑人未被羁押的案件,检察机关通常将审查起诉期限与强制措施期限绑定,并通过法律赋予的灵活规定变更强制措施,人为拖延原有的审查期限,使犯罪嫌疑人长期处于刑事强制措施之下。事实上,不论犯罪嫌疑人是否被羁押,审查起诉的实际期限都应当取决于案件本身的严重复杂程度,检察机关应抓紧时间进行审查,不应有意拖延。但实践中一些检察机关把这一点抛在脑后。以取保候审为例,适用取保候审的情形,一般是犯罪事实清楚、情节较轻、当事人认罪态度较好或者没有社会危险性的。这些情形按照正常的期限完全可以审查起诉完毕,没有必要一拖再拖,但实践中拖延数月甚至数年的案件屡见不鲜。案件久拖不决,容易引起犯罪嫌疑人、被害人及公众的无端猜疑,从而对司法机关的诚信形象产生消极影响。

值得注意的是,审查起诉不及时问题往往与羁押必要性审查制度的缺失相伴而生。羁押的目的在于防止犯罪嫌疑人妨碍刑事诉讼及再次危害社会,在羁押的理由和必要性不复存在时,应当解除羁押。但是,在我国,逮捕与羁押长期不分,2012 年《刑事诉讼法》虽然增加了羁押的必要性审查制度[1],但是从该制度的实践运行看,检察官运用此项权力履行监督职责的积极性并不高。越来越严密的考核与责任追究机制,以及沉重的维稳压力和严峻的上访形势,使得检察官更趋于结合职业风险作出趋利避害的行为选择。就羁押必要性审查而言,承办检察官自然会考虑如果建议释放或变更强制措施,嫌疑人一旦逃跑导致诉讼不能顺利进行或再次犯罪危害社会时的责任承担问题,从而在作出行为选择时瞻前顾后,如履薄冰,这使得羁押必要性审查制度很难实现立法者预期的效果。因此,必须制定切实可行的科学化管理考核办法与责任追究机制,从而促使承办检察官及时、正确地作出符合正义的行为选择,增强工作的勤勉性,贯彻"尊重和保障人权"的理念,进而提高公众对司法的诚信评价。[2]

四、审判阶段的不诚信表现

刑事审判是指人民法院在控、辩双方和诉讼参与人的参加下,依照法定的权限和程序对被提交审判的刑事案件进行审理并作出裁判的活动。审判活动实际上由审理和裁判两部分活动组成,"审判"可以看作是"审理"和"裁判"的简称。所谓审理,就是人民法院的审判组织在控、辩双方和其他诉讼

---

[1] 《刑事诉讼法》第 93 条规定:犯罪嫌疑人、被告人被逮捕后,人民检察院仍应当对羁押的必要性进行审查。对于不需要继续羁押的,应当建议予以释放或者变更强制措施。

[2] 2014 年 4 月,北京检方首次召开逮捕案件羁押必要性听证会。主要案情是两个小伙子等电梯时发生口角,大打出手,其中一人被打成轻伤。打人者张某被警方以涉嫌故意伤害罪刑拘。案发后,委托人向检方提出羁押必要性的审查申请。东城区人民检察院召开羁押必要性听证会,并作出无逮捕必要不批准逮捕的决定。这是自 2012 年《刑事诉讼法》颁布后,北京检方首次召开逮捕案件羁押必要性听证会。参见:《北京检方首次召开羁押必要性听证会》,载《北京日报》2014 年 4 月 22 日。

参与人的参加下,对案件的事实和证据进行审查核实,查明案件事实,取舍种种证据,并就正确适用法律听取控、辩双方意见和建议的活动;所谓裁判,是指人民法院的审判组织根据对案件事实和证据审查核实的结果,依据刑法和刑事诉讼法对案件的实体问题和某些程序问题作出权威性处理决定并以人民法院的名义予以公开宣告的活动。审理和裁判是不可分割的组成部分,审理是裁判的基础和前提,裁判是审理的目的和结果。可见,审判阶段是一个从受理起诉到宣告判决的诉讼过程,法庭审判只是审判活动的主要方式和主要阶段,但不是审判活动的全部。① 就司法诚信而言,审判阶段主要考验的是人民法院的诚信表现。分析中国的司法实践现状,人民法院的不诚信主要体现在如下四个方面:

(一) 裁判结果中的不诚信

笔者在第一章第三节中论述到,司法公正是司法诚信最终的落脚点,司法诚信的根本在于裁判公正。公正包含实体公正和程序公正两个方面,显而易见,对于公众而言,裁判结果的不公正最容易降低其对司法诚信的评价。换句话说,判断一个国家的司法是否诚信,最直观的标准就是看裁判的结果是不是公正,如果一个裁判给公众以明显不公正的感觉,公众自然会感觉司法是不可信赖的。

对案件裁判结果的诚信评价有两种方法:一是孤立的评价,一是在比较中评价。如果说冤假错案和放纵犯罪是在孤立评价裁判结果时所发现的影响司法诚信的两个主要因素,那么同案不同判和罪刑失当就是运用比较方法而得到的发现。

1. 冤假错案

毫无疑问,冤假错案对司法诚信的拷问是最为尖锐而深刻的。限制、剥夺一个无辜公民的自由甚至生命,这样的结果会在社会上引发广泛的同情和不安,甚至动摇整个社会的信用体系。因为面对社会诚信的严重缺失,公众最大的期待就是靠司法加以矫正,但是,冤假错案的出现无疑使人们对这"最后一根救命稻草"能否救命产生深刻的怀疑。这些冤假错案得以昭雪有

---

① 陈卫东主编:《刑事诉讼法》,中国人民大学出版社 2004 年版,第 313 页。

各种各样的原因,有的是因为"亡者"归来,如湖北佘祥林"杀妻"服刑 11 年后因妻子现身被无罪释放,河南赵作海"故意杀人"服刑 7 年后因被害人突然回家被无罪释放。有的是因为真凶落网,如云南杜培武"故意杀人"含冤 2 年真凶落网后被无罪释放,辽宁李化伟"杀妻"服刑 14 年后因真凶自首而重获自由,内蒙古呼格吉勒图因"强奸杀人"被蒙冤处死 9 年后真凶落网,供认罪行,但呼格已经死亡,能够等到的只是一纸再审的无罪判决。有的是因为当事人的不断申诉和司法人员的执著坚持,如浙江张氏叔侄因"强奸致死"含冤入狱 10 年,如果没有其对法律的信仰和不断的申诉,没有像张飚这样维护法律主持正义的检察官的执著坚持,恐怕至今仍在狱中。河南胥敬祥"抢劫、盗窃"蒙冤 13 年后被宣判无罪,如果没有河南省人民检察院公诉处蒋汉生等检察官长达 7 年的坚守,他的命运恐难改变。福建念斌"投毒"案历时 8 年 10 次开庭审判,4 次被判处死刑立即执行,历时 8 年被无罪释放,如果没有张燕生、公孙雪等律师满怀正义与悲悯的辩护以及法院对疑罪从无理念的坚守,很难帮助念斌照亮回家的路。但不管以什么样的面貌呈现和昭雪,这些冤假错案的曝光无一例外在社会上引发剧烈反响,人们不能不由此质疑司法的公正和诚信。冤假错案折射下的司法沉沦令人忧心。2013 年,一系列防止冤假错案的规定密集出台。2013 年 6 月,公安部发布了《关于进一步加强和改进刑事执法办案工作切实防止发生冤假错案的通知》;2013 年 8 月,中央政法委发布了《关于切实防止冤假错案的规定》;2013 年 9 月,最高人民检察院发布了《关于切实履行检察职能防止和纠正冤假错案的若干意见》;2013 年 11 月,最高人民法院发布了《关于建立健全防范刑事冤假错案工作机制的意见》;2015 年 9 月,最高人民检察院和最高人民法院分别发布了《关于完善人民检察院司法责任制的若干意见》和《关于完善人民法院司法责任制的若干意见》,体现了国家坚守防止冤假错案底线的决心。

2. 放纵犯罪

放纵犯罪是和冤假错案相对的一种现象。放纵犯罪有两种可能:一是在冤假错案中,冤枉了无辜者,放纵了真凶。比如辽宁李化伟案,因其被怀疑杀害妻子邢伟,含冤入狱 14 年。后来真凶江海在另外一起案件中落网,交代了自己才是杀害邢伟的凶手,而这个被放纵的真凶入狱前又杀害了 3

条无辜的生命。① 二是依"疑罪从无"作出处理后可能造成对真凶的放纵。笔者在此并不是质疑疑罪从无原则的正当性,而是试图描述一个客观现象:虽然我国《刑事诉讼法》早就确立了疑罪从无原则,但是必须看到,这项原则在我国刑事司法中的实践还很不充分,像福建念斌案这样因疑案而被宣告无罪的被告人仍是特例,其中很重要的一个原因就是出于对放纵罪犯的担忧。而当司法机关真的作出无罪判决之后,来自被害人方的不满情绪会迅速释放,因为真凶仍无处可觅,其会觉得无法靠司法为自己讨回公道、司法"靠不住",公众也会有司法惩治犯罪不力之感,质疑司法机关"惩罚犯罪、保护人民"的承诺,进而降低对司法的信任感和对司法诚信的评价。

3. 同案不同判

对于相同或相似的情况,法官应当适用相同的规则,作出结果大体相同的判决,而不应出现同样的案情判决结果迥异的情况。"同案同判"是保持法的确定性和可预测性的基本要求。但近年来,司法实践中"同案不同判"的案例屡见不鲜。比如,一度成为媒体关注焦点的许霆案②发生之后,若干年之前的"云南版许霆案"③浮出水面。面对性质大致相同的案件,"云南版许霆案"中的何鹏被判无期徒刑,而广州的许霆在媒体和舆论的关注下,经历了从无期徒刑到5年有期徒刑的戏剧性变化。受到许霆案改判的鼓舞,何鹏的父母向云南省高级人民法院申诉,云南省高级人民法院作出再审判

---

① 《怀孕妻遇害丈夫判死缓 一个疑点酿15年冤情》,载《今晚报》2002年09月28日。

② 2006年4月21日,广州青年许霆与朋友郭安山利用ATM机故障漏洞取款,许取出17.5万元,郭取出1.8万元。事发后,郭主动自首被判处有期徒刑1年,而许霆潜逃1年落网。2007年12月,许霆在一审中被广州市中级人民法院以盗窃罪判处无期徒刑,引发舆论广泛关注。2008年1月22日,此案被广东省高级人民法院以"事实不清证据不足"为由裁定发回重审,广州市中级人民法院重新组成合议庭审理,以盗窃金融机构罪判处许霆有期徒刑5年。

③ 2001年3月2日,云南公安专科学校学生何鹏用余额只有10元的农行金穗卡,在不同银行的ATM机上分221次取出现金429700元,随后通知其母亲为其农行金穗卡挂失。2001年3月5日,何鹏被刑拘。2002年7月12日,曲靖市中级人民法院以盗窃罪判何鹏无期徒刑,何鹏不服提出上诉。同年10月17日,云南省高级人民法院二审驳回上诉,维持原判。2008年3月31日,广东许霆案改判,让何鹏的家人看到了希望,遂向云南省高级人民法院提出申诉,2009年11月18日,云南省高级人民法院作出再审判决,判决书认定的事实和罪名与之前的判决虽然一样,但刑期由无期徒刑改判为有期徒刑8年6个月。正是许霆案的舆论升温,才使人们发现了几年之前的何鹏案。也正是因为这个原因,人们宁愿称何鹏案为"云南版许霆案"。

决,将刑期由无期徒刑改判为有期徒刑8年6个月。类似的案件还有药家鑫①和李昌奎案②。药家鑫交通肇事并连刺被害人数刀至被害人死亡,被判处死刑立即执行;而李昌奎奸杀19岁同村女子并残忍杀害女孩年仅3岁的弟弟,一人两命,却在二审中被改判为死缓。两人同样有自首情节,却有着截然不同的命运。药家鑫在"药家鑫不死,法律必死"的舆论喧嚣中最终被执行了死刑,这使得原本已经终审的李昌奎案再次进入公众的视线,沉案泛起,最终经云南省高级人民法院再审改判死刑立即执行。应该看到,公共舆论和公民社会正越来越强大,越来越成长为一种切实的制约力量,令公权力的行使不能不有所忌惮,但是没有被舆论关注到的案件却没有这份幸运,这样强烈的反差会使公众质疑司法机关是否能够在审判中做到公平公正、一视同仁,认为司法不够诚信。再比如,受到法定量刑幅度较大、法官裁量空间较大的影响③,同样是贪污受贿行为,有的数额近千万元,有的数额十几万元,而量刑结果却相差无几。这种现象不仅削弱了刑罚的威慑作用,同时也严重影响了人民群众对于司法公正的信赖和司法诚信的评价。④

---

① 2010年10月20日,西安音乐学院学生药家鑫将张妙撞倒并连刺数刀致受害人死亡的事件引发舆论热议。10月23日,药家鑫在父母的陪同下到公安机关投案。2011年4月,西安市中级人民法院对此案作出一审判决,判处药家鑫死刑,剥夺政治权利终身,并赔偿被害人家人经济损失费。药家鑫随后提起上诉。2011年5月,二审判决宣布维持原判。6月7日,药家鑫被执行死刑。

② 2009年5月16日,云南省巧家县茂租乡鹦哥村村民李昌奎将同村的19岁女子击昏后强奸,之后将此女子与其3岁的弟弟一同杀害,极其凶残。2010年7月15日,云南省昭通市中级人民法院作出一审判决,以强奸罪、故意杀人罪,数罪并罚判处李昌奎死刑,剥夺政治权利终身。2011年3月4日,云南省高级人民法院考虑到被告人有自首情节对李昌奎作出死刑,缓期二年执行的终审判决,顿时在被害人家属间和网络上引起轩然大波。2011年8月22日,云南省高级人民法院再审后,撤销原二审死缓判决,改判李昌奎死刑,剥夺政治权利终身,并依法报请最高人民法院核准。2011年9月29日,经最高人民法院核准,李昌奎被执行死刑。

③ 《刑法》第383条规定:对犯贪污罪的,根据情节轻重,分别依照下列规定处罚:(一)个人贪污数额在10万元以上的,处10年以上有期徒刑或者无期徒刑,可以并处没收财产;情节特别严重的,处死刑,并处没收财产……第386条规定:对犯受贿罪的,根据受贿所得数额及情节,依照本法第383条的规定处罚。刑法修正案(九)确定了"数额+情节"的二元定罪量刑标准。废除了原规定中的绝对确定的数额标准和以数额为主、以犯罪情节为辅的规定,替之以"数额"或"情节"作为量刑的标准,规定了数额较大或者有其他较重情节、数额巨大或者有其他严重情节、数额特别巨大或者有其他特别严重情节这三档刑罚。

④ 针对量刑失衡现象,最高人民法院从2010年10月1日起在全国法院全面试行刑事案件量刑规范化改革,并全面实行《人民法院量刑指导意见(试行)》以及《关于规范量刑程序若干问题的意见(试行)》。但令人遗憾的是,贪污贿赂犯罪不在范围之内。

4. 罪刑失当

古时荀子提出:"刑当罪则威,不当罪则侮。"这就是我们现在说的"罪刑相当"原则。贯彻罪刑相当原则,无论对刑事立法还是对司法实践,都具有重要的意义,既能够协调各种犯罪与刑罚的关系,起到震慑犯罪分子、预防犯罪的作用,亦能防止刑事审判中畸轻或畸重的量刑失衡现象。① 但是,司法实践中,罪刑失当问题不容忽视,集中体现在两个方面:(1) 职务犯罪案件量刑偏轻。主要表现为缓刑率畸高,免予刑事处罚适用比重过大。根据有关数据显示,我国近年来对于职务犯罪不诉、免诉、缓诉的占到 70% 左右,2/3 的职务犯罪都是"轻刑化"状态。② 如"陕西省某市 2007 年 1 月至 2008 年 9 月一审刑事判决缓刑适用率是 39.3%,而该市一审职务犯罪案件缓刑适用率比例为 56%,职务犯罪的缓刑率远远超过平均水平"③。有学者对内蒙古自治区某市两级检察院 2003—2007 年所查办职务犯罪案件的量刑情况进行了调研,发现"贪污贿赂犯罪案件中,判处缓刑和免予刑事处罚的人数占该罪有罪判决总人数的 84.7%;渎职侵权犯罪案件被判处缓刑和免予刑事处罚的人数占该罪有罪判决总人数的 96%"④。据最高人民检察院公诉厅提供的相关数字:2009 年 5 月至 2010 年 1 月,最高人民检察院组织开展的全国检察机关刑事审判法律监督专项检查发现,2005 年至 2009 年 6 月,全国被判决有罪的职务犯罪被告人中,判处免刑和缓刑的共占 69.7%,而同期检察机关对职务犯罪案件的抗诉数却仅占职务犯罪案件已被判决总数的 2.68%。⑤ 如此轻缓的量刑令人想起中国古代的"刑不上大夫",自然令公众怀疑法律对犯罪官员"网开一面",猜想"人情关系"的巨大威力,进而认为"法律面前人人平等"仅仅是纸上谈兵。因此,罪刑失当问题对司法公正和司法诚信的破坏威力是巨大的,以至于最高人民检察院于 2010 年 11 月 18 日出台规定,明确对法院作出的职务犯罪案件第一审判决

---

① 王国荣:《"职务犯罪缓刑偏多"有悖罪刑相当》,载《今日早报》2010 年 11 月 20 日。
② 数据来源于全国人大代表、安徽省人民检察院检察长薛江武在 2014 年两院工作报告审议会上的介绍。参见《三分之二职务犯罪量刑"偏轻"》,载《新安晚报》2014 年 3 月 12 日。
③ 毛海、李志虎:《当前我国缓刑制度适用中存在的问题与完善建议》,载《人民检察》2009 年第 12 期。
④ 李卫东、维英:《职务犯罪量刑适用的实证分析》,载《人民检察》2008 年第 21 期。
⑤ 于杰:《近七成职务犯罪获缓刑免刑 最高检要求两级审查》,载《京华时报》2010 年 11 月 19 日。

的法律监督实行上下两级检察院同步审查,以化解社会反映强烈的职务犯罪案件适用缓刑、免刑偏多的问题。(2)滥用罚金刑现象。罚金作为犯罪的一种法律后果,必须与犯罪的社会危害性和犯罪人的人身危险性相适应,而犯罪的社会危害性和犯罪人的人身危险性又是通过犯罪的具体情节反映出来的。因此,确定罚金的数额应当以犯罪的情节为根据。但是,在近年来的刑事审判实践中,有的法院受利益驱动,对于抢夺、盗窃、诈骗等侵犯财产犯罪,几乎全部并处罚金刑。更有甚者,在案件宣判之前,先收取罚金,将被告人交付罚金的情况与主刑判决轻重挂起钩来。只要按时足额交付罚金,就能得到从轻判处,甚至尽量适用缓刑。没有能力支付罚金,不及时交付罚金或者拒绝交付罚金的,一般都判处实刑。案件被告人与法官就判处的主刑轻重与并处罚金数额"讨价还价"的现象也不在少数[①],严重影响了公众对司法诚信的评价。

(二) 裁判过程中的不诚信

相对于裁判结果中的不诚信而言,裁判过程中的不诚信往往以更加隐蔽的方式呈现,而且更多地为当事人所感知。但是,网络的发达使得个体不再是一个个孤立的力量,其对司法裁判过程的不良感受可以通过网络迅速弥散,进而影响公众对司法的诚信评价。一般认为,中立性、被动性、公开性、终局性是司法权的基本特征。围绕这四个特征,分析司法在实践中的运行状况,人民法院在裁判过程中的不诚信主要有如下四种表现:

1. 司法中立性缺失

中立性是司法权的第一特性,人民法院是维护"社会正义的最后一道堡垒",其必须在发生争端的双方之间严守中立,既不偏袒一方,也不歧视另一方,更不能直接介入控辩双方之间发生的争端,帮助一方对另一方实施攻击或者防御。只有保持这种中立无偏的地位,才能取得控辩双方的共同信任,从而以人们"看得见"的方式实现正义。对于刑事诉讼而言,司法的中立性在审判阶段的裁判者身上体现得最为明显、最为充分。

中国的司法实践中,法官的中立性颇受诟病,突出地体现在法官对控辩

---

① 吴兆荣:《不可滥用罚金刑》,载《检察日报》2005年4月1日。

双方的不平等对待上。这种不平等体现在两个方面:(1)法庭上司法礼仪的缺失。如有的法官对被告人态度恶劣、厉声呵斥,有的法官无理打断辩护人的辩护,或者在辩护人发表辩护意见的时候一直低头翻着卷,好像说不说都无所谓的样子,但是,公诉人却能在法庭上得到有尊严的对待。这样的法庭表现自然让被告人及其辩护人、亲属以及在场旁听的人质疑法官的中立立场,甚至怀疑庭审只是"走过场"。(2)法庭外的暗中"沟通"与"帮助"。如法庭外和控方沟通,使庭审变得毫无意义,或者法庭外接受辩护人或被告人家属的某种好处,违背中立立场偏采偏信,有意作出不公正的判决。这无疑是更为严重的不能平等对待控辩双方、司法不中立的表现。

2. 司法被动性缺失

被动性是司法区别于经常带有主动性的行政活动的重要特征之一。这种被动性就是所谓的"不告不理"。裁判者的被动性首先体现在司法程序的启动方面,其基本要求是:法院的所有司法活动只能在有人提出申请以后才能进行,没有当事者的起诉、上诉或者申诉,法院不会主动受理任何一起案件。同时,法院一旦受理当事者的控告或者起诉,其裁判范围就必须局限于起诉书所明确载明的被告人和被指控的事实,绝不能超出起诉的范围而主动审理未经指控的人或者事实。① 司法权的被动性是确保裁判过程和结论获得争议各方普遍认同,使得裁判者的公正形象得到社会公众信赖的基本保证之一。

在我国刑事司法实践中,司法被动性缺失的主要表现有二:(1)法官"提前介入"。如有的刑事案件尚在审查起诉甚至侦查阶段,承办案件的法官就向警官、检察官了解案情,询问证据情况,甚至直接前往检察院或者公安机关,查阅案卷材料,或者与警官、检察官讨论某一问题② ,这类现象的发生往往是因为法官接收了一方当事人的请托。当然,也有一些案件法院院长或法官的提前介入是被动的,如在政法委组织下召开的"三长会议",把公、检、法三机关的负责人召集在一起,给一些疑难案件定调子,这样的会议使得法院对案件的介入"一插到底",日后的庭审则完全变成走过场,李化伟

---

① 陈瑞华:《问题与主义之间——刑事诉讼基本问题研究》,中国人民大学出版社 2003 年版,第 17 页。

② 陈瑞华:《看得见的正义》,中国法制出版社 2000 年版,第 84 页。

案、赵作海案等很多冤假错案中都有这个会议的身影。（2）法院变更起诉。即法院自行追加、减少、合并、改变起诉罪名，这一做法在实践中司空见惯，甚至在很长一段时间均被认为是法院审判权的应有之义。① 随着綦江虹桥垮塌案②的发生，人们对这一问题的讨论达到了顶峰，这种做法的不公正、不诚信也引起了公众的关注。在一个法院逐渐被视为正义守护者的社会里，法院自行变更起诉的罪名，也就意味着将一个未经检察机关起诉，也未受辩护方审查和反驳的罪名，强加给了被告人，这显然导致司法上的非正义③，也影响了人们对司法的诚信评价。

3. 司法公开性缺失

所谓司法公开，指的是司法裁判的全过程一般应当向社会公众开放，允许公众在场旁听，允许新闻媒介采访和报道。公开审判包括两大基本内容，即整个法庭裁判过程的公开和法院裁判结论的公开。司法公开是司法的一项基本原则，是司法诚信的根本所在，没有公开便无所谓诚信。司法过于神秘是公众质疑司法的主要原因之一，司法公开无疑能够倒逼司法公正，使公众增强对司法的信赖感。④ 而获得公开审判既是被告人的一项诉讼权利，也是普通公众的一项民主权利。司法公开性的缺失是中国司法饱受诟病的地方，就刑事审判而言，主要存在两大问题：

（1）裁判过程公开不够。近年来，我国法院司法公开的意识和手段已有了明显的提升。不少地方法院在以往电视直播法院庭审实况的基础上，又开始探索借助新型网络媒体进行案件的"网络直播"，有的还下达了数量"指标"，其宣传力度之大，推进速度之快，着实值得称道。目前，比较突出的

---

① 一些法官认为，作为最终负责定罪的审判机关，法院只要认定被告人的行为构成犯罪，就可以根据刑法分则的规定，判定其犯有适当的罪名，而这一罪名完全可以与检察机关指控的罪名不一致。

② 1994年4月3日，重庆市第一中级人民法院对綦江"虹桥"垮塌案作出了一审判决。作为被告人之一的赵祥忠被判决犯有工程重大安全事故罪，而此前重庆市人民检察院第一分院提出的起诉书，则指控他犯有玩忽职守罪。法院经审理认定，"检察机关指控赵祥忠的犯罪事实清楚，证据确实、充分，但指控其犯有玩忽职守罪不当"，因此将起诉罪名自行作出了变更。参见《赵祥忠工程重大安全事故案——人民法院可否变更起诉罪名定罪处刑》，载《刑事审判参考》2000年第1期。

③ 陈瑞华：《问题与主义之间——刑事诉讼基本问题研究》，中国人民大学出版社2003年版，第248页。

④ 西方有句法谚："正义要以看得见的方式实现"，因为只有民众看得见的方式，才能够排除一切合理的怀疑，从而形成一种民众信任的基础。

问题是选择性公开,典型做法有四:一是一些法院在法律规定的公开审判的案件的庭审过程中限制媒体和其他公民进入,人为制造"司法神秘化"氛围。二是对于社会关注度高或者涉及官员贪腐的"热点"案件,法院极少组织直播,出现了"供给"与"需求"的不相匹配,没有满足公众对于审判公开的真实期待,进而导致流言四起、局面被动、公信缺失。司法实践中,像济南市中级人民法院那样微博全程"直播"薄熙来案的做法少之又少,对于如此重大的案件采用如此全面的公开方式令许多人倍感意外,获得称赞无数,这也表明公众对司法公开的期待。三是真正公开的事项与公众真正想了解的、依法应当公开的内容还存在着"错位"问题,一些重要事项(如发改率、错案数等)被选择性隐瞒,为少数人猜测"暗箱操作"、挖掘"内部信息"甚至传播"小道消息"提供了空间。① 四是一些事项的公开存在名实不符问题,即名义上是公开了,但由于配套保障措施没有跟上,实际上等于没有公开,使公众有被愚弄、被欺骗之感。

(2)裁判结果公开不够。裁判结果的公开包含两方面内容:一是裁判文书的公开,二是裁判结果形成过程、理由、依据的公开。其中,裁判文书的公开近年来有很大改进,最为典型的就是裁判文书上网。在经历了一个饱受争议的历程后,先是明确进入最高人民法院于2009年公布的"三五"纲要,被表述为要"研究建立裁判文书网上发布制度和执行案件信息的网上查询制度";紧接着,最高人民法院于2010年11月21日发布了《关于人民法院在互联网公布裁判文书的规定》,对人民法院在互联网公布裁判文书的原则、范围、程序等作出具体规定。这是第一次通过规范性文件对各级人民法院在互联网公布裁判文书的工作进行全面规范;2011年12月30日,最高人民法院召开司法公开工作领导小组第一次会议提出制定建立全国统一裁判文书网的工作规划,中国裁判文书网建设纳入最高人民法院司法公开工作日程;2013年5月8日,最高人民法院在广西柳州召开司法公开调研会,就建立全国统一裁判文书网进行方案设计,中国裁判文书网建设进入设计阶段;2013年5月22日,最高人民法院党组审议通过了"关于建立中国裁判文书网的报告",明确在互联网建立"中国裁判文书网"网站平台,统一公布全

---

① 公丕祥:《司法公开是法院应当履行的义务》,载《法制日报》2011年3月16日。

国各级法院生效裁判文书。中国裁判文书网建设进入具体实施阶段[①];2013年11月28日,最高人民法院发布了新的《关于人民法院在互联网公布裁判文书的规定》,并于2014年1月1日起正式施行,在推进裁判文书上网公开之路上又迈出跨越较大的一步。但是,从目前的实施情况看,裁判文书公开工作存在三个重要问题:一是裁判文书公开率不均衡。如自2016年1月1日至2016年7月26日,北京市高级人民法院的裁判文书公开比率为84.3%,北京市第一中级人民法院的裁判文书公开比率为74%,北京市海淀区人民法院的裁判文书公开比率为36.8%,而北京市朝阳区人民法院的裁判文书公开比率仅为20.2%。[②] 二是裁判文书从判决到上网的时间周期长。《关于人民法院在互联网公布裁判文书的规定》确定了"随判随公开原则",该《规定》第8条明确规定:"承办法官或者人民法院指定的专门人员应当在裁判文书生效后7日内按照本规定第6条、第7条的要求完成技术处理,并提交本院负责互联网公布裁判文书的专门机构在中国裁判文书网公布。"而大多数法院的裁判文书公开时间都没有遵守这7日的期限,从案件宣判到文书上网的时间周期短则十几天,长则数月,违反了裁判文书公开的及时原则。三是裁判文书未按法定要求公开,具体表现为部分法院未能将应当匿名的当事人进行匿名处理以及将不应匿名的代理律师及律师事务所做了匿名处理两种情况。[③] 从全国范围看,在推进裁判文书上网工作的过程中呈现出了较为明显的地区性差异,有快有慢,也有一些地方的法官受到"官本位"思想和"怕丢丑"心理的影响仍然将此项工作停留在表面。相比之下,裁判结果形成过程、理由、依据的公开显然更为不够。虽然各个国家裁判者的评议过程都是秘密的,但正是这种迫不得已的秘密评议给公众了解评议过程和裁判的形成依据和理由造成了困难,也为裁判权的滥用制造了机会。因此,现代法治国家一般都比较重视判决书的说理。而我国,判决书不说理似乎成为了一个不成文的规定。当事人得到的判决书往往语焉不详,办案法官套用着固定的公文格式,如在认定某人有罪时不经推理就断言

[①] 杨建文、陈东升:《法院裁判文书网上公布:公开倒逼司法公正》,载《法制日报》2014年1月8日。

[②] 数据来源于北京法院审判信息网;载 http://www.bjcourt.gov.cn/,统计截止时间为2016年7月26日,最后访问时间:2016年7月26日。

[③] 参见刘昂等:《优秀裁判文书标准及实现》,中国法制出版社2015年版,第205—212页。

"本案事实清楚,证据确凿";对辩护人的辩护和被告人的辩解,简单地以"于法无据,本院不予采信"打发了事;而在一些减轻刑事责任的判决中,也同样看不到具体理由,一句"鉴于本案的具体情况"让人不得而知。① 一些缺乏充分说理的判决书令专业的律师都觉得不明就里,更难以令当事人和公众信服。

4. 司法终局性缺失

司法终局性是指法院一旦对案件进行审理,就必须作出裁判。判决一旦生效,非依法律明确规定,诉讼的任何一方不能要求法院再次审判该案,其他任何机关也不得对该案重新处理。在刑事诉讼中,司法裁判的终局性一般又被称为"一事不再理"或者"禁止就同一行为实施双重追诉"。司法应该具有定分止争的效力,只有这样,司法机构才能在社会公众中树立基本的威信,其裁判活动和结论也才能够得到社会的普遍尊重和信赖。

司法终局性的缺失主要体现为终审不终,刑事诉讼中的终审不终主要有两种表现:

(1) 不当启动再审程序引发的终审不终。我国是实行两审终审制的国家,但同时《刑事诉讼法》又规定了审判监督程序,也称再审程序。根据这样的规定,对于已经发生法律效力的判决、裁定,只要法院和检察院发现存在提起再审的事由,随时都可以启动再审程序,而且没有次数的限制。这样的规定势必导致两审终审制度形同虚设。由于法律规定的不科学、不严密,加上司法尺度掌握的问题,不当启动再审程序引发的终审不终现象大量存在,导致大量的刑事案件在法院作出生效裁判后都可能一再地成为审判的对象,大量判决结果和社会关系长期处于不确定、不稳定状态。这种"反复翻烧饼式"的再审也严重破坏了公众对司法的信赖,甚至使得信访不信法的情绪在公众中弥散,一些当事人在二审终审后不服判决就想方设法通过种种途径寻求提起再审,信访中有相当一部分是涉诉信访。

(2) 发回重审引发的终审不终。1996年《刑事诉讼法》第189条第(三)项规定,第二审人民法院对"原判决事实不清楚或者证据不足的,可以在查清事实后改判;也可以裁定撤销原判,发回原审人民法院重新审判"。由于

---

① 刘仁文:《判决书的说理与公开》,载《新京报》2005年4月18日。

没有规定发回重审的次数,使得两审终审充满变数,恶化了终审不终现象。因此,此次《刑事诉讼法》修改在原有法条的基础上增加了一款:"原审人民法院对于依照前款第三项规定发回重新审判的案件作出判决后,被告人提出上诉或者人民检察院提出抗诉,第二审人民法院应当依法作出判决。"这一规定实际上将发回重审的次数限定为一次,无疑能够在一定程度上缓解终审不终的状况。

除了上述四个方面以外,法院在裁判过程中的不诚信还可能有一些其他的表现:如对被告人及律师权利保障不到位,对法律文书及时送达等自身义务履行的不到位①,对证人、鉴定人出庭等工作的组织不到位等②,这些都反映出法官职业能力与良知操守的不足,是司法不诚信的表现。

(三) 令人忧心的法官腐败现象

笔者在第三章论及,廉洁性是司法诚信的评价标准之一。虽然腐败问题在各行各业都不同程度的存在,但司法腐败无疑是最大的腐败,对社会的诚信基础构成致命的威胁。正所谓,"司法腐败,即使是局部的腐败,也是对正义水源活水的玷污,如果不能得到及时有效的矫正,将足以动摇法治的根基。"③司法腐败可能涉及的职业群体是广泛的,笔者在本章前三节中对侦查人员、检察官的腐败问题也有所论述,但毫无疑问,法官腐败对整个社会的司法信心构成最为沉重的打击,因为法官被视作守护社会正义的最后一道防线。因此,法官腐败是最为恶劣的司法不诚信行为。

值得注意的是,在很多西方法治发达国家,法官是极少腐败的。新加坡自独立至 1994 年没有一名法官犯案;德国 20 世纪 60 年代以来也几乎没有法官犯案;英国全国 250 名法官,犯案者极其罕见;美国自立国 200 年来只有 40 余名法官犯案。在美国的有些州法院系统,如科罗拉多州,"200 多年

---

① 如法官的严于律人,宽以待己现象,比如,随心所欲更改开庭日期,开庭时吸烟、接听手机、交头接耳等。

② 证人、鉴定人不出庭作证有许多原因,其中易被忽视的一点是有些法官因嫌麻烦根本就不愿意让他们出庭作证。如李庄案,当李庄要求证人出庭质证时,多名关键证人皆处于公安羁押状态,却被法官一句"证人不愿出庭"而免除出庭质证,但对其证人证言却全盘采信。

③ 夏勇主编:《走向权利的时代——中国公民权利发展研究》,中国政法大学出版社 1995 年版,第 216 页。

来从来就没有出现过腐败的法官"——这是科州议会对科州法院的评价。①

与之形成鲜明对比的是,法官腐败问题在我国触目惊心。一部分法官办关系案、人情案、金钱案,甚至徇私舞弊、枉法裁判,司法腐败盛行。虽然法院系统一直强调对腐败问题零容忍,且通过多样化的努力取得了显著的成效,但是相较于西方法治发达国家,我国的法官腐败问题仍然令人忧心,这一点可以从全国查处利用审判执行权违法违纪法官的数字得到证明:这个数字在 2003 年是 794 人②,2008 年至 2015 年分别是 712 人、795 人、783 人、519 人、1548 人、381 人、863 人、381 人。③ 一些曾经业绩辉煌的法官、庭长、局长、院长因为腐败问题落马,如湖南省高级人民法院原院长吴振汉因受贿被判处死缓,北京市西城区人民法院原院长郭生贵因贪污、受贿被判处死缓,重庆市高级人民法院原副院长张弢因受贿被判死缓,最高人民法院原副院长黄松有因贪污、受贿被判处无期徒刑等等。尤为令人感觉触目惊心的是,群体性、团伙性的集体串案正成为法官职务犯罪的突出特征。如 2002 年,武汉市中级人民法院因爆发"腐败窝案"而震惊中国司法界。涉案人员中,不仅包括当时的武汉市中级人民法院常务副院长柯昌信和副院长胡昌尤,还包括副庭长 3 名、审判员 7 名、书记员 1 名和 44 名律师。此外,该院还有 9 名法官受到纪律处分,30 名处级以上干部调离岗位,被调整者在全院 70 余名处级以上干部中占到近一半的比例;2004 年,时任湖南省高级人民法院院长的吴振汉和 10 多名法院庭局负责人、法官因严重违法违纪先后东窗事发;2005 年,阜阳市中级人民法院 2 名副院长、10 余名庭长、副庭长涉嫌受贿被查处。这起窝案又牵出十几名"行贿"律师;2006 年,深圳市中级人民法院 5 名法官集体落马,包括 1 名副院长、3 名庭长、1 名已退休老法官,卷入调查的法官、律师多达数十人;2009 年,伊川县国民煤业公司发生的矿难事故不仅牵出了黑心煤老板,也让洛阳伊川法院集体沦陷。该院院长、副院长、民庭庭长、刑庭庭长、服务中心主任等多名法院干警全部涉案;2011 年,宁夏回族自治区高级人民法院原副院长马彦生落马,后因受贿

---

① 高一飞:《中国的法官为何如此腐败》,载 http://www.dffy.com/fayanguancha/sd/200611/20061108080744.htm,最后访问时间:2015 年 9 月 19 日。
② 《法官的腐败同盟》,载《新闻周刊》2004 年 9 月 28 日。
③ 数字来源于最高人民法院历年工作报告。

罪获刑13年。该案涉及自治区三级法院18名干警,其中2人被追究刑责,2人被开除党籍,14人被调离法院……更令人忧心的是,司法腐败的大案、要案、窝案不仅在基层人民法院、中级人民法院频繁发生,而且高级人民法院甚至最高人民法院也发生严重的腐败案件,引起了广大公众的强烈不满,极大地伤害了公众对法律的感情,打击了公众对司法的信心,同时也破坏了司法权威,损害了司法机关的诚信形象。

除了上述三个问题,起诉阶段存在的一些不诚信表现在审判阶段同样存在,如办案拖延、审判不及时等问题,限于篇幅本节不再展开。

五、执行阶段的不诚信表现

执行是刑事诉讼程序的最后阶段。刑事诉讼中的执行,是指人民法院将已经发生法律效力的判决、裁定交付执行机关,以将其所确定的内容依法付诸实施,以及解决实施中出现的变更执行等诉讼问题而进行的各种活动。在我国,刑事执行的主体主要是人民法院、公安机关和监狱等。执行是刑事诉讼的最后一个程序,也是国家刑罚权得以实现的关键阶段,但并非判决、裁定的整个执行过程和一切活动都属于刑事诉讼的范围。属于刑事诉讼范围的执行包括两个方面:一是人民法院将已经发生法律效力的判决和裁定交付执行;二是刑罚执行过程中变更执行问题的解决,如暂予监外执行、减刑、假释等。而执行机关对罪犯的监管、教育、组织劳动等则不具有诉讼活动的性质,不属于刑事诉讼的执行范畴,而属于司法行政活动。刑事诉讼执行阶段的不诚信行为突出地体现在如下三大方面:

(一) 减刑、假释中的不诚信

减刑是指对被判处管制、拘役、有期徒刑、无期徒刑执行过程中确有悔改或立功表现的罪犯,依法减轻其刑罚;假释是指对经过法定期间的执行,确有悔改,不致再危害社会的罪犯,有条件地提前释放。罪犯欲获得减刑、假释,均需先由执行机关提出建议书,然后报请人民法院审核裁定,这个过程要接受检察机关的监督。在减刑、假释制度的适用中,司法机关的不诚信行为主要表现为如下三个方面：

1. 减刑、假释适用的不均衡问题

我国是实行减刑、假释两种制度并存的国家，二者在法理上应当是并列关系，但实践中，减刑的适用率明显高于假释。假释适用率低的主要原因有二：一是司法人员"不敢"适用假释。根据《刑法》第81条规定，罪犯"确有悔改表现，假释后不致再危害社会的"，可以假释。但是，"不致再危害社会"是对未来行为的判断，没有具体的现实标准，无法把握。出于对罪犯再犯罪的担忧，加之近几年责任倒查制、追究制的兴起和严厉，司法人员宁愿将假释束之高阁，以规避相应的执法风险。二是司法人员"不愿"适用假释。一方面，对于监狱而言，罪犯无疑是"廉价劳动力"，是监狱企业生产和利润的保障；另一方面，适用假释容易引发公众对社会治安的忧虑，也容易招致地方权力机关和党政领导"轻纵罪犯"的批评。出于对监狱经济利益和个人政治利益的考虑不惜忽视犯罪人的法定权利，这无疑是司法人员的功利心在作怪。相比之下，减刑就显得安全了许多。被减刑的罪犯仍处于与社会隔离的状态，再犯罪的危险性小。而且减刑的适用范围更广、且可以多次适用，对罪犯有更大的激励作用和示范作用。

事实上，相较于减刑，假释具有更有利于节约行刑成本、更有利于促进罪犯回归社会等独特的功能。有调查结果表明，假释再犯罪率普遍较低，社会效果要好于减刑释放及减余刑释放。[1] 正因如此，假释制度在世界各国受到普遍的重视。美国、加拿大以及欧洲国家的假释率均在40％以上，澳大利亚、菲律宾、日本等国家的假释比例也在10％以上。[2] 相比之下，我国的假释适用率低得可怜。全国平均罪犯假释率只有2％左右，一些省市的假释率还远远在平均线之下，如据安徽省监狱局统计，2006—2008年全省罪犯假释率平均只有0.6％。[3]

法律对假释制度作出明确规定却形同虚设，这无疑违背了立法对公民作出的承诺。在我国现行刑法构建中，减刑与假释均为促进犯罪人悔过自

---

[1] 山东省高级人民法院课题组：《完善减刑假释制度 有效预防犯罪——山东高院关于完善减刑假释制度的调研报告》，载《人民法院报》2011年3月24日。

[2] 司法部预防犯罪研究所课题组：《假释问题研究》，载《犯罪与改造研究》2000年第6期。

[3] 沈显明：《减刑、假释、暂予监外执行中存在的问题和完善对策》，载《犯罪与改造研究》2009年第9期。

新的刑事奖励措施,但是,由于假释的极少使用,致使罪犯普遍认为这个遥不可及的梦想很难照进现实,因此更多地把希望寄托于减刑。而分析司法人员适用减刑与假释的心理,更多是从便于狱内矫治、管理的角度出发,受到政治利益甚至是经济利益的驱动,却忽视了社会的真正需要,没有解决出狱人陡然面临社会生活的问题。因此从表象上看它是有责任的保全社会的行为,事实上是把一种社会代价推至将来。

为了解决假释率低的问题,《刑法修正案(八)》将假释适用条件中的"不致再危害社会"修改为"没有再犯罪的危险",但是这一修改仍然较为原则,且属于主观判断的范畴。在进一步调研的基础上,最高人民法院于2012年1月17日发布了最高人民法院《关于办理减刑、假释案件具体应用法律若干问题的规定》,自2012年7月1日起施行。此规定是在1997年司法解释的基础上修改而成的。本书在叙述中为了更好的区分这两个版本的规定,以下称新《规定》和老《规定》。新《规定》将假释条件进一步细化,第15条规定:办理假释案件,判断"没有再犯罪的危险",除符合《刑法》第81条规定的情形外,还应根据犯罪的具体情节、原判刑罚情况,在刑罚执行中的一贯表现,罪犯的年龄、身体状况、性格特征,假释后生活来源以及监管条件等因素综合考虑。这无疑将在很大程度上推动假释制度的进一步适用。但是,对罪犯再犯危险性的评估仍是艰难而责任重大的工作,其对假释适用的制约短期内不会有大的改观。

2. 减刑、假释适用的不公正问题

减刑、假释制度适用的不公正问题主要体现为适用对象的不平等和适用标准的不统一两个方面。

(1) 适用对象不平等。这一点在减刑制度中体现得尤为明显,主要体现为不同的人在适用减刑制度的机会上与减刑幅度上具有不平等待遇。实践中,这种不平等主要表现为四大现象:

第一,短刑犯减刑难现象。如新、老《规定》均规定:"有期徒刑罪犯的减刑起始时间和间隔时间为:被判处5年以上有期徒刑的罪犯,一般在执行1年6个月以上方可减刑,两次减刑之间一般应当间隔一年以上。被判处不满5年有期徒刑的罪犯,可以比照上述规定,适当缩短起始和间隔时间。"这样的规定显然对刑期3年以下的短刑犯不公平,因为扣除在看守所羁押、审判时间和一年半以上的服刑时间,加上监狱内层层上报、测评、研究、决定和法院审理时间,3年的刑期已所剩不多。再加上有些中级人民法院自行规定,余刑在半年内不得申报减刑,进一步减小了短刑犯获得减刑的可能性。实践证明,被判3年以下有期徒刑的罪犯一般得不到减刑的机会。

第二,老弱病残犯减刑难现象。司法部1990年制定了《司法部关于计分考核奖惩罪犯的规定》,把罪犯的改造分为思想改造和劳动改造,并以此计分,作为减刑的依据。考核的原则是:表现好的加分,表现不好的减分。考核实行每日记载、每周检查、每月总结、每季评比、半年初评、年终总评。这种计分考核制度虽提高了考核透明度、可操作性,但是过于偏重于罪犯的劳动改造①,忽视了对罪犯主观方面的思想改造,不少监狱提请减刑的罪犯,几乎都是依靠劳动而获得计分,思想改造方面的计分甚少甚至几乎没有。在这样的计分体制下,老弱病残犯的劣势是显而易见的,因为没有或欠缺劳动能力而不能获得同等的减刑机会,难免令这些监狱中的弱势群体和社会公众对刑罚执行的公平性产生质疑。

第三,"重刑多减、轻刑少减"现象。老《规定》第2条规定:对有期徒刑罪犯在刑罚执行期间,符合减刑条件的减刑幅度为:"如果确有悔改或者立功表现的,一般一次减刑不超过1年有期徒刑……对判处10年以上有期徒刑的罪犯,一次减刑不得超过2年有期徒刑……";在服刑期间同样"确有重大立功表现"的情况下,老《规定》对不同刑期、刑种罪犯的减刑幅度规定为:"死刑缓期二年执行的罪犯减为15年以上、20年以下有期徒刑;无期徒刑罪犯减为18年以下、13年以上有期徒刑;10年以上有期徒刑罪犯,一次减刑不超过3年,10年以下有期徒刑罪犯一次减刑幅度不超过2年。"这样的规定明显对死缓、无期徒刑罪犯减刑过宽,而对有期徒刑罪犯减刑过严,进而在实践中形成了一种饱受质疑的现象:罪行重、刑期长的罪犯与罪行轻、刑期短的罪犯在具有同样改造成绩,符合同等减刑条件下存在两种不同的裁定结果,这对轻刑犯而言显然是不公平的。

第四,"死刑过重、生刑过轻"现象。我国的刑罚体系中有无期徒刑这一刑种,这是介于有期徒刑与死刑之间的一种严厉的刑罚方法。但是,实践中,无期徒刑却极容易发生变异。老《规定》第6条规定:无期徒刑罪犯在执

---

① 有的地方此类考核计分高达80分以上。

行期间,如果确有悔改表现的,或者有立功表现的,服刑二年以后,可以减刑。减刑幅度为:对确有悔改表现的,或者有立功表现的,一般可以减为18年以上20年以下有期徒刑;对有重大立功表现的,可以减为13年以上18年以下有期徒刑。这样的规定使得无期徒刑与有期徒刑20年在实际执行中没有什么本质区别,绝大多数罪犯在服满二年刑后都可以变为有期徒刑,甚至在有重大立功表现情况下比有期徒刑减刑更多;比无期徒刑的变异更严重的是,被判处死刑缓期二年执行的罪犯也多能在二年考验期满后感受到"生死两重天"。老《规定》第9条规定:"根据刑法第50条的规定,死刑缓期执行罪犯在死刑缓期执行期间,如果没有故意犯罪,二年期满以后,减为无期徒刑;如果确有重大立功表现,二年期满以后,减为15年以上20年以下有期徒刑。对死刑缓期执行罪犯经过一次或几次减刑后,其实际执行的刑期,不得少于12年(不含死刑缓期执行的二年)。"有统计数据显示,死缓罪犯的平均服刑期大概18年,无期徒刑的罪犯平均服刑大概15年。① 需要注意的是,死缓是非独立刑种,是死刑执行方式的一种,本来和无期徒刑有天壤之别,但死缓的实际效果和无期并没有多大差别,无期又与有期20年无多大差别,这使得刑罚的轻重层次无法得到体现,也破坏了刑罚的公平性。

上述四种现象的形成都和减刑制度的不科学、不合理有关,随着新《规定》的颁布和施行,减刑不公现象得到极大改观。新《规定》删去了老《规定》中"重罪多减、轻罪少减"的有关规定②,使减刑幅度回归到正常合理的轨道上来;在严格限定重大刑事罪犯的减刑、假释条件的同时③,也体现了对未成

---

① 《我国拟削减死罪名体现刑法价值取向变化》,载《法制周末》2010年9月1日。
② 新《规定》第5条规定:"有期徒刑罪犯在刑罚执行期间,符合减刑条件的,减刑幅度为:确有悔改表现,或者有立功表现的,一次减刑一般不超过1年有期徒刑;确有悔改表现并有立功表现,或者有重大立功表现的,一次减刑一般不超过2年有期徒刑。"
③ 《刑法修正案(八)》规定:判处死刑缓期执行的,在死刑缓期执行期间,如果没有故意犯罪,二年期满以后,减为无期徒刑;如果确有重大立功表现,二年期满以后,减为25年有期徒刑;而且加了一款"对被判处死刑缓期执行的累犯以及因故意杀人、强奸、抢劫、绑架、放火、爆炸、投放危险物质或者有组织的暴力性犯罪被判处死刑缓期执行的犯罪分子,人民法院根据犯罪情节等情况可以同时决定对其限制减刑"。并且规定"人民法院依照本法第50条第2款规定限制减刑的死刑缓期执行的犯罪分子,缓期执行期满后依法减为无期徒刑的,不能少于25年,缓期执行期满后依法减为25年有期徒刑的,不能少于20年。"这样的规定显著提高了实际服刑期限,缩小了死刑和生刑的差距。与《刑法修正案(八)》相一致,新《规定》第10条明确规定:被限制减刑的死缓罪犯,缓期执行期满后依法被减为无期徒刑的,或者因有重大立功表现被减为25年有期徒刑的,应当比照未被限制减刑的死缓罪犯在减刑的起始时间和减刑幅度上从严掌握。这样的规定既严格限制此类罪犯的减刑条件,使其最低实际执行刑期不少于25年;同时又给其留有减刑的空间和希望,激励其遵守监管秩序,认真接受改造。

年犯、老年、身体残疾、患严重疾病罪犯的从宽精神。① 但令人遗憾的是，新《规定》保留了老《规定》有关有期徒刑罪犯减刑起始时间和间隔时间的规定，因此，短刑犯减刑难现象恐怕依然难以改观。

（2）适用标准不统一。虽然我国在《刑法》《刑事诉讼法》《监狱法》以及最高人民法院、最高人民检察院、司法部对减刑、假释做了一系列规定，但是都属于原则性条款，如"认真遵守监规，接受教育改造，确有悔改表现的，或者有立功表现的""有下列重大立功表现之一的""确有悔改表现，假释后不致再危害社会的"，或者是以这些原则性条款为依据对减刑、假释的幅度、间隔期、考核分等予以规定。这些规定在司法实践中不具有现实的操作性，导致各监狱的奖分条件、奖分方法不同，各地减刑的实际条件和标准也不统一，不同法院不同标准，不同监狱不同标准，甚至同一监狱的不同监区之间也有不同标准，进而造成较为严重的全国执法标准不统一问题。比如，某省规定"被判处 5 年以上有期徒刑、无期徒刑的罪犯，在执行期间被监狱记功一次并表扬一次的，或者连续表扬二次的，或者累计表扬三次的，可视为有悔改表现"；而某省则规定"罪犯获得四次以上监狱行政奖励即可认为确有悔改表现"。此外，单个行政奖励对应的减刑幅度在一个省内也不统一。如有的市中级人民法院规定：一次表扬可以减刑 3 个月，而有的市中级人民法院规定可以减 2 个月。②

适用标准的不统一直接导致各省减刑、假释的适用比例存在较大差别。以 2006 年的减刑统计数字为例，减刑比例高的省（区、市）有云南省（43.69%）、广东省（41.29%）、天津市（40.70%）、广西壮族自治区（38.46%）、湖北省（36.01%），比例低的省（市）有辽宁省（18.06%）、重庆市（16.98%）、湖南省（15.93%）、陕西省（15.09%）。③ 由此看出最高的省和最

---

① 新《规定》第 19 条规定：未成年罪犯的减刑、假释，可以比照成年罪犯依法适当从宽。未成年罪犯能认罪悔罪，遵守法律法规及监规，积极参加学习、劳动的，应视为确有悔改表现，减刑的幅度可以适当放宽，起始时间、间隔时间可以相应缩短。第 20 条规定：老年、身体残疾（不含自伤致残）、患严重疾病罪犯的减刑、假释，应当主要注重悔罪的实际表现。基本丧失劳动能力、生活难以自理的老年、身体残疾、患严重疾病的罪犯，能够认真遵守法律法规及监规，接受教育改造，应视为确有悔改表现，减刑的幅度可以适当放宽，起始时间、间隔时间可以相应缩短。

② 李豫黔：《在全国监狱长、政委培训班上的辅导报告》，载《全国监狱长政委培训班论文集》，法律出版社 2008 年版，第 51 页。

③ 同上注。

低的省竟相差28.6%。除了省与省之间的差距,同一个省内的监狱之间也不平衡。如2007年,安徽省九城监狱罪犯减刑比例为10.69%,而阜阳监狱高达36.76%。① 如此悬殊的差异自然让公众对法律的公平公正产生严重质疑。

值得注意的是,造成适用标准不统一的一个重要原因是法院在减刑、假释的裁定中无法起到统一适用标准的作用。虽然法律规定减刑、假释应由法官作出裁定,但是,法官在裁定减刑、假释的过程中往往感到迷惑。由于不掌握罪犯改造情况,没有独立的审理机构,没有科学的审理标准,没有明确的审理程序,法院在减刑、假释工作中自然陷入被动的地位,除了审查一些比较原则性的法律规定外,只能被动地听从于监狱。实践中,法院驳回减刑建议的少之又少,在一些地方甚至从来没有。减刑、假释案件审理形式化、走过场的现象使得整个审理工作给人一种画蛇添足的感觉,也破坏了人民法院在群众心目中的权威和公正形象。

3. 减刑、假释适用的不廉洁问题

笔者前文论及,目前减刑、假释的权力几乎被监狱实质性垄断,法院的作用很难发挥,检察机关的监督也很难介入。一名罪犯是否能够获得减刑、假释,几乎是由监管执行机关一手包办。"权力导致腐败,绝对权力导致绝对腐败",这句出自阿克顿的名言在监狱系统被反复验证。监狱是一个相对封闭的单位,中国监狱管理工作向来以"特殊""神秘"著称,公开度不够,流动性较差,监督机制欠缺,极容易落入权钱交易的泥潭中。中国共有700多所监狱,半数地处交通不便的偏远地区。2002年起,司法部逐步将这些监狱迁移到中心城市、交通干线附近,中央和地方政府已为此投入40多亿元。但这些工作并没有改变监狱系统的腐败痼疾,减刑、假释环节中的腐败现象尤为突出。一些地方的监所执法人员利用规章制度上的漏洞,将减刑、假释作为"商品",大搞权钱交易,让服刑人员得以"花钱买分""花钱买刑""花钱赎身"。2009年,广东茂名监狱的丑闻将"减刑潜规则"暴露无遗。据媒体报道,在茂名监狱,有服刑人员称"减一年,花1万;如果再多减3个月,3000元一个月"。连反映劳动成绩好坏的"表格"也被监管人员以500元一个的

---

① 沈显明:《减刑、假释、暂予监外执行中存在的问题和完善对策》,载《犯罪与改造研究》2009年第9期。

价格出售,甚至连狱中服刑岗位也可以买卖。①

　　腐败现象的存在使得减刑、假释的不当适用变得更加没有底线。原广东健力宝集团董事长张海,凭借各种形式的"假立功"被大幅减刑,从一审判决的有期徒刑15年到实际服刑不满6年即刑满释放,背后离不开相关司法人员利用职务便利,为其铺平减刑之路,24人因此被检察机关立案。② 一些曾犯下重罪的"黑老大"也能够凭借权钱交易获得减刑、假释的机会,给人民群众的生命安全带来极大的隐患。以陈明亮为首的涉黑团伙为例,据检察机关披露,多名骨干成员都曾因故意杀人、故意伤害等罪行入狱,但他们在服刑长则十几年,短则八九年之后,便纷纷获得减刑、假释、保外就医而出狱,再次重操旧业,危害社会。如此恶果甚至使一些受害群众因为担心"黑老大"卷土重来,畏惧打击报复,而对犯罪分子不敢报案、指认,极大地影响了打击犯罪目标的实现。

(二) 暂予监外执行中的不诚信

　　暂予监外执行也是刑罚执行变更制度的重要内容,指的是被判处有期徒刑、拘役的罪犯因出现法定的特殊情形不宜在监内执行时,暂时将其放在监外交由公安机关执行的一种变通方法。2012年《刑事诉讼法》第254条第5款对暂予监外执行的程序做了区别规定:"在交付执行前,暂予监外执行由交付执行的人民法院决定;在交付执行后,暂予监外执行由监狱或者看守所提出书面意见,报省级以上监狱管理机关或者设区的市一级以上公安机关批准。"暂予监外执行中的不诚信主要表现为适用的不公正、收监的不及时以及行为的不廉洁三大问题。

　　1. 暂予监外执行适用的不公正问题

　　适用的不公正问题主要表现为适用标准的不统一和适用对象的不平等两个方面。

　　(1) 适用标准的不统一。根据2012年《刑事诉讼法》第254条第1款的规定:"对被判处有期徒刑或者拘役的罪犯,有下列情形之一的,可以暂予监

---

① 黄豁、王晓磊:《黑老大坐牢如度假 减刑假释暗藏权钱交易》,载《瞭望》2009年9月21日。
② 徐盈雁、郑赫南:《解读张海违法减刑案:司法黑手助推"假立功"》,载《检察日报》2015年2月12日。

外执行：(一)有严重疾病需要保外就医的；(二)怀孕或者正在哺乳自己婴儿的妇女；(三)生活不能自理，适用暂予监外执行不致危害社会的。"但实践中，暂予监外执行的适用标准并不统一。比如何种情况下能被称为"生活不能自理"，法律没有明确的界定；何为"严重疾病"，各地的理解亦不尽相同。直到 2014 年 12 月 1 日，各省、自治区、直辖市的监狱管理局适用保外就医的依据是 1990 年 12 月 31 日司法部、最高人民检察院、公安部印发的《罪犯保外就医执行办法》，该办法规定的疾病标准过于笼统且历时久远，疾病范围过于狭窄，标准过于笼统，难以适用现代医学发展及司法实践[①]，不仅影响、耽误了罪犯疾病的治疗，增加了监狱和社会的负担，而且导致这一制度的人性光辉映照不到许多确实需要暂予监外执行的罪犯身上，不免使这种制度的人道主义打了折扣。2014 年 10 月 24 日，司法部会同最高人民法院等部门颁布了新的《暂予监外执行规定》，并对《保外就医严重疾病范围》作出了更为科学细致的规定，如细致界定了血压水平分类和定义，一定程度上缓解了暂予监外执行适用标准的不统一问题。

(2) 适用对象的不平等。2012 年《刑事诉讼法》第 254 条第 4 款规定："对罪犯确有严重疾病，必须保外就医的，由省级人民政府指定的医院诊断并开具证明文件。"这一规定只是针对患有严重疾病，需要保外就医的罪犯。对于生活不能自理，适用暂予监外执行不致危害社会的这部分罪犯，没有明确的规定。监所机关认为这部分罪犯不适合羁押，在提交人民法院审批时，通常只提供一般医疗单位(非省人民政府指定医院)开具的证明，或者干脆什么证明都不提供。人民法院在接到此类申请后往往无所适从，很难把握尺度。这种缺乏科学标准的区别对待造成了暂予监外执行适用对象的不平等，而这种不平等无疑为徇私舞弊、贪赃枉法提供了滋生的土壤。

2. 暂予监外执行收监的不及时问题

暂予监外执行，核心是一个"暂"字。它是一种暂时性的刑罚变通方法，并不改变罪犯的身份，它既不是刑罚的执行完毕，也不是刑罚的暂停执行，因此执行机关应当继续在监狱外对罪犯执行刑罚，暂予监外执行的情形消失后，应当及时收监。如果直到刑罚期满了，法定的特殊情形也早已消灭

[①] 如"高血压病"现代医学的分级标准与原来的分期标准决然不同。

了,罪犯却仍不被收监执行,"暂"就成了"永久"。

但是,实践中,暂予监外执行长期"暂予""以保代放"的现象却屡见不鲜。由于相关部门职责不明确,收监执行形同虚设。实践中经常出现的情形是:在罪犯保外就医执行时,取保人强烈要求,相关部门为避免不必要的风险而积极配合。而对骗取保外就医的、疾病痊愈或者病情基本好转的、以自伤自残等手段拖延保外就医时间的、违反监督管理规定经教育不改的、违法犯罪的等符合法定收监情形应当收监的罪犯,则往往无任何部门提出收监,实际上是"以保代放"。更为恶劣的是,一些罪犯在被暂予监外执行后,由于监管不到位,犹如石沉大海,了无踪迹,甚至又开始了新的违法犯罪,这使得暂予监外执行这一最能够体现法律人性化的制度在实际运行中成了放纵犯罪的屏保。这一现象的产生有部门责任不明确、权力行使怠惰的原因,也可能暗藏着司法腐败,其产生的恶果无疑是双方面的:既使得法律判决成了一纸空文,刑罚的效果无从体现,又使公众对法律的公正性、严肃性产生严重的质疑,降低了对司法诚信的评价。针对这一状况,此次《刑事诉讼法》修改增加了有关"……罪犯在暂予监外执行期间脱逃的,脱逃的期间不计入执行刑期"①的规定。

3. 暂予监外执行适用中的不廉洁问题

和减刑、假释一样,暂予监外执行也是执行领域中极容易发生腐败的环节。我国暂予监外执行制度作为刑罚的一种变通执行方式,监外执行期间也计入刑期,这给罪犯逃避刑罚提供了制度通道。有了这一不用在监内服刑就可以将刑罚"执行"完毕的捷径,一些服刑罪犯及其亲属自然会想方设法地寻求与执行机关"权钱交易"的机会,由此诱发了大量的"执行腐败"问题。其中,保外就医中的弄虚作假问题尤为突出。比如,原江门市副市长林崇中作假"保外就医",被举报判刑 1 年多未坐牢,且住高档小区开宝马豪车;原河源市公安局局长曾天来被判刑 10 年的同时,因患有高血压等疾病被允许保外就医、监外执行"当庭释放"……②为了解决这一问题,此次《刑事诉讼法》修改增加了一款:"不符合暂予监外执行条件的罪犯通过贿赂等非

---

① 参见 2012 年《刑事诉讼法》第 257 条第 3 款。
② 魏徽徽:《副市长作假"保外就医"逍遥牢外住豪宅开宝马》,载《信息时报》2014 年 1 月 9 日。

法手段被暂予监外执行的,在监外执行的期间不计入执行刑期……"①

调查研究显示,在职务犯罪、破坏金融管理秩序和金融诈骗犯罪、组织(领导、参加、包庇、纵容)黑社会性质组织犯罪的罪犯身上,减刑快、假释及暂予监外执行比例高、实际服刑时间偏短的情况较为多发,背后往往隐藏着权钱交易。基于此,2014年2月,中央政法委发布《关于严格规范减刑、假释、暂予监外执行,切实防止司法腐败的意见》,对减刑、假释、暂予监外执行的实体条件、程序规范从严规定,对违法违规办理减刑、假释、暂予监外执行的法律、纪律责任从重追究。2014年7月,最高人民检察院制定了《人民检察院办理减刑、假释案件规定》,建立了职务犯罪罪犯刑罚变更执行备案审查制度,2014年10月新出台的《暂予监外执行规定》对保外就医严重疾病范围作出了进一步的细化规定。这些举措对于促进减刑、假释及暂予监外执行的廉洁适用无疑具有积极的意义和深远的影响。

(三) 财产刑执行中的不诚信

"财产刑"一词是一个学理概念,刑法对其具体含义并无明文规定。财产刑是对刑事犯罪被告人的财产处罚,亦是一种刑罚方法。我国《刑法》中规定的财产刑有两种:罚金和没收财产。罚金是人民法院判处犯罪分子向国家缴纳一定数额金钱的刑罚方法。没收财产,是将犯罪分子个人所有的财产的部分或者全部强制无偿地收归国家所有的一种刑罚方法。据统计,修订后的《刑法》中共有182个条文规定了罚金刑,59个条文规定了没收财产刑,分别占《刑法》分则条文的51.85%和16.81%,可见财产刑已成为我国刑罚体系中十分重要的内容,主要适用于破坏市场经济秩序和妨害社会管理秩序犯罪、侵财及非法获利型犯罪、国家工作人员的贪污贿赂犯罪。但是,现实中,相对于其他刑罚种类,财产刑的执行状况却不尽如人意,不少案件法院判处罚金或没收财产后,并未得到执行,极易沦落为法律白条,即对被告人的经济制裁仅仅停留在口头上、书面上。人们甚至戏称财产刑为"空判"。以罚金刑为例,呈现出判处率高与执行率低并存的特点。有学者统计了青海省西宁市城东区人民法院刑事审判庭2011—2013年罚金刑的适用

---

① 参见2012年《刑事诉讼法》第257条第3款。

情况。该庭2011年审结各类刑事案件284件413人,其中有163件245人被判处罚金,全部执行的11人,部分执行的15人;2012年共审结各类刑事案件314件460人,其中有213件328人被判处罚金,全部执行的7人,部分执行的19人;2013年共审结各类刑事案件393件479人,其中有356件430人被判处罚金,全部执行的25人,部分执行的20人。3年的平均判处率超过70%,执行率却不足10%,执结率仅为4%。① 从全国范围看,据有关方面统计,我国当前罚金案件的执结率低于1%,中止执行率则高达90%。② 如此低的执结率极大地影响了司法在公众心中的诚信形象。

  财产刑执结率低的原因是多方面的:(1)财产刑判决的盲目性。由于侦查机关、检察机关在侦查、审查起诉阶段不注重调查收集犯罪嫌疑人的财产状况,导致审判人员对其财产状况缺乏了解,在裁量罚金刑时盲目性突出,因此,一些案件在判决时就注定了执行不能。③ (2)财产刑执行体制不顺,职责不清。虽然法律明确规定财产刑的执行主体为法院,但对具体由法院内设机构的哪一个部门执行却不明确,也没有作进一步的规定。在财产刑执行中,因无具体的司法解释,各地法院刑庭、执行庭(局)和法警队都在执行,职责不清,造成财产刑执行的推诿与拖延。(3)缺乏督促与监督的力量。与民事案件或刑事案件的"责令退赔"不同(当事人或利害关系人往往都会努力地查找执行线索,并积极督促法院办理),罚金刑和没收财产刑所执行的财产是要上缴国家的,执行缺乏直接的利益个体,缺乏督促和监督的力量,而法律又缺乏明确的强制措施与有力的惩戒手段和机制。因此,容易造成执行法官职责履行的怠惰,甚至一些地方出现了当事人花钱督促法院执行财产刑的现象。(4)犯罪分子及家属钻法律空子。比如,法律规定只能以犯罪人的个人财产来缴纳罚金,其家属无义务替犯罪人缴纳。因此,如果犯罪人在归案前已将财产消耗殆尽,则罚金就无从执行。而一些公检法

---

① 吴周全:《罚金刑适用状况调研——以西宁市城东区人民法院为例》,载《法制与社会》2015年第7期。
② 王志勇、李郁:《刑事案件罚金刑遭遇执行难》,载《法制日报》2006年12月25日。
③ 在以往的财产判决中,能够执行的通常是贪污、受贿、挪用公款等犯罪,因为这些犯罪分子相对而言具有一定的财产受罚能力。而司法实践中占刑事案件绝大多数的盗窃、诈骗、抢劫等侵犯财产犯罪,由于法律规定要并处罚金,这将意味着罚金判决的案件数量在所有刑事案件中占比过半,而这些犯罪分子本身又没有一定财产可执行罚金,这是有目共睹的事实。特别是对外地流窜作案的犯罪分子来说,执行罚金刑的难度更大。

机关在刑事诉讼过程中,未能对犯罪人的个人财产采取查封、扣押、冻结等措施,以致犯罪人及其家属钻法律空子,千方百计地逃避法律的制裁,进而阻碍了财产刑的执行。

财产刑的执行困境在某种程度上形成了"法律白条",不仅在一定程度上削弱了法律的权威性和威慑力,增加了犯罪人的侥幸心理,埋下了社会矛盾隐患,而且极容易给公众以司法不诚信之感。而客观分析财产刑执结率低的原因,其中确实存在着司法人员的不尽职甚至腐败问题,这无疑进一步加剧了公众对司法的不信任。为了解决财产刑执行难的困境,最高人民法院于 2014 年 10 月 30 日公布了《关于刑事裁判涉财产部分执行的若干规定》,进一步明确了刑事裁判涉财产部分的执行主体、执行期限、适用委托执行的情形、对被告人财产的查控与控制等内容,对于规范刑事裁判涉财产部分的执行、维护刑罚的严肃性和当事人合法权益,促进财产刑"空判"问题的解决必将发挥积极作用。

第五章　刑事诉讼领域的司法诚信问题的原因分析

笔者在第四章论述了刑事诉讼领域的司法诚信缺失的主要表现,可以看出,在刑事诉讼活动的各个阶段,在所涉及的每一个司法机关的身上都存在着司法诚信缺失的问题,而且呈现出复杂而隐蔽的行为表现。司法不够诚信的现状是如何形成的?按照唯物辩证法的观点,事物的产生、发展和灭亡都是内因外因共同作用的结果,既是由它本身所固有的内部原因所引起,又同一定的外部条件密切联系。因此,从内因和外因两个方面来分析司法诚信缺失的原因无疑是一个周延的研究思路。

一、内因分析——基于司法内部环境的分析

刑事诉讼领域的司法诚信的缺失当然应该首先应归咎于刑事司法自身,即司法内部环境。司法内部环境指的是刑事司法机制运行过程中所拥有的条件结构和状态。它主要包括四大构成要素:司法主体、法律制度、司法体制和司法观念。

(一)基于司法主体的分析

笔者在第三章第二节中谈到,主体的因素是影响司

法诚信实现的关键因素。刑事诉讼中的司法主体包括司法机关和司法人员,其中,公、检、法等刑事司法机关是刑事司法环境中最活跃的构成要素,而其职能的履行最终要落实到司法人员的身上。实现司法诚信,需要司法人员形成法律信仰、确立司法良知、提升司法能力,三者缺一不可。分析我国司法机关和司法人员的现状,不难发现,在这三个方面都存在一些问题。

1. 法律信仰缺失

美国比较法学家和法制史学家伯尔曼有句名言——"法律必须被信仰,否则它将形同虚设"。法律信仰是司法人员在从事司法工作的过程中基于对法律的认知、理解和领悟而产生的一种神圣捍卫,是深深地植根于内心深处的对法律的高度的理性认同。司法人员只有坚持法律至上的法律信仰,才能具有坚强的守法精神和勇敢的护法品格。如果执法者、司法者都不相信法律,不尊重法律,不捍卫法律,那么建立公众的法律信仰就会成为一种奢望,实现法治现代化就是一个天方夜谭式的神话。

司法人员确立法律信仰有两个层次的要求:低层次的要求是司法人员以法律作为自己行为的准则,严格依法办案;高层次的要求是司法人员以实现公平正义为己任,对法律时时怀有崇敬之心,视法律如生命。低层次的要求侧重于法律对行为的规范,高层次的要求侧重于法律对内心的约束。从司法现状看,司法人员在这两个方面均呈现出不同程度的问题:(1)行为上违反法律规定。从第四章论述的司法不诚信的现象看,许多问题都反映出司法人员对法律的漠视甚至背离,这导致违法办案现象频发,如有案不立、刑讯逼供、超期羁押、枉法裁判等等,甚至有一些司法人员肆意玩弄法律、将法律作为谋己之私的工具,反映了司法人员没有做到法律信仰最低层面的要求。(2)对法律没有敬畏之心。如何评价司法人员是否对法律心存敬畏,当然也只能通过其行为表现加以观测。有些行为可能并不违法,但却是一面镜子,可以将司法人员内心对法律的态度映照得清清楚楚,如第四章论述的法官在法庭上司法礼仪的缺失,包括对被告人态度恶劣、对辩护人辩护心不在焉,甚至自己在法庭上吸烟、接听手机、交头接耳等等,这些行为传递给公众的信号就是法官根本没有把法庭和法律当回事,对法律没有敬畏之心。这种态度的传递极具破坏性和传染性,久而久之,人们会形成一种认识上的偏差,会认为法律不再威严,法庭不再庄重,法官不再神圣。当整个社会对法律没有了敬畏,公众法律信仰的形成将成为一个遥不可及的梦想。

当然,对问题做更深一层的探究,会发现司法人员法律信仰的缺失与两个因素的制约息息相关:一是司法体制的束缚和干预影响了自由的法律信仰的生成,二是整个中国社会缺乏法治文化,没有信仰法律的传统,笔者将在后文中详述。

2. 司法良知失守

确立法律信仰,坚持法律至上固然重要,但是,徒法不足以自行,法律本身并不能主动地维护社会公平正义。至善的法律都必须依靠司法者的智慧和良心才能完成法治的最终使命,更何况世上本无至善的法律。正是由于法律的不完美,司法良知的确立就显得格外重要。奥地利法学家埃里希说:"除了法官的人格外,没有其他的东西可以保证实现正义。"这里的人格就是司法良知。司法良知是司法人员在其法律职业操守的履行中趋向、坚持司法公正的品质及表现出的自觉行为。这种良知是司法人员在长期办案过程中,由其人格修养、知识熏陶、社会教化和经验积累等综合形成的,是司法人员综合素质中的灵魂和核心,构成了司法人员做人、办案的底线要求。

司法良知要求司法人员"心中当永远充满正义",努力寻找法律与良心之间的平衡。特别是当法律不能完全实现司法正义的时候,司法人员的良知就格外受到考验。实践中,这种考验尤为突出地体现在自由裁量领域。无论是检察官不起诉裁量权的行使还是法官裁判中的"自由心证"都是对司法良知的一次"大考"。以刑罚裁量为例,虽然法官在量刑过程中有一个大概的量刑基准,但是量刑幅度却给法官留下余地,实践中不乏律师买通法官以求得轻缓量刑的案例,笔者在第四章中论述到的一些司法裁量权行使中的不诚信现象亦反映出司法人员在司法良知的"大考"中没有过关。

除了自由裁量权的行使,一些违反司法诚信勤勉性评价维度的行为也凸显出司法人员司法良知的失守,如消极侦查、拖延时限等,这些行为体现了司法人员对法律职责的履行欠缺一份责任心,而责任意识正是司法良知的核心要素。2012年4月,河南陕县一法官在审判一起致3人死亡、2人受伤的交通肇事案时,在受害人家属没有得到赔偿的情况下,却以"被告人积极赔偿受害人家属部分经济损失90余万元"为重要依据,对肇事司机从轻判决。此案被曝光后,该法官自称"眼花"错判。对此,河南省高级人民法院院长张立勇尖锐地指出:"眼花"主审法官水涛,将"可能赔偿"曲解为"积极赔偿",将"全部责任"写成"主要责任",将"从轻处罚"改为"减轻处罚",这一系列错误绝不是"眼花了",而是"心黑了"。而这起案件在合议庭合议时,对被告人如何量刑根本没有进行讨论,合议笔录只有半页纸;庭长、主管副院长签发文书时也没有审阅案件材料,根本没有履行把关职责,只管签字。①这些不负责任的行为最终酿成了这起错案的发生。

当然,应该看到,司法队伍中不乏坚守司法良知的"斗士"。河南省人民检察院正处级检察员、主诉检察官蒋汉生,2005年12月4日被评为中国十大法治人物,2010年12月4日被推选为中国十年法治人物。感动国人的正是他的一份责任感,历经无数次的曲折,他使不能被证据证实有罪的农民胥敬祥,在已经被判刑并且服刑13年后被司法机关宣告无罪释放。而彻查这起冤案的动力来源既不是亡人复活,也不是真凶落网,而是检察官蒋汉生维护正义的执著努力。为了让这起冤案得以昭雪,让胥敬祥重获自由,蒋汉生整整坚持了8年。只是,在我们的司法队伍中,像蒋汉生这样坚守司法良知的司法人员数量还是太少,不少人在实现正义的重重困难面前选择了妥协与退缩,甚至有人披着正义守护者的外衣将法律玩弄于股掌之间,司法腐败现象的发生不仅反映出司法信仰的缺失,也反映出司法良知在司法人员心中的节节败退。

3. 司法能力不强

良好的司法能力是保障案件公正处理的关键。司法能力集中表现为司法人员运用法律解决和处理案件的能力,其主要有两个支点:一是法律知识,二是法律技能。法律知识是法律技能的基础,法律技能是法律知识的释放。分析我国的司法人员现状,在这两方面的表现都不尽如人意。

先看法律知识。法律知识是司法人员职业素养的基础。国家自2002年实行统一司法考试以来,强化了对司法人员法律知识的考察,提高了新任法官、检察官入门的门槛。但是,历史造就的现状不可能瞬息改变,从目前在职法官、检察官的情况看,"出身"不尽相同。招考选调、军人转业、党政干部调任、其他政法干部转任,不一而足。这些人大多是进入法院、检察院之

---

① 《河南高院回应"眼花"错案 法官良知丧失超底线》,载 http://www.chinanews.com/fz/2012/05-09/3876663.shtml,最后访问时间:2016年7月27日。

后积极报名参加司法考试,但是考试通不过者并不占少数。特别是在经济落后、文化欠发达的贫困地区,法官、检察官"断层"的问题已经十分严重。本地能够通过司法考试的人员较少,而当地的资源和条件又不足以吸引外地人才。司法资源的极为有限性制约了法官、检察官的职业化建设,而基本知识素养的欠缺使得一些司法人员如同不具备执业资格的医生一样随时将自己和公众置于职责履行的风险之中,不仅限制了自身司法能力的发展和司法现代化的进程①,也影响了公众对司法的诚信评价。②

再看法律技能。法律技能强调的是司法人员将静态知识转化为动态结果的方式方法。以法官为例,综合分析其所有活动,可以把法律技能分为三大类:第一类是法律定位技能,即查找法律和其他(参考)依据,并完成法律论证过程的技能;第二类是事实认定技能,即认定事实、证明案情的技能;第三类是审理运作技能,即法官在审理活动中确保正确认定事实和适用法律的行为技能。法官在这三类技能上表现出的水平的差异在某种程度上决定着办案质量的高低。比如,法官最终要实现的目标是运用已有的法律知识作出一个令人信服的判决。在大部分事实清楚、法律问题并不复杂的案件中,只需要作简单的法律论证便可以像自动售货机一样得出处理结论,法律技能可能并无用武之地。但对于一些复杂、疑难案件来说,完整、系统的法律论证技能便可以大显身手了。③ 法律论证或裁判说理是各国法院的共同要求,而笔者在第四章论述到的"判决书不说理"现象就突出地反映了我国法官在法律技能方面的缺漏,不排除实践中有一些案件的法官想说理但是

---

① 比如,法官独立的前提是自身素质的过硬。在我国的法官群体中,有一部分人存在着业务素质不高、惧怕承担责任、依赖审判委员会等问题,甚至发出了不希望独立审判的声音。这样的法官是很难担负起独立审判的重任的,而鱼龙混杂的法官群体必然导致公众对司法诚信评价的降低。

② 比如山西绛县原副院长姚晓红,人称三盲院长,"文盲、法盲、流氓"。本来是一个农民,1981年进入县供销社当工人,1983年被调到县人民法院当司机,1986年以工代干当上了法院办公室副主任。1989年升为主任。此后,姚晓红通过造假、托人代考等方法获得了大专文凭,1995年被提升为副院长。而事实上,他小学也没有毕业。却从1995年开始代表国家维持当地的司法公正,肆意地践踏法律、侵犯人权,造成了极为恶劣的社会影响,后被以贪污罪、非法拘禁罪、报复陷害罪三罪数罪并罚,判处无期徒刑。而姚晓红案发不到两年,在陕西渭南富平县法院出现了"舞女法官"的报道。1996年8月,陕西渭南富平县"坐台小姐"王爱茹以虚假的档案材料,通过不正当途径调入富平县法院担任书记员,后又当上法官。2001年被媒体披露,举国震惊。参见郭高中:《重访山西"三盲院长"案 求解"姚晓红难题"》,载《瞭望东方周刊》2005年9月29日。

③ 蒋惠岭:《法官必备的十大司法技能》,载《人民法院报》2006年9月28日。

却缺乏论理的逻辑思维与方法,从而导致"有理说不清"。①

以上笔者从司法主体的角度探寻了司法诚信缺失的原因,可见,法律信仰、司法良知、司法能力三个方面的不足使得司法人员诚信司法的能力大为降低。在这三个因素中,司法能力所处的地位最为基础,甚至决定着司法人员能否从事法律职业,但不具有决定性。一个奇怪的现象可以佐证笔者的判断。在如今的司法系统中,存在一种"法律水平越高越腐败"的怪圈。在武汉中院法官集体腐败案中落马的常务副院长柯昌信曾出版过多部法学专著、发表论文百余篇,并任多所大学的客座教授;在重庆"打黑"中落马的重庆市高级人民法院副院长张弢曾入选首届"重庆市十大优秀中青年法学、法律专家";而原最高人民法院副院长黄松有,更是有名的"学者型"法官,著述颇丰,组织过一系列司法解释的起草工作。他们的法律学识成功地帮助自己叩开了法律职业的大门,并为良好的司法能力奠定了基础,但是由于没有将学识与司法良知和法律信仰相融合,只能在错误的道路上越走越远。这一现象也从一个侧面反映出我国法官、检察官选拔机制的偏颇,偏于注重法律知识、技能的考核,而忽视对法律信仰、司法良知状况的评价。

(二) 基于法律制度的分析

笔者在第三章第二节论及,现有的法律制度是否科学完善是影响司法诚信的一个重要因素,司法诚信在某种程度上取决于立法的科学性和信用性。我国刚刚向法治国家迈进,立法体系还不完整且变动大,党纪、国法、政策等在许多方面边界模糊,权力制衡机制尚未健全,许多法律"具有伸缩性、易变性、模糊性和不可操作性"的特征,从而使立法本身就表现出了诚信的不足,这一点在刑事立法中也有明显的体现。分析笔者在第四章论述的司法不诚信现象的成因,会发现很多都和法律制度本身的不科学、不严密、不公正有关,制度本身的缺失难免使得司法机关在适用法律的过程中遭受来自公众的批评,这使得司法机关有时无奈地成为了立法机关的替罪羊。具体来讲,法律制度的缺失对司法诚信评价造成的不良影响可以细分为三类:

---

① 法律技能的习得和司法经验息息相关。因此,从 2003 年开始,北京市高级人民法院已不再直接录用大学毕业生,而推行从下级法院优秀法官挑选到上级法院的法官遴选制度。

1. 法律未能与刑事政策有效衔接导致司法机关"守诺不能"

比如饱受质疑的"坦白从宽"不兑现问题,这一问题的出现根源于刑事政策与刑事法律之间缺乏有效衔接。"坦白从宽、抗拒从严"的刑事政策在我国已存续数十年,成为侦查讯问中对犯罪嫌疑人说服教育的重要内容和获取真实供述的重要策略。但是,在很长一段时间里,侦查人员成功地运用这一政策拿到口供之后,却无法给嫌疑人兑现"坦白从宽"的承诺,因为我国法律中并没有与"坦白从宽、抗拒从严"这一刑事政策相对接的实体性规定及程序性规定。我国《刑法》第 67 条第 1 款规定:对于自首的犯罪分子,可以从轻或者减轻处罚。但是对于坦白却不构成自首怎么办,没有明确规定。司法实践中,坦白往往被视为酌定从宽情节,而不是法定从宽情节,从宽与否属于法官行使自由裁量权的范围,侦查人员在讯问时无法准确预测。因此,嫌疑人坦白却最终未能获得从宽的案例屡见不鲜,这意味着公安机关作出的奖励承诺没有兑现,自然招致公众对其诚信评价的降低,也使得侦查人员在讯问时陷入一种"道德困境"——为了破获案件应该把国家规定的刑事政策用足用好,但这样做对嫌疑人而言却有一种欺骗的味道。直到 2011 年 2 月 25 日《刑法修正案(八)》出台,这一困扰司法实践多年的问题才得到了一定程度的解决。《刑法修正案(八)》增加规定:犯罪嫌疑人虽不具有自首情节,但是如实供述自己罪行的,可以从轻处罚;因其如实供述自己罪行,避免特别严重后果发生的,可以减轻处罚。这样的规定实现了刑事政策与刑法的对接,这是国家对犯罪嫌疑人几十年"承诺"的实现。虽然"可以"的规定还是不能带来必然从宽的结果,但是法律通过这一规定明确地将"坦白"从酌定从宽情节上升为法定从宽情节,必然有利于"坦白从宽"政策的落实和司法机关诚信形象的树立。

2. 法律规定本身的不合理、不细化、不全面导致司法随意性大

司法随意性大往往给公众以不公正的感觉,而这通常又是源于立法的"纵容"。具体而言,主要有三方面的表现:

(1)立法的不合理导致司法随意拖延。比如超期羁押问题。超期羁押屡禁不止的原因是多方面的,但如果立法不作出相应的调整,这一问题恐怕永远无法得到真正解决。立法的问题主要表现在两个方面:一方面,我国《刑事诉讼法》没有将刑事拘留、逮捕与羁押实现严格的分离,而是几乎混为

一谈，导致羁押在适用上出现严重的任意化和随机化。比如拘留，一旦获得授权，就意味着可以对嫌疑人采取长达 14 天甚至是 37 天的持续羁押，而笔者在第四章已经论述到，37 天的最长期限经常在司法实践中被随意解释、适用；另一方面，我国《刑事诉讼法》没有将羁押期间与诉讼期间进行严格分离，致使羁押期间严重地依附于诉讼期间或者办案期间，使得羁押期间的延长完全服务于侦查破案、审查起诉甚至审判的需要①，刑事诉讼法中有太多延长羁押期限的规定为超期羁押开了绿灯②，以至于专业的律师也无法判断羁押的期限到底有多长。这导致在司法实践中，一个可能被判处 2 年有期徒刑的嫌疑人和一个可能被判处 15 年甚至无期徒刑的嫌疑人，由于办案的需要可能在审前羁押的期间上完全一样，严重违背了"比例"原则，违背了程序正义的理念。再比如审查起诉不及时、终审不终等司法拖延现象都与法律规定本身的不合理有关，笔者在第四章已有论述，此处不再展开。

（2）立法的不细化导致司法标准不统一。比如，假释适用率低，很大程度上是因为法律规定的"不致再危害社会"的条件没有具体的标准；监外执行适用标准不统一，主要是因为法律对"生活不能自理""严重疾病"等标准没有明确的指导，这给司法人员适用法律留下了极大的空间，造成了司法的随意和混乱。又如，法定刑设置的幅度过大造成法官自由裁量权过大的问题。典型的是贪污、受贿案件。按照《刑法》第 383 条规定："对犯贪污罪的，根据情节轻重，分别依照下列规定处罚：（一）个人贪污数额在 10 万元以上

---

① 陈瑞华：《超期羁押问题的法律分析》，载《人民检察》2000 年第 9 期。
② 如 2012 年《刑事诉讼法》第 154 条规定：案情复杂、期限届满不能终结的案件，可以经上一级人民检察院批准延长 1 个月。第 156 条规定："下列案件在本法第 154 条规定的期限届满不能侦查终结的，经省、自治区、直辖市人民检察院批准或者决定，可以延长 2 个月：（一）交通十分不便的边远地区的重大复杂案件；（二）重大的犯罪集团案件；（三）流窜作案的重大复杂案件；（四）犯罪涉及面广，取证困难的重大复杂案件。"第 157 条规定："对犯罪嫌疑人可能判处 10 年有期徒刑以上刑罚，依照本法第 156 条规定延长期限届满，仍不能侦查终结的，经省、自治区、直辖市人民检察院批准或者决定，可以再延长 2 个月。"第 158 条规定：在侦查期间，发现犯罪嫌疑人另有重要罪行的，自发现之日起依照本法第 154 条的规定重新计算侦查羁押期限。犯罪嫌疑人不讲真实姓名、住址，身份不明的，应当对其身份进行调查，侦查羁押期限自查清其身份之日起计算。这些规定使得羁押期限具有极大的不确定性。另外，第 198 条规定：在法庭审理中检察人员发现所提起的公诉案件需要补充侦查的，提出建议需要延期审理的，可以延期审理。但是却没有明确的规定延期审理的期限和次数，从而为超期羁押现象开了绿灯。

的,处 10 年以上有期徒刑或者无期徒刑,可以并处没收财产;情节特别严重的,处死刑,并处没收财产……"第 386 条规定:对犯受贿罪的,根据受贿所得数额及情节,依照本法第 383 条的规定处罚。随着我国经济发展,当前司法实践中,贪污、受贿数额 10 万元以上的案件较为普遍。按照法律的规定,判处 10 年以上有期徒刑、无期徒刑、死刑都在法律的幅度内,这在一定程度上使刑法的量刑标准失去了意义,也给法官自由裁量权的行使留下了过大的空间,容易引起公众的质疑和批评。基于此,《刑法修正案(九)》修改了贪污罪和受贿罪的定罪量刑标准。不再单纯以具体的数额作为定罪量刑标准,而是代之以"数额+情节"的综合标准,数额分为"较大""巨大""特别巨大"三档,情节分为"其他较重情节""其他严重情节""其他特别严重情节"三种,以将裁量权更多地交给司法机关,作出符合案件实际情况的判决。自 2016 年 4 月 18 日起,最高人民法院、最高人民检察院根据全国人大常委会授权,联合发布的《关于办理贪污贿赂刑事案件适用法律若干问题的解释》开始正式施行。该《解释》将两罪"数额较大"的一般标准由 1997 年《刑法》确定的 5000 元调整至 30000 元,"数额巨大"的一般标准定为 200000 元以上不满 3000000 元,"数额特别巨大"的一般标准定为 3000000 元以上。《解释》同时规定,贪污、受贿 10000 元以上不满 30000 元,同时具有特定情节的,亦应追究刑事责任;数额不满"数额巨大""数额特别巨大",但达到起点一半,同时具有特定情节的,亦应认定为"严重情节"或"特别严重情节",依法从重处罚。这样的规定对于促进贪污贿赂案件司法标准的统一无疑具有积极意义。再如,《刑事诉讼法》新增设的附条件不起诉制度在实践中遭遇冷落也和法律规定不明确有关。根据《刑事诉讼法》第 271 条规定:对于未成年人涉嫌刑法分则第四章、第五章、第六章规定的犯罪,可能判处 1 年有期徒刑以下刑罚,符合起诉条件,但有悔罪表现的,人民检察院可以作出附条件不起诉的决定。但何为"悔罪表现"并未被明确,是道歉、积极赔偿损失还是两者兼具,不少检察官在司法实践中颇感困惑,从而导致判断不一、做法不一。

(3) 立法的不全面导致司法运行存在漏洞。比如,《刑事诉讼法》虽然赋予了检察机关的立案监督职能,但是缺乏相应的具体法律条款予以支撑,因而在实际运行中未能有效地实行立案监督职能,主要表现有二:一是《刑事诉讼法》对立案监督的范围规定不够全面。2012年《刑事诉讼法》第111条规定,检察机关只能对应当立案而不立案的行为实施监督,未明确规定检察机关可以对"不应立案而立案"的行为实行监督。尽管《人民检察院刑事诉讼规则》增加规定检察机关可以对"不应立案而立案"进行监督,但司法实践中,公安机关多以该项规定属于检察机关内部文件、对公安机关没有约束力为由,抵触监督。二是配套制度缺位。按照2012年《刑事诉讼法》第111条的规定,人民检察院立案监督的手段有"要求公安机关说明不立案的理由"和"通知公安机关立案"两种,但是,如果出现公安机关接到立案通知后仍不立案,或者公安机关在说明理由或接到通知后虽然立案,但立而不侦、侦而不结、消极应付等情形,立案监督权如何保障,法律并未作出明确规定。由于配套制度的缺位,立案监督缺乏足够的权威性,影响了立案监督在现实中的实现效果。有研究者对我国中部某省2008—2011年的监督立案案件情况进行了实证研究。结果显示,4年来监督立案案件基数为3495人,公开判决779人,这意味着尚有2716人没有进入审判程序,滞留在了公安机关的侦查阶段。这些案件的滞留固然受到整体破案率不高等客观因素的制约,但也不能排除消极应付、缺乏工作主动性等主观因素的影响。① 有统计数字表明,2006年,全国检察机关共要求公安机关说明不立案理由18551件,公安机关经监督后立案16662件,监督后仍未立案者达1889件,占比超过10%;经监督立案后最终起诉者仅4541件,占监督立案总数不到28%,判决3752件5422人,占比22.5%。10%的案件监而不立,超过70%的案件在公安机关立案后没有得到最后的处理,一个重要原因是立案监督权威缺失,公安机关对立案监督采取比较消极的态度:监而不立、立而不侦、侦而不结。② 这样的状况自然容易让公众质疑公安机关和检察机关不作为,影响其对司法诚信的评价。

3. 法律规定本身的不公平导致司法不公

司法是法律系统的一个组成部分。司法公正是与法律本身的公正密切相关的,没有公正的立法就不可能有公正的司法。比如笔者在第四章论述到的减刑适用中的不公正问题,如短刑犯减刑难,"重刑多减、轻刑少减",

---

① 孙靖:《刑事立案监督实证研究——以某省为例》,湖南师范大学2013年硕士论文。
② 陶建旺、元明:《关于刑事立案监督的立法构想》,载《人民检察》2008年第3期。

"死刑过重、轻刑过轻",这些现象的产生多是由于法律规定本身的不公平导致的。1997年最高人民法院《关于办理减刑、假释案件具体应用法律若干问题的规定》中的一些条文没有体现公平公正的精神,这导致司法机关在严格适用法律的同时必然招致司法不公的批评。令人欣慰的是,这一《规定》在2012年得以修正,一些明显违背公平公正精神的条文被删除和修改,这将有利于改善减刑不公的局面;再比如,刑事附带民事诉讼精神损害赔偿缺失问题,这一被理论界和实务界诟病已久的问题并没有在2012年《刑事诉讼法》修改中得到改观。根据2012年《刑事诉讼法》第99条第1款规定:"被害人由于被告人的犯罪行为而遭受物质损失的,在刑事诉讼过程中,有权提起附带民事诉讼。被害人死亡或者丧失行为能力的,被害人的法定代理人、近亲属有权提起附带民事诉讼。"是否可以获得精神损害赔偿,法律语焉不详,实践中有较大分歧。但是,根据最高人民法院《关于审理人身损害赔偿案件适用法律若干问题的解释》的规定,一般的民事侵权行为却可以获得精神赔偿。根据该《解释》第18条第1款规定:"受害人或者死者近亲属遭受精神损害,赔偿权利人向人民法院请求赔偿精神损害抚慰金的,适用最高人民法院《关于确定民事侵权精神损害赔偿责任若干问题的解释》予以确定。"从法律逻辑上讲,法律既然规定了侵犯名誉、荣誉等精神性人格权的一般民事侵权行为可获得精神赔偿,那么较之更为严重的、达到足以追究行为人刑事责任的侵犯名誉、荣誉的犯罪行为所造成的精神损失更应得到赔偿。而如果一个法院在处理同一起案件时,仅仅因为当事人选择刑事附带民事诉讼而不是单独提起民事诉讼就造成判决结果差异巨大,这难免给人以司法不公之虞,影响民刑判决的统一,进而影响公众对司法诚信的评价。通过对上述两个例证的分析,司法诚信对立法信用的依附性可见一斑。

此外,司法诚信缺失的一个重要的制度性原因就是不诚信行为惩戒机制的缺位。在我国现有的法律中,无论是诉讼参与人还是司法机关的不诚信行为都缺少相应的惩戒措施。比如超期羁押问题,《刑事诉讼法》及相关立法、司法解释既没有对造成超期羁押的办案人员明确的法律约束,也没有关于超期羁押法律后果的规定;再比如刑讯逼供问题,我国法律对刑讯逼供行为的禁止长期停留在口号的呐喊上,直到2012年《刑事诉讼法》修改才在法律中将这一行为的后果加以明确——非法证据排除,但仍没有规定相关行为人应承担的责任。能够最终被以刑讯逼供罪定罪处罚的毕竟是少数,更多的是纪律惩戒、国家赔偿甚至民事赔偿,但是这些惩戒方法在法律中均为空白。惩戒机制的缺位使得一些法律素质低、办案能力差、责任心缺乏的办案人员有令不行、有禁不止。

(三) 基于司法体制、机制的分析

在我国,"司法体制""司法机制"等词语的出现源于司法改革。司法体制指的是司法机关的设置、领导或监督体制、职权划分和管理制度,具体包括审判体制、检察体制、侦查体制、执行体制和司法行政事务管理体制。司法机制指的是司法工作的具体运行方式。司法主体必须在一定的司法体制、机制内活动,不可避免地受到权力分配方案、权力运作模式和权力制衡关系的影响,这些因素共同决定了司法主体工作的内部环境。

仔细思考,许多司法不诚信现象的产生都与司法体制、机制有某种关联,司法人员在体制、机制的制约下有时无法听从内心的声音。比如,我国法院内部实行集体审判制,通过少数服从多数、集体决策方式——合议庭、审判委员会——强化对法官个人的控制,意图是集思广益、减少错案。但司法活动的一个重要特征就是"亲历性",即裁判者要亲自经历裁判的全过程,亲自当面听取控辩双方的诉讼主张和意见,然后以此为依据制作裁判结论。"对当事人言辞的判断,对证人所作证词可信性的判断,都离不开判断者对被判断者的近距离观察,而只有在这种近距离观察基础上的判断,才更接近真实,也更让人信服。"[①]然而,在我国的审判实践中,"审者不判,判者不审"现象十分严重。人民法院院长、庭长审批案件的做法已成为惯例,承办案件的法官在开庭前或者开庭后,遇有案件疑难或者合议庭成员发生争议的情形,会将案件提交主管院长或者庭长,后者经过研究,或者直接作出结论,或者将问题提交审判委员会讨论。这样的做法使得主审法官丧失了独立审判、裁决的权力,将审判活动异化成一种行政活动。此外,上级法院对下级法院具体案件审理过程的干预,"错案追究制度""考评指标"的压力等都对法官独立审判造成一定的影响,使法官"正义守护者"的形象大打折扣。类

---

① 贺卫方:《中国司法管理制度的两个问题》,载《中国法学》1997年第6期。

似的问题在检察系统也同样存在。多年来,检察机关业务管理方式是典型的行政方式,检察官办理刑事案件,实行领导审批制度。对案件作出的任何处理,检察官个人无权决定,必须报经办案部门负责人审核,由检察长或者检察委员会决定。普通的检察人员只是案件的承办人员,即行政垂直线上底部的一个点。这种"上命下从"的管理模式导致检察机关办案组织形式不太清晰且较薄弱,具有浓厚的行政色彩,与司法活动所要求的亲历性、中立性和独立性相矛盾,既有悖于检察权的性质,也不利于检察权的独立行使。

除了来自法院内的影响,司法人员还经常会感受到来自法院外的压力,这种压力的产生多和司法系统内部的权力配置和权力制衡有关。比如我国《宪法》和《刑事诉讼法》都规定了"公、检、法三机关分工负责、互相配合、互相制约"的原则,但实践中却是配合有余,制约不足。法院在三机关中处于最为弱势的地位,公安机关属于强势政府部门,实践中经常出现的情形是,法院对公安机关制约不足反受其不当干涉,检察机关拥有法律监督的权限能够轻易否决法院的生效裁判,加之三机关之间的功能存在趋同性,即法院在其职能目标方面也以打击犯罪为侧重,忽略人权保障,忽视对公安机关、检察机关的制约。① 再比如政法委作为主管政法工作的职能部门经常超越监督检查政法工作的职能权限,对具体案件不合时宜地协调甚至"拍板"。特别是有的地方政法委领导兼任公安局局长,这使得政法委协调的一些案件出现侦查干预起诉、审判的情形,使得三机关的制约关系荡然无存。这些体制原因使得司法人员在具体的案件办理工作中经常感觉"受制于人",并开始感受到对法律信仰的迷茫。就像赵作海案中,商丘市检察院曾经两次退卷,但后来商丘市政法委召集公检法三方召开专题研究会,对案件进行协调、督办。会议的最终意见是,检察院必须于 20 日内将案件公诉到法院。冤案曝光后,当年的公诉人说,他想给赵作海写封信,告诉赵作海,"你受冤枉了,我也有责任,我的责任是因为我扛不住,我地位太卑微,人微言轻。我应该顶,但是顶不住……"② 可见,一些司法人员虽有"法律至上"的法治理想,但这些理想经常被现实击碎,权大于法、人大于法、以言代法等现象在中国根深蒂固的存在,而改变这些现象显然无法仅仅依靠个体的努力。

---

① 陈卫东:《司法机关依法独立行使职权研究》,载《中国法学》2014 年第 2 期。
② 石玉:《案件公诉人:我应该顶,但是顶不住》,载《南方都市报》2010 年 5 月 14 日。

是退缩还是坚守？这成为以法官、检察官为代表的司法人员困惑不已的一个问题，一些人在犹如"铜墙铁壁"一般的体制面前无奈地选择了退缩，因此，司法体制的弊端不革除，司法主体的能量将永远难以最大限度的释放。

（四）基于司法观念的分析

观念是一种意识形态，司法观念是人们对司法这一社会现象的看法和见解的总和。司法观念在法治文化结构体系中，居于深层次地位，较之于制度，其对司法功能和效果的影响是潜在的。制度的效能是否能充分发挥出来，往往仰赖与制度相匹配的观念。而司法观念一旦形成并内化于心，将能潜移默化地影响司法人员的行为选择。[①] 笔者在本书中侧重于研究司法人员在内部司法环境中长期以来形成的司法观念，这种司法观念对于整体的司法活动产生深刻的影响，而不仅仅影响某个特殊的群体或者某个人。

仔细分析，笔者在第四章所论述的许多司法不诚信行为均可以归因为某种司法观念的影响。可以说，司法观念的落后严重制约了中国司法的现代化和公众对司法诚信的评价，概括而言，主要体现在如下五个方面：

1. 重打击轻保护

长期以来，由于我国的舆论导向强调的是社会公共利益高于个人利益，加上受"左"倾思想和严峻犯罪形势的影响，为了预防犯罪、维护社会稳定，常常存在牺牲个人权利的倾向，这种错误倾向表现在刑事司法中就是重打击、轻保护的错误观念。我们的司法人员过多地强调刑事诉讼打击犯罪的功能，却把"刑事诉讼法本质上是人权保障法"抛在了脑后。司法实践中，一些司法人员片面强调"打"的效果，崇尚宁枉勿纵，忽视了对犯罪嫌疑人、被告人、辩护人等诉讼参与人合法权益的保障，甚至肆意践踏人权，这使得侵犯人权成为刑事司法领域最为严重的一个问题。笔者在第四章论述的许多司法不诚信现象都根源于司法人员"重打击、轻保护"的错误观念，如刑讯逼

[①] 沈德咏：《树立现代刑事司法观念是正确实施刑事诉讼法的必由之路》，载《人民法院报》2012年6月5日。

供、暴力取证、超期羁押、干涉律师权利的行使、刻意隐瞒无罪证据、疑罪却不从无等等,这些行为均反映出司法人员对打击犯罪的偏好和对保障人权的轻视。

2. 重实体轻程序

司法公正包括实体公正和程序公正两个方面的内容,刑事诉讼所秉持的公平正义的精神既应该体现在审判裁决的结果中,也应该体现在整个诉讼过程中。虽然从理论上看,这一点在司法机关内部早已达成共识,但由于历史和文化的原因,部分司法人员对程序的价值问题坚持了程序工具主义的观点,注重的大多是程序对于实体的有用性,而对于程序本身所具有的独立于其有用性的优秀品质、独立价值却未给予足够的关注,形成了根深蒂固的重实体、轻程序的司法观念。在这种错误观念的指引下,侦查取证可以不择手段、审前羁押可以无限拖延、律师权利可以不予理会、公检法三机关可以"亲密合作"、生效判决可以反复重来……这些笔者在第四章论述到的司法不诚信现象均反映出这种错误司法观念对司法人员的毒害之深。更令人忧虑的是,这种毒害不仅影响到刑事司法实践,也影响到刑事诉讼立法,笔者在前述"法律制度的原因"中提到的很多立法问题反映出立法者也深受其扰,因而导致一些法律规定不合理、不细化、不全面、不公正。

3. 重公正轻效率

公正与效率是当今世界各国普遍关注的经济和社会问题,也是刑事司法改革的价值趋向或目标模式。公正是刑事诉讼的当然目的,而效率只是达到目的的手段,两者在价值位序上有先后之分。因为刑事诉讼毕竟不同于以追求利润为唯一目的的经济活动,它还承载着更多的伦理、道德价值。从这个意义上说,重公正轻效率似乎并无不妥。然而,任何事情都不能矫枉过正,否则就会适得其反。长期以来,我国对司法公正给予了过多的关注,而几乎完全忽视了对效率目标的追求,这不仅导致大量司法资源的浪费,也引发了公众的强烈不满。如侦查机关在办案中有意拖延,检察机关不及时审查起诉、滥用补充侦查权,法院审判久拖不决等,这些现象均反映出司法人员对效率目标的轻视。值得注意的是,低效的司法行为同样会给公众以司法不公正之感,因此,效率本身就是公正的应有之义。"迟来的正义非正义",这句法治格言告诫我们不应在司法观念上对效率价值过分轻视,而是应该做到公正优先、兼顾效率。

4. 重口供轻证据

虽然我国《刑事诉讼法》中历来有"重证据、重调查研究、不轻信口供"的规定，但长期以来，司法人员却对口供有着一份格外的偏爱，侦查人员没有口供难以破案，检察人员没有口供不敢起诉，审判人员没有口供无法定案。虽然口供在《刑事诉讼法》中仅仅是证据的八个种类之一，但是其于案件侦破和证明的直接性、迅捷性、高效性远非其他证据种类所能相提并论，"一步到位""多快好省""及时方便"这些功利色彩极浓的词汇附身口供，使口供成为了当之无愧的"证据之王"，也使得"重口供轻证据"的司法观念源远流长。仔细分析，笔者在第四章论述到的两个方面的司法不诚信表现均根源于这一错误的司法观念：一是侦查机关刑讯逼供行为屡禁不止，而检察机关和法院在证据审查和审判中往往对这一涉及证据能力的关键问题刻意回避，使得刑讯逼供得来的口供堂而皇之地成为了定案的根据，进而引发冤假错案的发生；二是侦查机关过分倚重口供，导致侦查技能下降，工作作风慵懒，对物证等其他证据无力取证或怠于取证，错失取证良机，进而对案件的证明和审判产生消极影响。

5. 重司法秘密轻司法公开

长期以来，中国的司法界存在着某种神秘化倾向：办案习惯于秘密进行，不愿或不肯接受外界的介入，不认真听取各方意见，不尊重律师的辩护活动，裁判文书不公开且不说理……这些做法的存在根源于司法人员重司法秘密轻司法公开的陈旧观念。笔者在第四章中列举了司法公开性缺失的种种表现，这些表现犹如一面镜子，能够清晰地映射出司法人员高高在上的衙门作风和官员心态，没有站在公众的立场，真心解决问题，诚心接受监督，而是蒙蔽甚至愚弄公众，特别是一些司法人员在全国影响重大的案件中仍然固执地推行着司法神秘化，不仅伤害了当事人和公众的知情权，而且伤害了司法本身的声誉和权威。实践中，大量的案例已经证明，司法神秘化是滋生司法腐败的温床，不公开、不透明的司法运作过程可以隐藏太多的黑暗，一些人因此拥有了要特权的理由和机会，大办人情案、关系案、金钱案，进而使公众对司法诚信的评价大大降低。

以上五个落后的司法观念构成中国法治前行道路上的拦路虎，亦成为诚信司法的致命阻力。观念的问题不解决,再好的制度设计都无济于事。2012年《刑事诉讼法》修改取得的制度创新成果有目共睹,但欲使制度得到有效的施行,司法人员必须首先冲破落后观念的樊篱,在思想上牢固树立现代刑事司法观念并使之成为行动的指南。

二、外因分析——基于司法外部环境的分析

司法诚信遭遇"滑铁卢",司法本身固然难辞其咎,但我们也应该看到一些外在的客观原因。论述这些原因看似为司法机关开脱,却能够揭示司法诚信缺失更深层次的影响因素。

(一) 基于社会发展的分析

改革开放以来,中国社会在政治、经济、文化、生态等方面均发生了天翻地覆的变化。当前,我国正处于社会转型的关键时期,经济体制深刻变革、社会结构深刻变动、思想观念深刻变化,社会矛盾高发、多发、频发。特别是随着市场经济的推进,中国社会的利益格局深刻调整,利益关系从统和走向分解,利益平均化的态势被逐渐打破,利益主体呈现出多元化趋势,新的利益阶层不断出现。笔者认为,社会的巨大发展变化给实现司法诚信带来的影响不可低估,这可以从两个层次循序渐进地加以论证。

1. 社会的发展变化给刑事立法和司法带来的影响

作为对现实社会关系的一种反映,任何法律都必然要随着社会的变化发展而不断修订完善。唯有适时稳定或适时变动,才能使法律符合社会关系的现状与发展,真正维护法律的权威。因此,社会的发展变化给立法带来了新的要求和挑战,而立法的变化又必然给司法带来影响,因为司法需要不断地适应变化了的法律,以实现司法公正。对刑事立法和司法而言,无论是罪与非罪的变化还是定罪量刑标准的变化都反映了社会发展变迁对法律的影响。

(1) 社会的发展变化带来罪与非罪的变化。罪与非罪的变化主要体现在两个方面:

第一,罪名从有到无。比如"投机倒把罪"。投机倒把是计划经济的产

物,主要指一些人凭借手中的权力,通过计划或者走后门,搞到平价的紧俏产品,然后囤积居奇、翻手倒卖,经过环环转手,层层加码,最后以较高价格卖给最终使用者或者消费者,发公众之财。在计划经济向市场经济转型初期,"投机倒把"一度成为刑事司法中的专业术语。不仅 1979 年《刑法》中明确规定了"投机倒把罪",1987 年国务院还专门出台了《投机倒把行政处罚暂行条例》的行政法规。而随着市场经济的繁荣发展,产品和服务的生产及销售完全由自由市场的自由价格机制所引导,投机倒把行为的土壤基本不复存在。1997 年,"投机倒把罪"正式从刑法中隐退,被分解为非法经营罪、倒卖文物罪、非法转让、倒卖土地使用权罪等新罪名。又过了 11 年,国务院宣布《投机倒把行政处罚暂行条例》失效,官方公布的理由是,"调整对象已消失,实际上已经失效"。[①] 可见,"投机倒把罪"从出现走向消亡,根本的决定因素是 30 年来中国经济社会的历史变迁。

第二,罪名从无到有。比如"金融犯罪"。金融犯罪也是改革时期的产物。1979 年《刑法》仅将伪造国家货币罪、贩运伪造的国家货币罪等几类行为纳入其中进行规范;1978 年开始的改革开放带来社会经济的巨大变化,为了应对这种变化,国家先后制定出《关于严惩严重破坏经济犯罪的决定》《关于惩治走私犯罪的补充规定》《关于惩治违反公司法犯罪的决定》《关于惩治破坏金融秩序犯罪的决定》等文件,以单行刑法的方式规定了金融犯罪,并具体规定了伪造、变造货币罪,擅自设立金融机构罪,非法吸收公众存款罪,集资诈骗罪等一系列罪名;在此基础上,1997 年《刑法》将原有的金融犯罪进行了系统归纳,新增了高利转贷罪,内幕交易、泄露内幕信息罪,编造并传播证券交易虚假信息罪,诱骗投资者买卖证券罪和操纵证券交易价格罪,洗钱罪,有价证券诈骗罪等[②];随着改革开放的推进和市场经济的进一步发展,特别是我国进入入世后的新旧体制转轨时期,利益格局重新分配,经济活动日渐活跃,金融犯罪种类激增,刑事立法也相应地作出调整,国家颁布的 9 个《刑法修正案》不断修订关于维护金融市场秩序、预防并打击金融犯罪方面的罪名条款,对期货犯罪等一系列新型犯罪进行规范。可见,金融市场大发展的潮流和金融体制改革促使金融犯罪的立法不断完善和丰富,

---

[①] 杜海英:《刑法"罪名变迁"见证经济发展历程》,载《山东法制报》2009 年 9 月 16 日。
[②] 同上。

也使得司法的打击力度得以不断加强。

(2) 社会的发展变化引起定罪量刑标准的变化。由于社会的不断发展,有些犯罪虽然罪名没变,但是社会危害性的内涵却发生了变化,由此带来定罪量刑标准的改变。最为典型的是盗窃罪。盗窃罪属于侵犯财产类的犯罪,盗窃数额对社会危害性的认定具有决定性的意义。1984年,盗窃罪的立案标准仅为 200—300 元①,这反映出当时人们的物质生活极为匮乏,财富有限;随着经济的发展和人民财富的增加,到了 1992 年,盗窃罪的立案标准被提升至 300—500 元②;到了 1998 年,盗窃罪的立案标准进一步提升至 500—2000 元。③ 2013 年实施至今的最高人民法院、最高人民检察院《关于办理盗窃刑事案件适用法律若干问题的解释》对盗窃公私财物"数额较大""数额巨大""数额特别巨大"的标准规定为"1000 元至 3000 元以上""30000 元至 100000 元以上""300000 元至 500000 元以上",并规定各省、自治区、直辖市高级人民法院、人民检察院可以根据本地经济发展状况,并考虑社会治安状况,在规定的数额幅度内,确定本地区执行的具体数额标准。显然,三十多年来盗窃罪定罪量刑标准的变化折射的是中国社会经济的发展和人民生活水平的提高,而这种标准还在随着社会的发展不断的发生变化。

---

① 1984 年最高人民法院、最高人民检察院《关于当前办理盗窃案件中具体应用法律的若干问题的解答》对 1979 年《刑法》中如何认定盗窃财物"数额较大""数额巨大"的司法解释中规定:个人盗窃公私财物,一般可以 200—300 元为"数额较大"的起点;少数经济发展较快的地区,可以提到 400 元为起点。个人盗窃粮食,一般可以 1000—1500 斤为"数额较大"的起点。个人盗窃公私财物,一般可以 2000—3000 元为"数额巨大"的起点;少数经济发展较快的地区,可以提到 4000 元为起点。个人盗窃粮食,一般可以 10000—15000 斤为"数额巨大"的起点。

② 最高人民法院、最高人民检察院《关于办理盗窃案件具体应用法律的若干问题的解释》关于"数额较大""数额巨大""数额特别巨大"作出了新的规定:个人盗窃公私财物"数额较大",一般可以 300—500 元为起点;少数经济发展较快的地区,可以 600 元为起点。个人盗窃公私财物"数额巨大",一般可以 3000—5000 元为起点;少数经济发展较快的地区,可以 6000 元为起点。个人盗窃公私财物"数额特别巨大",一般可以 20000—30000 元为起点;少数经济发展较快的地区,可以 40000 元为起点。

③ 1998 年实施的最高人民法院《关于审理盗窃案件具体应用法律若干问题的解释》对盗窃公私财物"数额较大""数额巨大""数额特别巨大"的标准规定为:个人盗窃公私财物价值人民币 500 元至 2000 元以上的,为"数额较大";个人盗窃公私财物价值人民币 5000 元至 20000 元以上的,为"数额巨大";个人盗窃公私财物价值人民币 30000 元至 100000 元以上的,为"数额特别巨大"。同时还规定各省、自治区、直辖市高级人民法院、人民检察院,可根据本地经济发展状况,并考虑社会治安情况,会同公安厅(局)和有关部门,参照上列数额意见,提出认定本地区当前盗窃公私财物数额较大、数额巨大起点的适当数额。据此规定,北京市将盗窃公私财物"数额较大""数额巨大""数额特别巨大"标准分别定为 1000 元、10000 元、60000 元。

社会的发展变化不仅导致刑法的变化,也给刑事诉讼法带来了影响。2012年《刑事诉讼法》的出台16年磨一剑,许多新的理念和制度都体现了16年来社会的巨大发展变化。尊重和保障人权写入总则体现了法律对经济社会发展和民主法治建设进程的适应性调整,这一理念在证据制度、强制措施、辩护制度、侦查措施、审判程序、执行规定、特别程序等7个方面的法条增修中都有明显的体现。同步录音录像、电子证据、技术侦查等方面的新规定更为鲜明地体现了经济的发展和科技的进步,这些变化折射的都是社会的发展变迁。

2. 刑事立法和司法的变化给实现司法诚信带来的影响

刑事立法和司法的变化给实现司法诚信带来的影响主要表现在三个方面:

(1) 法律对社会的适应性改变具有滞后性,影响了司法诚信的实现。无论立法如何改变,它总是在总结以往,而司法须面对当前。对已往的总结永远具有滞后性,因为现实生活中新的问题总是层出不穷。比如,《刑法修正案(八)》的出台刚刚实现"醉驾入刑",有关"毒驾入刑"的讨论又高涨起来。据统计,2011年见诸公开报道的毒驾事例就达250件,而且情节基本相仿,都是司机在发生交通事故后受到醉酒检测被否定,尔后却在车厢内发现了携带有毒品。虽然造成严重后果的肇事司机也依法受到了处罚,但却没能如同醉驾、飙车那样,在没有造成损害后果的情况下,也防患于未然般地受到刑罚的制裁。① 公安部禁毒局的一项数据显示,2014年,全国公安机关在机动车上查获吸毒人员1.9万次(包括已造成和未造成交通事故的嫌疑人),同比增长99.4%。② 同样造成严重的安全隐患,但司法无法给予同样对待,立法的滞后性导致公众对司法的公平公正产生质疑。尤为值得一提的是,科技的发展对刑事立法的前瞻性提出了更高的要求,但立法却很难跟上科技发展的步伐。在无线通信、计算机网络、电子商务活动等领域中,犯罪方式花样翻新,立法的滞后和薄弱也更加凸显。当司法机关应对新的问题时失去了立法的支撑,标准的不统一成为必然,这自然会影响公众对司

---

① 《晚报发言:毒驾入刑之路还有多远》,载《新闻晚报》2012年6月26日。
② 龚少春:《"毒驾"已严重威胁公共安全》,载 http://jiangxi.jxnews.com.cn/system/2015/03/04/013653248.shtml,最后访问时间:2016年7月27日。

法诚信的评价。

（2）法律变化带来的负面效应影响了司法诚信的实现。虽然为了适应实践发展的需要，法律的变化不可避免，但这种变化无疑给司法诚信的实现带来了严峻的挑战，因为公众对司法诚信的评价是建立在司法保持稳定、定罪量刑标准统一的前提之下的。换句话说，如果针对同一种行为，罪与非罪、量刑轻重始终处于变化之中，公众就会认为司法"不靠谱""靠不住"，觉得司法反复无常，毫无公正可言，进而造成对司法信任度的减损。公众需要依靠确定的法律作出行为选择并预期行为的后果，而且需要通过具体的个案判决完成对预期的验证。法律的变化所带来的司法的改变无疑破坏了公众的预期，间接地导致公众安全感与稳定感的逐步丧失，进而使法律权威受损。不了解立法变化及原因的公众会把所有的怨气都撒到司法机关身上，把所有的问题都归因于司法不公甚至司法腐败。特别是发生在法律变化临界点的案例，可能昨天是犯罪，今天就不是了，昨天是一种判罚，今天就发生变化了，这给公众特别是当事人带来的冲击无疑是剧烈的，自然会影响其对司法诚信的评价。尤为令人忧虑的是，在当下，大量相关部门选择牺牲法律稳定性实现其适应性调整，服务于民的法律规范在不断发展的过程中亦不断地加剧着公众的不安全感，也极大地增加了司法的压力①，使得司法诚信的实现变得更加艰难。

（3）法律变化给司法人员带来的挑战使得司法诚信的实现充满变数。立法的每一次进步，都是对执法者和司法者的一次全新挑战，这种挑战不仅体现在对新法条的理解和适用上，还体现在司法理念和司法行为的改变上。例如，2012年《刑事诉讼法》出台后，公安机关就需要立即改变"口供至上"的传统观念，更加注重物证的收集，彻底杜绝刑讯逼供；检察机关、审判机关也都面临许多司法理念、操作程序、习惯做法的更新和改变。而固有思维和行为习惯的改变往往需要一个过程，如果司法人员不能及时地作出适应性调整，便会与法律的规定相背离，从而导致公众对司法诚信评价的降低。除此之外，外在条件的限制也可能使得新规定的实施无法一步到位。比如，

---

① 从某种意义上讲，司法机关和司法人员需要承受立法变化所带来的压力。法律的不稳定使得民众对司法公正有了更多的期待，对司法有效化解矛盾纠纷、维护公民权利和尊严、保障社会公平正义的要求更加强烈，因此，司法机关办案的任务越来越重、难度越来越大。

2012年《刑事诉讼法》第121条规定："侦查人员在讯问犯罪嫌疑人的时候，可以对讯问过程进行录音或者录像；对于可能判处无期徒刑、死刑的案件或者其他重大犯罪案件，应当对讯问过程进行录音或者录像。录音或者录像应当全程进行，保持完整性。"但是在一些贫困落后地区，硬件设施、操作技术、干警素质均与同步录音录像的高要求存在差距，很可能出现司法人员无法及时适应法律变化，司法行为出现瑕疵的局面，进而使司法诚信的实现具有不确定性。

(二) 基于政治体制的分析

从政治体制看，我国实行的是人民代表大会制度。由全国人民代表大会统一行使国家权力，"一府两院"由全国人大产生，对全国人大负责，受全国人大监督。"一府"指人民政府，"两院"指人民法院、人民检察院。人民代表大会是代表人民行使国家权力的机关，行使立法、重大事项决定、选举和任免、监督等国家权力。人民代表大会制定的法律、作出的决定，"一府两院"必须执行。"一府两院"必须依法对人民代表大会负责并报告工作，接受人大的监督。人民代表大会与"一府两院"虽然职责不同、分工不同，但都在中国共产党领导下、在各自职权范围内贯彻落实党的路线方针政策和宪法法律，为建设和发展中国特色社会主义服务。

总体上讲，人民代表大会制度符合我国国情，但也存在一些问题，这种政治体制在实际运作中呈现出的问题在某种程度上阻碍了司法诚信的实现。具体说来有两点表现：

1. 人民法院、人民检察院对地方政府的依附性对司法权独立行使具有不良影响

自新中国成立以来，司法机关的领导体制虽几经变动，但我国法院、检察院的设置基本上还是走行政区划的老路子，司法工作行政化现象极为明显，政治组织在各级政府层次上仍可以通过人事调配权、物质分配权、宏观决策权、案件的调查和讨论权等干预司法。在我国的司法管理体制中，根据党管干部的原则和审判员、检察员的任免须由同级人大产生的法律规定，注定了从地方各级法院院长、副院长，检察院检察长、副检察长，到一般审判员、检察员的任用提拔，均须由同级党委和院党组考察同意后提交本级人大

选举或本级人大常委会任命。基于此,在司法活动中,各级法官、检察官都不能不考虑当地党政领导的指示意见。另外,根据政府统管财政的体制,使得地方各级法院、检察院受制于本级政府的预算管理,现实地把国家的司法权地方化,由此也导致了本应独立行使审判权、检察权的各级法院、检察院的实际运行也像地方的一个党政部门一样出现"运行行政化"。[①] 这种和地方在"人、财、物"等诸多利益环节上无法割舍的"制度联系"导致司法的行政化、区域化和地方化,使得地方保护主义、部门保护主义成为无法自我克服的体制性通病,司法权难以独立运行,这给司法诚信的实现带来重重困境。

司法独立是司法的应有之义,也是实现司法诚信的前提条件。近年来,一系列冤假错案的曝光令司法机关陷入一场前所未有的信任危机,公众对司法人员自由裁量权的运用以及独立办案的司法素质产生置疑,甚至从对个别司法机关和司法人员的不信任转向对整个司法体制的不信任,从寻求司法独立转向寻求司法人员自身腐败的破解之道。由此在社会认识上造成一个重大恶果,即社会对中国司法独立的呼声越来越弱,甚至产生一种逆流之势,呼吁限制司法机关与司法人员的权力。笔者认为,治理司法腐败固然重要,但司法信任危机的发生绝不只是司法人员个人素质的问题,也不是司法机关权力过大的问题,根本上还是司法权不能独立行使的问题。权力过大与权力独立是两个完全不相干的概念。权力大并不意味着权力独立自主,反之,权力独立也不意味着权力没有约束。没有自主权的权力,可以不独立承担所有责任,在使用过程中反而会因为缺乏谨慎的自律性而滥用或臼用,而独立自主的权力反倒因权力与责任的统一而促使权力单位自持自律。因此,司法独立是破解司法信任危机、提高司法公信力和司法诚信评价的关键所在。

然而,现有的政治体制使得司法机关难以摆脱对地方政府的依附,导致司法权与行政权难以平起平坐。从理论上看,行政权与司法权在国家权力体系中应当处于相互平等、相互制衡的地位,不存在谁优位的问题。但现实生活中,行政机关权力滥用的现象日趋严重,行政权置司法权于不顾、甚至恣意干预司法的案例屡见不鲜。久而久之,公众会认为司法机关只是政府

[①] 左德起:《司法诚信问题刍议》,载《保定学院学报》2012年第2期。

的"附属机构",认为只有政府说了才算,于是选择"信权不信法""信访不信法"。而在一些个案中,幸运的上访者可能由于得到了某位领导的关注使得案件结局发生了惊天的逆转,这样的"偶然"更使得司法的权威性丧失殆尽。在今天这样一个网络时代,"偶然"的效应很可能一夜之间在公众中迅速扩散,进而使司法的诚信在网络的推波助澜下更快沦陷,人们似乎更愿意习惯性地将法律惩治上的无能统统装入"司法腐败"的口袋之中,使正常的法律冲突也沦为腐败的结果,如此一来,便将司法诚信推入了一个无法提升的怪圈。

2. 缺乏有效的监督力量导致司法权滥用或怠用

总体上看,我国现有的政治体制比较重视对国家权力的分工,强调机构的分离和职权的划分,却缺少对权力的有效监督。对于司法权的行使而言,现有政治体制中有三种监督力量,但都无法充分地发挥作用。

(1) 人大的监督总体悬置,个体欠妥。我国《宪法》明确规定人大有权监督同级法院的工作,并列举了监督的途径和方式:一是法律监督,国家立法机关通过制定法律、法规,确定司法机关行为的法律责任,从而监督约束司法机关;二是通过代表视察和人大开会期间对法院、检察院工作报告的审议,对司法机关工作成效进行监督;三是通过对法官、检察官的任免,实现对司法工作的监督;四是依照法定程序提出质询案,对司法工作进行监督;五是成立调查委员会,通过对特定问题的调查,对司法工作进行监督。应该说《宪法》的规定是比较全面的,但是目前人大的监督主要局限于审议"一府两院"的工作报告,缺乏经常性、全面性、制度化的监督渠道。由于《宪法》的规定未能实现制度化、细则化,一定程度上导致了权力机关对司法机关监督悬置。近几年,人大运用了一种新的监督与制约方式,即个案监督。但这种监督方式受到了诸多质疑,因为目前的个案监督是在没有法律依据的情况下进行的,缺乏制度性的约束,稍有不慎就有可能沦为对司法的干涉。

(2) 党的监督不够专业化,收效甚微。中国共产党作为执政党,是中国社会主义事业的领导核心。坚持党的领导是人民法院、人民检察院依法独立行使职权的根本保证,这一点已经在《宪法》中得到确认。党对司法机关及其工作人员的监督主要表现在政策监督、思想监督与组织监督上,人民法院、人民检察院必须在司法工作中自觉地贯彻党的路线、方针、政策,在办案中依靠党的领导和监督。在我国现有的政治体制中,党对司法机关的领导和监督主要由各级党委政法委员会来具体落实和实现。但是,政法委作为党对司法机关进行监督的一个具体部门,常常面临"不够专业化"的质疑。一些政法委的领导及其成员法律素养不高甚至不懂法,致使政法委的监督职能难以得到专业化的履行,造成外行领导内行的尴尬局面。赵作海冤案曝光后,有记者采访当年主持公、检、法三机关协调会的商丘市委政法委书记王师灿,王师灿在接受采访时表示:"我平时都不问案件,我不是学法律的,我学煤矿和矿山机电。"[①]但正是这个法律外行领导了内行,并左右了案件的走向。在许多已经曝光的冤假错案中,都有政法委的不当协调甚至"拍板",这样的"监督"不仅收效甚微,也严重阻碍了司法的独立行使。

(3)人民检察院的监督过于抽象,效果欠佳。在我国"一府两院"的权力机构设置体系中,人民检察院是专门的法律监督机关,有义务对法律的执行和遵守情况全面监督,从而维护国家法律统一、正确的实施。具体到刑事诉讼中,人民检察院有权对法院的审判活动,公安机关的立案、侦查活动,看守所和监狱等机关的执法活动进行全面的监督,这一点在《宪法》和《刑事诉讼法》中均有明确规定。但是长期以来,实施法律监督,总是停留在一种抽象的规定、抽象的提法上,并没有具体的法律措施和具体的实施方案,理论界和实务部门把这种状况概括为"抽象监督"。[②] 司法实践中,一些检察机关的法律监督意识和能力不强,存在不敢监督、不善监督、监督不到位等现象,佘祥林、赵作海等一系列冤假错案和"躲猫猫"等一系列看守所、审讯室非正常死亡事件的发生更凸显了检察机关监督不力。此外,检察机关自身的司法活动缺乏有效的外部监督,引发了"谁来监督监督者"的广泛质疑,进一步制约了其自身监督职能的有效发挥。

可见,现有政治体制中的三种监督力量都未能有效地制约司法权的行使,纵容了司法权的滥用和怠用,制约了司法诚信的实现。

(三)基于公众的分析

虽然司法诚信本质上是一种国家诚信,强调的是司法机关自身的诚信建设,但对司法诚信问题的研究却离不开对公众的分析,司法诚信与公众的

---

① 《赵作海不满凌晨两点签协议 再索65万精神赔偿》,载《华商报》2010年5月15日。
② 樊崇义:《监督与自身监督 二者缺一不可》,载《检察日报》2012年8月8日。

紧密关系源自两个方面：一是司法诚信的实现离不开公众良好的法律意识，二是司法诚信无时无刻不在接受公众的评判。因此，公众在这两个方面的表现既决定着司法诚信能否实现，也左右着司法诚信能否得到客观、理性的评判。仔细分析，公众在这两个方面的表现均不尽如人意。

1. 公众法律意识的缺失影响司法诚信的实现

近年来，我国公民权利意识的觉醒成为一个醒目的社会现象，毫无疑问，这是公众法律意识提高的重要表现。法律意识首先是一种权利意识，如果没有个人的权利和自由，社会就会失去价值和活力。但同时权利主体对自身权利的行使并非毫无限制，个人的权利必须以公共正义和他人权利为边界，唯此，个人自由才不会演变为任性妄为。因此，法律意识不仅仅是一种权利意识，还是一种守法意识。而在当今中国，权利意识的膨胀与守法意识的滞后形成鲜明对照，这正是公众法律意识欠缺的症结所在。一些公众将法律意识片面地等同于维权意识，却忘却了维权目的的实现依赖于法律的遵守。实践中，由于当事人的不守法行为，导致权利最终无法得到法律救济的情况不在少数。

守法意识的形成与法律信仰的确立紧密相连。重守法、立良法、正司法、严执法共同构成法律信仰的四根支柱。法律信仰是主体和客体的辩证统一，如果把"法律"看作法律信仰的客体，那么法律信仰的主体无疑应当是人，不仅包括立法者、司法者、执法者，还包括数量众多的守法者。① 当然，立法者、司法者、执法者更应该成为遵守法律的表率。"执行法律的人如果变成扼杀法律的人，正如医生扼杀病人，监护人绞杀被监护人，乃是天下第一等罪恶。"② 因此，守法是一个普遍的要求。如果一个社会大多数人都没有形成守法的习惯，便意味着这个社会缺乏法律信仰的支撑，法治的实现将是一个遥不可及的梦想。而中国社会"重人治、轻法治""重权力、轻权利"的历史传统使得公众守法意识的养成颇为艰难，刑事诉讼中司空见惯的证人不出庭，证人、鉴定人作伪证即是明证。司法者带头不守法的现象也颇值得关注，一些司法人员滥用权力、以权谋私、制定潜规则，似乎在给公众树立一个"另类"的榜样，这些不守法行为严重阻碍了司法诚信的实现。就整个社会

---

① 赵天宝：《法律信仰的四根支柱》，载《检察日报》2012年3月22日。
② 耶林语。转引自田成有：《法信仰——中国法律的困境与出路》，载《思想战线》1998年增刊。

而言,守法意识的缺失导致公众缺乏对他人权利的尊重,对社会公益的维护缺乏必要的关怀,这是中国今日各行各业缺乏诚信文化、遭遇诚信危机的根源所在,在这样的社会环境中,司法诚信的实现无疑更加艰难。

2. 公众观念、视角与思维的局限影响了其对司法诚信的客观评价

笔者在第四章列举了诸多司法不诚信的现象,得出了刑事诉讼领域的司法诚信缺失的结论。需要指出的是,无论是现象的梳理还是结论的得出均是建立在充分考察公众对司法的感受的基础之上,因此,探究司法诚信缺失的原因,离不开对公众法治观念、评价视角和思维方式的分析评断。笔者认为,下列问题的存在影响了公众对司法诚信的客观判断:

(1) 公众对司法的期望值过高。司法不是万能的。一些当事人及部分社会公众对司法的期望值过高,赋予了司法过多的使命,而当司法不能满足自己的期望时,便对司法失去信任。实际上,司法不仅不是万能的,甚至不是化解矛盾的主要方法。法律的出现在一定层面上起到了定分止争的作用,但它并没有也不可能平息存在于人与人之间的追名逐利,更不能担当起拯救人性的责任。所以,将社会价值失衡和人性衰落的罪过强加于法律是对法律的不公平,将拯救社会价值失衡和拯救人性衰落的重任交由法律无异于抱薪救火,法律最多只是人们定分止争时需要的一柄剑。① 对刑事司法而言,一些公众缺乏对刑事司法规律与司法理念的了解,不理解刑事诉讼打击犯罪与保障人权的双重目的,对司法预期过高,随意得出司法不公的结论,盲目地对司法失去信任,公众对司法不正当的期待难免使其对司法诚信的评价有失理性。

(2) 公众对司法公正的评价视角有失偏颇。一些公众对司法公正的判断依据的是司法是否满足自己的"利益要求",满足了就是公正的司法,反之,就认为司法不公。特别是当事人,其置身于案件之中,与裁判结果有切身利害关系,一般都自恃有理,贪急求快。一旦判决结果与自己的利益要求相左,便给法院扣上"司法腐败"的帽子。公众容易忽略的一点是,在司法过程中,任何"公正"的法律都不可避免地面对利益冲突,法官作出的任何一项裁判,都必须是对一个具体利益的肯定和对另一个具体利益的否定。特

---

① 韦艳艳:《浅谈人民法院如何提升司法公信力》,载 http://texfy.chinacourt.org/public/detail.php?id=664,最后访问时间:2016年7月28日。

别是在刑事案件中,被害人与被告人的利益针锋相对、水火不容,利益冲突表现得更为尖锐。如果仅仅站在各自的利益视角,必有一方得出司法不公的判断,但这样的评价视角显然有失偏颇。因此,司法不公除了事实上的不公之外,还有一种"观念上的不公",即裁判本身是公正的,但由于当事人的误解或者猜疑而产生的司法不公的主观判断。

(3)公众的思维方式过于感性。相比于法官的规则思维、理性思维,公众的思维更趋向于道德思维、感性思维。法律思维以事实与规则认定为中心,要求法官首先服从规则而不是首先听从情感,只能在法律规则的范围内,在法律术语的承载下谨慎地对待情感。而道德思维是一种以善恶评价为中心的思维活动,往往将复杂的刑事案件简化为"是与非""对与错"的价值判断。这种思维方式使得公众容易对一个正常的司法判决作出过于情绪化的判断。2008年发生的一个案例十分典型:成都一男子李某夜里趁邻居刘某丈夫不在家,翻墙进入其院中。当他准备进入客厅时,发现刘正在看电视,于是爬上院中的一棵树"窥视",在树上度过4个多小时后,突遇电闪雷鸣,李某被发现,随后逃回家中。次日,李某被民警带走,交代说:"我爬上树,确实想强奸她。"法院以强奸罪判处李某有期徒刑1年,缓刑1年。在这起案件中,法律专家与公众意见完全断裂了,甚至是截然相反。法律界人士普遍认为,犯罪人有主观方面的故意,也实施了"预备犯罪"的行为,这个判决不存在任何问题。但公众却不这样看,联系到一年前的"习水性侵犯案",特别是那起案件的当事人是公职人员,而本案的当事人是普通公民,网民便质问开了:集体下手叫嫖宿,树上偷窥叫强奸?① 甚至将之定性为司法人员的选择性执法与选择性判案,质疑司法人员的专业素养和能力。可见,公众过于感性化的思维方式影响了其对司法的理性判断,在情理与法理的较量中,公众对情理格外偏爱,却往往没能正视法治进程的进展艰难与情理的难以撼动之间,其实存在着深刻的关联。尤为令人忧虑的是,非理性的言论在网络的发酵下很有可能成为"群体极化"②现象的导火索,使得舆论监督不仅没能发挥促进司法公正的功能,反而影响了司法权的正确行使,造成所谓的"舆论判案"。

---

① 杨涛:《从"偷窥被判强奸案"看法律理性与自然理性》,载《北京青年报》2009年4月18日。
② 在一个组织群体中,个人决策因为受到群体的影响,容易作出比独自一人决策时,更极端的决定,这个社会现象,被称为群体极化。

第六章　刑事诉讼领域的司法诚信问题的解决对策

刑事诉讼领域的司法诚信问题既是司法机关自身的问题,也是社会问题在刑事司法中的反映。司法诚信的实现既受到司法环境内在因素的制约,也受到外在客观原因的影响。因此,欲改变司法诚信不佳的现状,重塑司法机关的诚信形象,首先要对司法诚信问题有一个理性、客观的认识态度,同时要站在内外因的综合视角,从观念和行动两个方面去探寻解决对策。

一、端正态度,客观全面看待刑事诉讼领域的司法诚信问题

对刑事诉讼领域的司法诚信问题应有的态度是:客观全面看待司法诚信问题,认识到解决司法诚信问题的重要性和紧迫性,把司法诚信建设视作一个系统工程。

(一) 客观看待司法诚信问题

笔者在第五章第二节详细论述了刑事立法和司法的变化给实现司法诚信带来的影响。一方面,法律的滞后性使得司法机关难以应对新的问题,导致法律惩治上的无能、保护上的不力。因此,立法应该努力跟上社会发展

的步伐。另一方面,法律的变化又容易造成公众安全感与稳定感的下降,使司法招致公众的误解和批评。因此,立法应该保持必要的稳定。稳定与变化既是法律科学所隐含的悖论,同时又共同构建了法律科学的成长机制。但对司法而言,法律变与不变都给司法诚信的实现带来挑战,这也佐证了一个判断:"立法易,司法难"。

"一个变动中的社会,所有的规则是不能不变动的。环境改变了,相互权利不能不跟着改变。事实上没有两个案子的环境完全相同,所以个人的权利应当怎样厘定,时常成为问题,因之构成诉讼。变与不变的矛盾,过去与今天,今天和未来的矛盾,只能通过诉讼——今天和未来的司法得到解决。也就是说,法律交给法官的,从本质上就是矛盾、就是难题。法官必须在个案的司法活动中,完成'既成'——法律与'现实'——今天的问题的统一与和谐,作出裁判,实现法的要义,这本身就是一个困难的认识、判断、裁判的过程。有了结果,首先要让当事人服判,甚至'满意',继而还必须让社会认为法官的裁判公正。司法容易做到,甚至能够做到吗?"① 最高人民法院副院长张军的这段话清晰而深刻地论述了司法的艰难。正因如此,客观看待司法诚信问题具有格外重要的意义。

客观看待司法诚信问题有两点要求:

1. 正视司法诚信问题产生的必然性

社会发展变化不断地对法治提出新要求,法治适应社会发展的要求总是呈现出一个不适应——调适后的基本适应——不适应这样一个循环往复的变化轨迹。因此,在当今社会急剧变革的环境下,社会飞速发展对实现司法诚信所带来的影响不可小觑。可见,司法诚信问题的存在在发展中国家是不可避免的,个别时期甚至会出现司法诚信危机的情况。我们要在中国社会变革的大背景下把握法治建设的艰难,把握司法诚信问题。

2. 正视司法诚信可能永远无法完全实现的现实

这一判断基于两点论据:(1)司法诚信问题不仅是司法自身的问题,也是社会问题在司法中的折射。司法自身的问题通过努力或许可以解决,但社会问题会随着社会的发展变化不断地涌现,从而给司法提出新的要求和

---

① 张军:《何以立法易,司法难》,载 http://www.110.com/ziliao/article-219089.html,最后访问时间:2015 年 9 月 19 日。

挑战,而发展中的问题只能依靠发展来解决。因此,可以预见的是,公众对司法诚信的质疑永远无法完全消除。(2)司法的艰难注定了司法诚信难以完全实现。如同人们无法给司法公正确定一个明确的定义和标准一样,司法诚信也具有多种评价维度,呈现出多样的面孔。因此,无论司法人员再怎么努力,也只能相对趋近于理想目标,却永远无法完全实现。

(二)要认识到解决司法诚信问题的重要性和紧迫性

既然司法诚信的理想目标永远无法完全实现,刑事诉讼领域的司法诚信问题永远无法完全根除,我们还有必要为了求解一道注定没有完美结果的难题而绞尽脑汁吗?答案当然是肯定的。不仅要努力解决,而且要认识到解决问题的重要性和紧迫性。

司法诚信关涉依法治国方略的实现。司法诚信问题能够在多大程度上得到解决,不仅关系到司法机关诚信形象的确立,也决定着公众对法律和司法的信任程度。公正的法律并不能保证法律的公正,制定出来的良法必须依靠有序的程序和操作程序的人才能在现实生活中发挥必要的作用。人们相信法律可以保障他们的生活安定有序的前提是相信这套法律能够被公正的运用,而刑事司法的运作过程直接关系到与人们的自由甚至生命相关的法律能否真正发挥惩恶扬善的作用,这种作用的发挥很大程度上依赖于司法机关和司法人员的诚信品行。可以说,刑事司法诚信实现的程度越高,公众对刑事司法的信任度就越高,当冲突出现的时候选择法律途径的可能性就越大。反之,如果刑事司法自身失去了诚信的品质,公众就会越来越怀疑刑事司法的可信度,冲突出现时就会选择其他途径或者自行解决。当这种情况出现时,统一的规则就会被抛在脑后,守法的习惯将难以养成,造成的结果就是法律被架空,无人问津。当人们由于对刑事司法的不信任而导致对法律的漠视时,法治的基础也相应地被推翻。因此,司法诚信是建立法治社会的基础和前提,我们绝不能因为无法实现完美的目标而停止追求司法诚信的脚步。

刑事诉讼领域的司法不诚信问题在花样翻新的涌现。笔者在第四章论述的司法不诚信现象几乎涵盖了刑事诉讼的各个阶段,涉及刑事诉讼中的所有机关,这导致刑事司法领域正在遭遇一场前所未有的信任危机,这种状况必须引起我们的警惕。一份关于司法公信力的调查数据显示：在2226个被调查的人中，对我国现行司法制度满意的仅占29.6%，尚不及被调查者人数的1/3，超过60%的被调查者对现行司法制度及其运作并不感到满意，认为司法公正问题比较严重的人超过了被调查者的半数以上，占到了57.4%。[①] 这些调查数据表明，公众对司法的不信任感十分严重，甚至正在泛化成一种较为普遍的社会心理。很显然，司法信任危机的警钟已然敲响，这种危急的局面急需得到扭转。欲重新赢得公众的信赖，司法机关必须认识到加强自身诚信建设的紧迫性，从今天开始改变，刻不容缓。

（三）要认识到司法诚信建设是一个系统工程

诚信是一个与社会文化、政治经济紧密相连的系统工程。一方面是观念、意识、文化价值观的问题，另一方面是环境、规则、制度的建立问题。司法诚信也是如此。笔者在第五章论述了司法诚信缺失内、外两方面的原因，失信现象的复杂成因决定了司法诚信建设必然是一个系统工程。解决司法诚信问题不能仅仅局限于司法自身，还应把研究视野投向司法之外的广阔社会。

司法诚信问题的研究要坚持系统论的基本思想方法。系统论的核心思想是系统的整体观念。贝塔朗菲强调，任何系统都是一个有机的整体，它不是各个部分的机械组合或简单相加，系统的整体功能是各要素在孤立状态下所没有的性质。系统中各要素不是孤立地存在着，每个要素在系统中都处于一定的位置上，起着特定的作用。系统是普遍存在的，系统观念正渗透到每个领域。系统论反映了现代社会生活的复杂性和现代科学发展的趋势，不仅为现代科学的发展提供了理论和方法，而且也为解决现代社会中的政治、经济、法律、军事、科学、文化等方面的各种复杂问题提供了方法论的基础。当传统分析方法束手无策的时候，系统分析方法往往能站在时代前列，高屋建瓴、综观全局、别开生面地为现代复杂问题的解决提供有效的思维方式。

运用系统论的方法，我们需要把司法诚信问题看作一个系统，把司法诚

[①] 毕玉谦：《司法公信力研究》，中国法制出版社2009年版，第406页。

信建设看作一个系统工程;需要分析系统内法律、政治、经济、文化各个要素之间的相互关系和变动的规律性,透过错综复杂的历史条件和社会背景、站在更为宽阔的研究视野进行研究;需要研究司法内在系统要素结构与司法外在系统要素结构,研究司法内外系统之间的结构关系;需要以系统论的方法为指导研究司法系统的问题及解决方案,而不能孤立地看待、对待司法诚信问题。唯有如此,才能准确地把握破解问题的难点和要点,全面深刻、高屋建瓴地构建对策框架。

二、完善法制,为司法诚信的实现提供制度保障

司法活动与法律制度之间的关系是复杂的:一方面,司法只能在法律制度的框架内运作,做到司法合法;另一方面,司法又不应该是完全被动的,而是应该积极作为,努力弥补立法的缺陷。具体而言,主要包括如下三个方面的对策:

(一) 以立法科学性的提高促进司法诚信的实现

立法和司法是法治建设的两大核心。正如耶林所言:"法不只是单纯的思想,而是有生命的力量。因此,正义之神一手提着天平,用它衡量法;另一手握着剑,用它维护法。剑如果不带着天平,就是赤裸裸的暴力;天平如果不带剑,就意味着软弱无力。两者是相辅相成的,只有在正义之神操剑的力量和掌握天平的技巧并驾齐驱的时候,一种完美的法治状态才能占统治地位。"[①]可见,正义的实现需要立法的科学性和司法的公正性共同予以保障。

我国虽然形成了中国特色社会主义法律体系,但是立法的科学性仍有待提高。一些法律本身的不合理、不细密、不全面、不公平严重制约了司法权的公正运行,除此之外,立法质量不高、操作性不强、权威性不够、约束力不强、带有部门利益倾向等也在实践中饱受诟病。这些问题的存在使得司

---

① 〔德〕鲁道尔夫·封·耶林:《权力斗争论》,潘汉典译,载《法学译丛》1985年第2期。

法依据的"天平"出现了问题,也使得司法权的行使变得"先天不足"。立法公平不仅是法治政府的标志,也是公平正义的源头。立法端出现了问题自然使司法诚信的实现失去了根基。

刑事立法的科学性在某种程度上决定着刑事司法诚信能否实现。做到科学立法需要把握两点:第一,与时俱进、吃透国情。无论是《刑法》还是《刑事诉讼法》,都要时时把握时代特征,随社会的现实需要而适应社会的发展与进步。应该看到,九个《刑法修正案》的制定出台都是建立在对经济社会发展形势和社会治安状况的科学研判的基础之上;《刑事诉讼法》修改 16 年磨一剑,也是立法者在综合社会、政治、经济、思想、文化等方方面面发展变化以及民主与法制进程中出现的新情况、新问题之后作出的慎重决定。第二,注重系统性和协调性。立法的系统性即是指法律规范自成体系,并且各条文、各部分之间相互联系、始终一贯、秩序井然,从而构成一个有机的整体的一种特质。比如,2012 年《刑事诉讼法》在总则第 2 条中写入"尊重和保障人权",这绝不是一个孤立的规定,在后面的诉讼制度和诉讼程序中都要予以体现;立法的协调性不仅要求立法活动所创制的法规在体系上内在逻辑严密一致,内容上统一和谐,不存在矛盾、冲突甚至相互否定的现象,同时要与外部法律环境、其他法律规范协调一致。① 比如,《刑事诉讼法》的制定不仅要考虑法条之间的统一,还要考虑与《律师法》等法律以及刑事政策之间的一致性。当立法做到了系统、协调,立法本身的信用就得到了基本的保障,司法诚信也就有了实现的根基。

(二)降低立法滞后性给司法诚信带来的不良影响

笔者在第五章第二节论述到,无论立法怎样改变,其滞后性不可避免。欲降低立法滞后性给司法诚信带来的不良影响,立法机关和司法机关均应有所作为。

1. 立法机关的应对

立法机关需要做到两点:

(1)眷顾立法前瞻性。立法机关应该通过对立法前瞻性的研究尽量减

---

① 黄明儒:《论刑事立法的科学性》,载《中南大学学报》2003 年第 1 期。

少法律的变动,以保持法律的适度稳定。但是,刑事立法在这一点上却做得不尽如人意。以《刑法》为例,人大常委会以《刑法修正案》的方式对《刑法》进行修订,1999年是第一次,2001年有两次、2002年、2005年、2006年、2008年、2011年、2015年各一次,16年间修订了九次。《刑法》是关乎公民根本利益的后盾法,《刑法》的稳定性决定着公众安全感的生成和对司法的信任程度。如此频繁地修改法典,难免令公众对法典本身产生质疑,给人以"头痛医头脚痛医脚"之感,进而阻碍公众法律信仰的生成。高频次的《刑法》修订也说明立法过于被动,缺乏必要的预见性。因此,立法应该加强前瞻性的研究,建立在对社会发展变化进行充分调研的基础之上。

(2) 根据社会发展变化及时修订法律。这一点与立法的前瞻性研究构成一个问题的两个方面。当立法的前瞻性表现不足时,制定出来的法律自然会很快表现出与社会发展的不相适应。这种情况下,立法机关要及时对法律作出调整,为立法前瞻性不足"买单"。当然,不管立法在前瞻性方面表现得多么卓越,也只能是尽量减少法律的变动,不可能一成不变,因此,法律的修订是不可避免的。需要注意的是,法律的修订一定要及时。对于刑事司法而言,不仅要求立法对新出现的犯罪行为及时规范,而且还要及时确定新的罪名。否则,司法机关就会因为无法可依陷入司法不能的被动局面,进而影响公众对司法诚信的评价。然而,九个《刑法修正案》无一例外地出现了"罪名滞后"的现象,最长的是第一个刑法修正案,从1999年12月25日公布,到2002年3月26日两高确定罪名,周期为2年8个月零9天。而根据我国司法实践的一般规律,2年8个月零9天的时间跨度大致相当于6个正常的刑事诉讼周期,2个具有延长或者退补事由的诉讼周期。这就意味着某些犯罪行为从侦查到一审判决,甚至二审判决,都可能处于无罪可依的境地,这是刑法罪刑法定原则所不能容忍的,也给司法带来了极大的困惑,立法机关今后一定要努力改进。

2. 司法机关的应对

面对立法滞后带来的弊端,司法机关并非无能为力。一般而言,法制运作中出现的问题应当尽量通过法律解释、法律适用的技术获得解决或调节,只有不得已时,即不突破既定法律框架就难以满足社会需要时,才予修法,这是保持法律稳定性的要求。因此,司法机关应该力争在如下两个方面有所作为,从而将法律滞后的不良影响降至最低。

(1)合法地制定司法解释。以《刑事诉讼法》为例,由于1996年《刑事诉讼法》在诉讼程序设计上过于粗疏、可操作性不强,一些重要的诉讼程序制度、规则(如非法证据排除规则)尚有不完善抑或缺失的情形。针对这种情况,最高人民法院、最高人民检察院、公安部多次以司法解释的形式来弥补立法上的不足,出台了最高人民法院《关于执行〈中华人民共和国刑事诉讼法〉若干问题的解释》《人民检察院刑事诉讼规则》《公安机关办理刑事案件程序规定》等多个重要的法律规定,为各级司法机关履行刑事诉讼职能提供了具体实用的行为规范。实践证明,制定司法解释是弥补立法不够细化的有效手段,上述法律规定在实践中发挥的作用不容低估。2012年《刑事诉讼法》颁布后,最高人民法院、最高人民检察院和公安部的相关司法解释均在2012年年内及时出台,这为司法机关准确把握立法精神、顺利实施新法奠定了基础。需要注意的是,司法机关在制定司法解释的过程中一定要坚持程序法定原则。近年来,"司法解释立法"现象招致广泛批评,具体表现为司法解释常常有意无意地越俎代庖去填补刑事诉讼程序制度上的立法空白,甚至擅自改变其解释的法律规范的立法本意,创设新的制度、规范。这种现象违背了现代法治国家普遍遵循的程序法定原则,不利于我国《刑事诉讼法》保障人权、打击犯罪功能的实现。特别是一些司法机关从方便各自职能运作的视角出发,擅自扩大自身权限、侵害其他诉讼参与人的正当权益。比如,河南省某县公安局在《××县公安系统长效建设的决定》中就擅自规定:律师作为辩护人到看守所会见犯罪嫌疑人、被告人时,应经该所所长签字同意方准予会见;还规定律师在审查起诉阶段会见犯罪嫌疑人应在主办检察官讯问犯罪嫌疑人之后,由检察官在律师会见函上签字盖章方准予会见等。这样的规定无疑突破了现有的法律规定[①],必然引发当事人、律师及公众的强烈不满。因此,一定要注重司法解释或法律规定的合法性。正如英国法官霍姆斯指出的那样:"法官的确而且必须立法,但是他们只有在原

[①] 2012年《刑事诉讼法》第37条第2款规定:"辩护律师持律师执业证书、律师事务所证明和委托书或者法律援助公函要求会见在押的犯罪嫌疑人、被告人的,看守所应当及时安排会见,至迟不得超过48小时。"

有法律的缝隙间进行立法;他们仅限于从克分子到分子的运动。"①

（2）发挥法官的司法能动性。由于立法的局限性,法官在司法过程中经常会遭遇一些被称为疑难案件的情形。不同的法官对待疑难案件有不同的处理方式。有的法官将自己看作社会工程师,主张通过司法途径来使法律制度回应社会的变迁。这种办案思维通常被称为司法能动主义。与此相反,有的法官坚持司法者应该严格遵循已经确立的规则来办案,通常会回避那些以法律形式显现出来的重大社会问题,主张通过立法机关对法律的立、改、废来回应社会变化。这种办案思维被称为司法消极主义。这两种不同的思维对案件的判决结果具有决定性影响。笔者认为,法官不仅仅是单纯的规则适用者,在疑难案件处理中还应当充当弥补法律漏洞的角色。弥补法律漏洞是能动司法面对的重要课题。在制定法出现漏洞的时候,以何种手段来弥补,美国法律哲学家博登海默有过精辟的阐述,他认为"实在法制度必然是不完整的、支零破碎的,而且它的规则也充满着含义不清的现象"。因此,"除了正式法律以外,法官还可以获得一些其他方面的指导"。"有些理念、原则和标准同正式的法律渊源相比,可能更加不明确,但是它们不管怎样还是给法院裁决提供了某种程度的规范性指导,而只有诉诸这些理念、原则和标准才能克服实在法制度所存在的那些缺点。"②我国自2009年以来,最高人民法院开始倡导能动司法,强调"要调查研究,增强能动司法的前瞻性","为调整司法政策、弥补法律漏洞、完善工作机制、改进工作作风提供第一手资料",这一倡导得到了各级法院的积极响应,许多地方不乏创新之举。但是需要注意的是,司法能动主义绝不是提倡违法司法,而是通过创造性司法来推进法律的发展。因此,必须坚持法治的原则,不得超越法律的范围。

（三）努力应对法律变动给实现司法诚信带来的挑战

法律的变化不可避免。如何尽可能地降低法律变动给司法诚信造成的不良影响?笔者认为,立法机关和司法机关应做如下应对。

---

① 〔美〕E.博登海默:《法理学:法律哲学与法律方法》,邓正来译,法律出版社1999年版,第557页。
② 同上书,第443—445页。

1. 立法机关的应对

立法机关要注意两点：

（1）开门立法，注重公众的参与。立法不是象牙塔里的事情。开门立法的形式昭示着立法者走下"神坛"，同时意味着人民主权者地位在立法上的重要回归。开门立法可以提高立法的质量，同时也是很好的法律宣传活动，能够提高公众对法律的认同。通过这种形式，公众能够在法律制定过程中充分地表达意见，这样公众对法律的误解就会在立法环节被充分地消解而不致在司法环节全面爆发。反之，如果"关门立法"，很可能法律一经颁布就引起极大的民意反弹，特别是在"部门利益法制化"的情况下，一些法令、规章可能面临根本无法执行的窘境。有统计表明，目前我国80％的地方法规草案由立法机关委托政府职能部门起草。① 一些政府部门乃至官员在立法环节过分考虑部门利益、执法便利，甚至不乏官员、利益团体掺杂"私货"，引起公众的强烈质疑和愤怒，极大地损害了政府和司法的公信力。可喜的是，现在从中央到地方，立法开放度越来越大，公民参与立法逐渐成为一种常态。新《刑事诉讼法》的修改也体现了对公众意见的重视和吸纳，但是相较于《物权法》《婚姻法》等法律，由于内容的敏感性，《刑事诉讼法》修改基本上走的还是职能部门提案、专家润色、代表举手、领导最终决定的老路子，"开门立法"显然体现得不够。笔者认为，其实正因为敏感，所以才更要公开，因为封闭立法所累积的矛盾迟早要爆发，而压力往往最终都会集中到司法机关身上，这无疑是实现司法诚信的一个巨大的阻力。

（2）重视法律之间的衔接。一部法律的变动看似孤立，实则和法律系统中的其他法律紧密相连。如果立法者不重视法律之间的衔接，不同的法律之间不协调甚至矛盾、冲突，就必然给司法诚信带来伤害。比如，2007年《律师法》修订直击律师"会见难""阅卷难""调查取证难"的"三难"问题，令众多律师欣喜不已。但是，由于《刑事诉讼法》没有作出相应修改，导致全国各地司法机关均按照自己的理解适用法律，律师在不同地方受到不同对待的情况非常普遍。这种法律规定不统一的状况一直持续到2012年《刑事诉讼法》修改，而从2008年6月1日《律师法》正式实施到2013年1月1日新

---

① 宋伟：《谁执法，谁起草 有无破冰良策？》，载《人民日报》2009年12月2日。

《刑事诉讼法》正式实施,足有4年零7个月。也就是说,在漫长的4年多的时间里《律师法》规定的一些权利得不到保障,这对司法诚信造成的伤害无疑是巨大的。2012年《刑事诉讼法》修改基本上与《律师法》实现了步调一致,但这种衔接仍然不是无缝衔接,比如,新《刑事诉讼法》没有像《律师法》一样赋予辩护律师真正意义上的调查取证权[①],这不仅是一种遗憾,而且还会形成明显的立法冲突,给司法诚信带来消极影响。因此,立法者一定要重视法律之间的衔接,从而为司法诚信的实现奠定基础。

2. 司法机关的应对

司法机关要注意两点:

(1)加大新法培训力度。为了使司法人员尽快地适应法律变化所带来的挑战,准确地理解和适用法律,应该加大对司法人员的培训力度,使司法人员在立法精神的准确把握、法律理念的及时转变、法条内涵的正确理解、法律适用难题的合理应对、司法技术的熟练运用等方面获得全面的提升,这无疑能够帮助司法人员及时摆脱固有思维和行为习惯的束缚,尽快适应新法的要求。比如,2012年《刑事诉讼法》颁布后,最高人民法院、最高人民检察院、公安部等机关都在认真组织新法的学习培训工作,并积极开设各级各类培训班帮助政法干警尽快理解新法的主要内容,取得了良好的效果。

(2)加大司法保障。法律的变化不仅影响法律适用,也对司法保障提出了更高的要求。旧法到新法的顺利过渡不仅需要人、财、物的保障,也需要公众的理解和支持。如果司法保障跟不上,就会导致法律无法实施。比如,2012年《刑事诉讼法》第121条首次增加了对讯问过程进行录音或录像的规定,为了落实这一要求,就必须加快装备的更新换代和现代化的同步建设,使技术装备满足同步录音录像的要求。同时还要加强人员配备,解决基层公安、检察机关人员配备不足的实际困难。再如,2012年《刑事诉讼法》第210条第2款规定:"适用简易程序审理公诉案件,人民检察院应当派员出席法庭。"实现这一规定也需要在人力和物力方面加大保障。特别是偏远落后地区的基层司法机关,人手、经费更加紧张,实现法律的要求也更加困

---

① 《律师法》第35条规定:"受委托的律师根据案情的需要,可以申请人民检察院、人民法院收集、调取证据或者申请人民法院通知证人出庭作证。律师自行调查取证的,凭律师执业证书和律师事务所证明,可以向有关单位或者个人调查与承办法律事务有关的情况。"

难,需要国家给予特殊支持。又如,2012 年《刑事诉讼法》第 268 条规定:"公安机关、人民检察院、人民法院办理未成年人刑事案件,根据情况可以对未成年犯罪嫌疑人、被告人的成长经历、犯罪原因、监护教育等情况进行调查。"司法实践中,从事社会调查的主体呈现多样性,但是聘请专业的社工进行调查渐成趋势。这显然需要充足的经费保障。据了解,2012 年《刑事诉讼法》实施以来,社会调查制度的运行在全国各地呈现出明显的差异性,在北京等经济发达地区,这项工作多获得充足保障,开展顺利。但是在一些中小城市,社会调查尚没有纳入专项经费管理,办案单位对社会调查员的补贴标准低,社会调查员积极性不高,难以细致、认真地进行社会调查,因此,司法保障的加大成为落实新法要求的当务之急。

(四)进一步加大立法对司法人员的诚信约束

1. 在《刑事诉讼法》中加入诚实信用原则

笔者在第一章论述到,诚实信用原则已经呈现出从民法扩展至整个私法领域又逐步向公法领域渗透的趋势。2012 年我国《民事诉讼法》修改的一个引人瞩目的成就就是将诚实信用原则明文化、法定化。修订后的《民事诉讼法》第 13 条第 1 款规定:"民事诉讼应当遵循诚实信用原则。"诚实信用原则发展至今,已经超出了其最初的赋予法官在审理具体个案时平衡平等的民事主体间及其与社会之间利益关系的功能和适用范围,它已经扩展到法律领域中涉及利益平衡和权利、权力行使的所有范围,真正从本意上强调真诚、善意、信用、无虚假、不欺诈。① 笔者认为,在倡导司法文明、全民呼唤诚信的时代,在建设社会主义和谐社会的历史时期,诚实信用原则也应当成为我国《刑事诉讼法》的一项重要原则,这项原则的确立必然有利于刑事诉讼层面系统化的诚信制度建设。正如张文显教授所言,"法律原则是法律精神最集中的体现,因而,构成了整个法律制度的理论基础。可以说,法律原则也就是法律制度的原理和机理,它体现着立法者及其代表的社会群体对社会关系的本质和历史发展规律的基本认识,体现着他们所追求的社会理想的总体图景,体现着他们对各种相互重叠和冲突着的利益追求的基本态

---

① 闫清华:《论诚信原则在刑事诉讼中的适用》,载《法治研究》2008 年第 7 期。

度,体现着他们判断是非善恶的根本准则,所有这一切,都以高度凝缩的方式集中在一个法律制度的原则之内。因此,确立了一批什么样的法律原则,也就确立了一种什么样的法律制度。"① 对于一个将法治国家作为全体成员共同努力实现的理想目标的民族或政党来讲,倡导树立诚实信用的观念和崇尚尊重规范的意识,养成以诚待人或以信取民的习惯是十分重要的,不仅有助于促进社会善良风习的形成和社会秩序的稳定,而且为良法在社会各个层面被普遍的遵循提供了适宜的土壤。②

当然,诚实信用原则本质上强调国家与个人的利益平衡,强调诉讼主体地位的平等,强调个案中的实质公正,这与《刑事诉讼法》打击犯罪、保障人权的价值目标存在一定的矛盾,与无罪推定理论③、国家利益至上理论④也存在着一定的冲突。但是,这种矛盾和冲突不应妨碍诚实信用原则在刑事诉讼中的基本地位,完全可以通过例外条款的合理设计得到解决。正如贝勒斯在其名著《法律的原则》中所说:"人们从事活动或建立制度,可能而且通常确实抱有不止一个目的,并且在这些目的相冲突时,人们要对之进行调和或平衡。因此,这些单一的目的或意图的理论并不能统摄法院的全部活动及人们对法院的理性期望。"⑤

笔者认为,诚实信用原则在刑事诉讼中的限制性适用应通过为诚信原则设计若干例外条款来实现,具体表现为如下三个方面的内容:一是侦查人员的合理欺诈。笔者在第二章第四节中论述了司法诚信与刑事诉讼契合的特殊形态,谈到诚信要求为欺骗性侦查手段的使用"套上了笼子",即秘密侦查等侦查人员的欺诈行为一定要在合理的限度内才会被各国允许。这一方面说明侦查人员的欺诈行为也要受到诚信原则的规制,另一方面说明在侦查阶段公共利益原则或效率原则在一定范围内优于诚信原则的适用,因此,

---

① 张文显主编:《法理学》,法律出版社 1997 年版,第 72 页。
② 张国炎、林哲:《诚实信用原则和现代法治目标》,载《政治与法律》2001 年第 5 期。
③ 根据无罪推定原则,被告人享有沉默权及反对自我归罪的特权,而不必为了体现诚实信用而被迫说出使自己的利益受到重大损害的真相。
④ 国家利益至上理论认为,刑事诉讼以追究、打击犯罪为本源,国家、社会利益在刑事诉讼中具有至上性,追诉犯罪的行为应受更少的约束。以国家名义进行追诉活动的司法人员即便在诉讼中使用了欺骗等违背诚信原则的手段,只要这些手段未与现行刑事诉讼制度的基本原则相冲突,即不应视为无效。
⑤ 〔美〕贝勒斯:《法律的原则》,张文显等译,中国大百科全书出版社 1996 年版,第 21 页。

侦查人员的合理欺诈也可以视作诚实信用原则的例外。二是控、辩双方证据开示的"保留权"。笔者在第四章第三节中论述到控辩双方的证据开示义务并不是对等的。很多国家规定辩方除法律规定辩方必须展示的证据外（如不在犯罪现场、被指控人不具有刑事责任能力的证据），无需展示其他证据，而控方应当将其所掌握的全部证据向辩方展示，因展示可能会给社会公共利益造成损害的证据除外。这意味着刑事诉讼对控辩双方诚信的义务要求是不同的。而这样的区别对待、这样的隐瞒和保留恰恰出于充分保障人权、实现控辩双方"实质平等"的考虑①，因而并不会被质疑为"不诚信"。因此，控、辩双方证据开示的"保留权"可以视作诚实信用原则的例外。三是法官自由裁量权的限制。由于诚信原则最终落实为裁判诚信，因此这项原则在刑事诉讼中的确立实质上是扩张了法官自由裁量权的范围②，但这也加大了枉法裁判、破坏法律实施统一性以及助长司法腐败的可能性。法官素质对自由裁量权的制约关系引人关注。从世界范围看，法官队伍的素质越高，法律赋予法官的自由裁量权的范围也就越大。而我国目前法官的整体素质尚不能承担过重的自由裁量权。因此，在立法确立诚实信用原则的同时，要建立严格的适用控制机制，防止该原则的滥用。

诚实信用原则的限制性适用不仅针对司法人员，也针对诉讼参与人，比如辩护律师的豁免权，指的是在刑事诉讼中，基于犯罪嫌疑人、被告人的委托，法律赋予辩护律师所拥有的拒绝就其执业行为所得知的委托人有关事项向司法当局作证，以及不因其正当执业行为而为的言论及行为受到相关法律追诉与制裁的权利。尚存争议的是要不要赋予被告人说谎权。2012年《刑事诉讼法》修改令人诟病的一点体现为第50条和第118条的冲突：第50条规定了"不得强迫任何人证实自己有罪"，第118条又规定了"犯罪嫌疑人对侦查人员的提问，应当如实回答"。这里面包含两个问题：即如果如实回答可能陷入证实自己有罪的风险，犯罪嫌疑人、被告人可不可以拒绝作出回答保持沉默，即拥有沉默权；以及可不可以拒绝说真话，选择说谎，即拥

---

① 现代刑事诉讼中，控辩双方在实力与资源上严重失衡，对抗式程序的"双臂平等"的原则受到破坏。为了实现控辩双方的平等武装，大多数国家对控辩双方设置了不同的证据开示义务，以矫正这种失衡，实现从追求"形式平等"到追求"实质平等"的转变。

② 李蓉：《论诚信机制在刑事诉讼制度中的确立》，载《法学家》2005年第2期。

有说谎权？在西方各国的刑事诉讼中，大都赋予犯罪嫌疑人、被告人享有沉默权，沉默权被认为是受刑事追诉者用以自卫的最重要的一项诉讼权利，但是对待说谎权却态度不一。在英美法系国家，被告人不能直接以被告人的身份向法庭陈述案情，只要被告人放弃沉默，就只能以辩方证人的身份站在证人席上向法庭陈述。既然是证人，就必须当庭宣誓或者具结保证如实供述，没有说谎的权利。而在大陆法系国家，被告人陈述前并不需要像证人一样宣誓或具结保证讲真话，如果陈述不实或者有意作虚假陈述，也不受伪证罪的处罚；但是如果这种未经宣誓或具结的陈述经过法庭审查为真实，可以作为定案的证据使用。① 所以德国施密特教授认为："在德国刑事诉讼中，被告人不仅可以保持沉默，而且可以说谎或通过否认、歪曲事实真相以试图避免自证其罪或逃避受到定罪的后果，并且这样做时，被告人不会被指控有伪证罪而受到处罚。"② 我国目前既有如实供述的义务要求，又有坦白从宽、抗拒从严的刑事政策，《刑事诉讼法》尚未赋予犯罪嫌疑人、被告人沉默权，更遑论说谎权了。但是，笔者认为，这样的规定并无法阻碍嫌疑人说谎，特别是一个在大多数人没有宗教信仰的国度。某种意义上，为了自保而选择说谎是人的一种本性。实践中，犯罪嫌疑人、被告人的翻供是最令司法人员头疼的一个问题，在这种情况下，自愿供述鼓励机制的确立显得更为重要。值得借鉴的是，有了辩诉交易等供述激励机制，美国行使沉默权的人数只占被讯问者的4.7%，英国大约只占4.5%。③ 这从司法实践层面削弱了立法的宽容给司法带来的不良影响，减轻了对被告人产生压制的"刚性"，实现了立法宽容与司法效果的统一。这种立法和司法策略很值得我们借鉴。

2. 加大司法诚信惩戒机制的立法

守信激励和失信惩戒机制是直接作用于每一个社会主体信用行为的最有效的制度安排，是社会信用体系运行机制中的核心机制，是全面推进政务诚信、商务诚信、社会诚信和司法公信建设的关键环节。近年来，通过政府

---

① 谢小剑、李恩强：《"说谎权"抑或真实供述义务：沉默权之后的两难选择》，载《甘肃政法学院学报》2006年第1期。
② 陈瑞华：《刑事审判原理论》，北京大学出版社1997年版，第276页。
③ Paul G. Gassell and Bert S. Hayman, Police Interrogation in 1990s: Anempirical study of the Effects of Mirand, Part III. The Interrogation Process and Its Outcomes, Tabl 3, p. 10. 转引自汪建成、王敏远：《刑事诉讼法学研究述评》，载《法学研究》2001年第1期。

相关部门作出惩戒,公布"黑名单""不良记录",给予警告、罚款、取消市场准入等行政处罚措施,社会上的违法违规失信行为得到了有效的惩罚、制止。就司法领域而言,司法机关也采取了许多积极的行动。比如,各地法院将惩戒虚假诉讼作为治理重点,联合公安、检察和司法行政等部门积极甄别、防范、制裁虚假诉讼行为,并充分发挥联动执行等执行威慑机制的作用,让"老赖"逃无可逃,迫使其诚实守信。2013年10月1日,最高人民法院《关于公布失信被执行人名单信息的若干规定》开始施行;2013年10月24日,最高人民法院失信被执行人名单库开通。2013年11月5日,最高人民法院通报全国法院公布第一批失信被执行人名单信息的情况。截至2013年11月4日,全国法院依职权共将31259例失信被执行人信息纳入了最高人民法院失信被执行人名单库;在此基础上,2013年12月28日,最高人民法院《关于推进司法公开三大平台建设的若干意见》正式公布,执行信息公开平台是其中一项重要的内容。除了保证公众可以进入平台直接查阅失信被执行人信息外,还强调向公众公开失信被执行人名单信息、限制出境被执行人名单信息、限制高消费被执行人名单信息等,充分发挥执行信息公开平台对失信被执行人的信用惩戒功能。① 这些举措取得了积极、明显的效果。

但是,对于司法人员自身违反司法诚信要求的行为如何惩戒,法律依然是个空白。包括惩戒责任的主体、责任的类型(是单方责任还是连带责任)、责任的性质(是政治责任、道义责任还是法律责任)以及承担责任的方式等。② 缺少惩戒责任制度的司法诚信建设必然效果不佳。比如,有的侦查人员故意给律师会见设置障碍,不及时安排会见;有的检察人员故意隐瞒案卷信息,不保障辩护律师的阅卷权,却在法庭上搞突然袭击;有的法官对违法取得的证据视而不见,未予排除等,从事此类行为的司法人员应该承担什么样的惩戒责任,法律并未予以明确,由此导致类似行为的发生和蔓延。以非法证据排除为例,2012年《刑事诉讼法》从第54条到第58条用了5条8款的内容,总结了我国司法实践中长期以来严禁刑讯逼供,排除非法证据的经验,吸收了"两高三院"于2010年6月13日颁行的《关于办理刑事案件排除

---

① 《最高法解读推进司法公开三大平台建设意见》,载《法制日报》2013年11月28日。
② 黄辉、宋广奇:《司法公正视野下的司法诚信研究》,载《西南民族大学学报(人文社会科学版)》2013年第9期。

非法证据若干问题的规定》的主要内容，对非法证据排除做了详细规定，确立了非法证据排除规则。划定了非法证据的范围，对非法言词证据的内涵、外延进行了科学的界定，对非法证据排除的时间、程序进行了较为具体的规定，但是，对于违反相关排除规定的司法人员如何惩戒却未予明确。这样的立法自然缺乏权威性的强力保障。

更为典型的是司法承诺不兑现的问题。比如，有的侦查人员信口开河地向犯罪嫌疑人、被告人作出承诺却不能兑现；有的公安机关承诺悬赏破案，但案件破了却不兑现或不完全兑现；有的法官言之凿凿地承诺严格依照法律办案，却因为没有得到半点好处就想方设法刁难当事人等等；这种现象之所以屡见不鲜，很大程度上是因为法律缺少不履行承诺的惩戒性规范。这使得司法承诺还停留在司法职业道德要求的层面，承诺能否兑现，基本上处于一种自律状态。但是不容忽视的是，司法实践中因为司法者的一句没有兑现的话引起当事人缠诉、信访等影响司法公信力的情况却比比皆是，且产生了极为恶劣的影响。因此，司法承诺问题最起码应该被纳入司法职业纪律规制范围，情节严重的应该有法律层面的惩戒机制予以制约，这对司法诚信的实现无疑具有重要的意义。

2016年6月，国务院发布《国务院关于建立完善守信联合激励和失信联合惩戒制度加快推进社会诚信建设的指导意见》，强调对重点领域和严重失信行为实施联合惩戒，其中包括"拒不履行法定义务，严重影响司法机关、行政机关公信力的行为，包括当事人在司法机关、行政机关作出判决或决定后，有履行能力但拒不履行、逃避执行等严重失信行为"。但是，对于怠于履行执行职责、导致执行不能的司法人员如何处理，2015年9月发布的最高人民法院《关于完善人民法院司法责任制的若干意见》却语焉不详。明确司法失信行为的法律责任是司法诚信建设不可缺少的一环，严密的司法失信惩戒的责任制度，严格司法失信法律责任，才是司法诚信的制度保障。明确司法失信行为惩戒责任与保护司法人员依法履行法定职责犹如鸟之两翼，车之双轮，缺一不可。

三、加大改革力度,为司法诚信的实现提供动力和支撑

一般而言,司法改革应当包括两个层面的改革:一是体制改革,二是机制改革。机制性的改革主要侧重于技术层面,是一种具体工作运行方式的改革。而体制性改革则是一种整体性安排,涉及不同权力主体之间的权力架构,是一种深层次的改革。体制改革和机制改革的关系十分密切。一方面,体制改革具有根本性意义。因为机制改革实效可能会因为其所依赖的体制而受到减损,甚至可能因为体制原因而导致异化,无法发挥实效;另一方面,机制改革应当在体制改革的背景下进行,是体制改革的重要内容,并构成体制改革成功的重要保障。①

(一) 加大司法体制改革力度

司法独立问题一直被认为是当今中国刑事诉讼的"阿喀琉斯之踵"。这个问题喊了很多年但是成效并不显著,很重要的一个原因是改革仅仅围绕制度和技术层面进行,没有触及体制问题②,更没有把司法体制改革和政治体制改革相结合。笔者在第五章中论述到司法体制与政治体制对司法诚信的影响,这两种体制共同构成了司法运行的体制环境。欲实现司法独立、确立司法权威、提高司法公信力,必须依赖体制的支撑,并且必须强化司法体制和政治体制改革相结合的思路,否则很难取得好的效果。

1. 破解司法独立难题,解决司法的地方化问题

司法体制是国家政权体制的一个有机组成部分,其基本构造,涉及政权的结构形式与国家治理的基本方式,因而具有较强的政治性。因此,司法体制改革必须有政治体制改革作为背景并与之配合。但是,从 20 世纪 80 年代开始,经济体制改革突飞猛进,但政治体制改革却显得步履艰难。对此,邓小平同志曾有专门论述:"这个问题太困难,每项改革涉及的人和事都很

---

① 陈卫东:《司法改革背景下的检察改革》,载《检察日报》2013 年 7 月 23 日。
② 任何社会状态,当原有的社会制度以及技术上改进无法有效地化解社会矛盾的时候,就意味着体制改革势在必行。

广泛,很深刻,触及许多人的利益,会遇到很多的障碍,需要审慎从事。"①正因如此,几十年来国家的政治体制改革举措十分慎重,至今尚缺乏重大突破。这在某种程度上制约了司法体制改革的实质性进展。

政治体制改革是司法体制改革绕不开的一步棋,如果不消除外部体制上的问题,而只是简单地对"终端""杀毒",即使是天天升级"杀毒软件"也将无济于事。近年来,我国一直积极探索司法体制改革的方向和措施,希望能够尽量保障司法的独立、公正,尽快树立起司法权威。2008年年末,以中共中央政治局通过《中央政法委员会关于深化司法体制和工作机制改革若干问题的意见》(下称《意见》)为标志,新一轮司法改革启幕。《意见》从发展社会主义民主政治、加快建设法治国家的战略高度,对司法体制改革作出了战略部署,力图逐步化解司法的地方化难题,进一步理顺权力之间的监督和制约关系。但是,由于受到多方面因素的制约,加之转型时期维稳压力增大,司法改革进展较为缓慢、成效有限。法院、检察院的人、财、物仍然受制于地方,权力空间依然没有得到实质性的扩展,政法委、公、检、法、司之间的关系仍然配合有余,制约不足,根本原因在于没有将司法体制改革与政治体制改革相结合。欲实现司法独立,必须做到两点:一是人事独立,二是财政独立。先看人事独立,过去在人事管理方面有一些小的改革动作。法院院长和检察院检察长的任命,一般是由同级党委提名,同级人大任命,后来要求提名后要征得上级法院或者检察院的同意。最近几年又出现了新变化,如法院院长和检察长频繁调动、异地任职。但是,靠异地做官来摆脱地方保护主义,有一些作用,但不是治本之法;再看财政独立,《意见》强调从中央到地方都会加大对政法机关经费的支持,但是保障的体制没有大的变化。而要解决地方保护主义,必须建立相对独立的司法预算,消除地方对司法机关的控制。② 可见,离开政治体制改革的支撑,司法体制改革无法走得太远。

为了确保法院、检察院依法独立行使审判权、检察权,党的十八届三中全会、四中全会均试图以体制改革入手破解司法独立瓶颈性难题,主要体现在如下两个方面:一是推动"省以下法院检察院人财物统一管理",党的十八届三中全会审议通过的《中共中央关于全面深化改革若干重大问题的决定》

---

① 《邓小平文选》(第三卷),人民出版社1993年版,第176页。
② 陈光中:《司法改革须从政治体制改革入手》,载《财经》2009年1月6日。

(以下简称十八届三中全会《决定》)提出:确保依法独立公正行使审判权检察权。改革司法管理体制,推动省以下地方法院、检察院人财物统一管理。党的十八届四中全会审议通过的《中共中央关于全面推进依法治国重大问题的决定》(以下简称十八届四中全会《决定》)指出:改革司法机关人财物管理体制,探索实行法院、检察院司法行政事务管理权和审判权、检察权相分离。这项改革直接触及体制核心,被视为司法改革的"硬骨头"。① 二是探索跨行政区划审理案件。十八届三中全会《决定》提出"探索建立与行政区划适当分离的司法管辖制度",十八届四中全会《决定》强调"探索设立跨行政区划的人民法院和人民检察院,办理跨地区案件"。2014年年底,最高人民法院在深圳、沈阳分别设立最高人民法院第一、第二巡回法庭,审理跨行政区域重大行政和民商事案件,实现最高人民法院工作重心下移,就地解决纠纷,方便群众诉讼。同样是在2014年年底,北京、上海均组建跨行政区划中级法院,上海市第三中级人民法院依托上海铁路运输中级人民法院设立,上海市人民检察院铁路运输分院加挂上海市人民检察院第三分院的牌子。北京市第四中级人民法院和北京市人民检察院第四分院,分别依托北京铁路运输中级人民法院和北京市人民检察院铁路运输分院设立,办理跨地区重大刑事、民事、行政案件,解决一些当事人"争管辖"和诉讼"主客场"问题,促进法律统一正确实施。

  从表面上看,这虽然只是管理方式的改变,但却是我国司法管辖制度的重大改革。这样的制度改革有两点重要意义:一是两院受地方党政组织的行政性干预将大大减少。司法实践证明,辖区范围越小,司法公正被干预的可能性越大。通过这项改革,各省法院、检察院人员、编制将由省提名、管理,法官、检察官仍按法定程序任免,法院、检察院经费将由中央和省级财政统筹保障,从而更有底气、更有能力摆脱地方保护主义的干扰。二是司法管

---

① 在率先启动司法改革试点的上海,正在探索实施法院、检察院的人财物省以下统管机制,改革司法机关层级管理体制。在人员管理方面,上海市形成法官、检察官"统一提名、分级任免",有效减少外部干扰、提高司法公信力。为此,上海组建了由各部门和专家组成的法官、检察官遴选、惩戒委员会。在财物管理方面,将区县司法机关作为市级预算单位,纳入市财政统一管理,落实"收支两条线"管理,这样的做法有助于形成符合分类管理要求的经费分配体系,为司法机关依法独立公正行使司法权提供可靠保障。参见徐硙:《聚焦省以下法院检察院人财物统管制度改革》,载《检察日报》2015年7月26日。

辖与行政管辖适当分离,即基层人民法院和中级人民法院,以及对应的人民检察院及其司法管辖,再不会严格按照行政区划一一对应。司法工作所面临的诸多困窘,大多指向司法区域与行政区域高度吻合的制度设计。因此,建立与行政区域适当分离的司法管辖制度对于司法权摆脱来自于当地行政区域内的诸多消极因素的干扰无疑具有重要的意义。

目前,上述改革正在推进之中,但笔者调研发现,在推进改革的过程中尚有一些难题亟待破解。比如,如果按照"省一级统一管理"的原则,省级及省级以下司法机关的法官、检察官均应由省级人大任命,但这一安排违反了《宪法》和相关法律,按照现有规定,法官、检察官由当地人大机关,即同级人民代表大会选举产生,而提名、任免和监督权是相互连接、互为因果的,这也保障了人大权力与责任的一致性。而一旦由省级院提名,再交由县、市级人大任命,实际上就造成了基层人大常委会权力和责任的分离,并很可能导致两种极端情况:一个情况是,基层人大常委会以行使法律规定的职权为由头,大面积否决省级机构的提名人选。它所持的难以驳倒的理由是:任免权和监督权不可分离,要我监督法官、检察官依法独立行使职权,对法官、检察官的能力和素质必须以我的判断为标准,我要实实在在地行使法律赋予的任免权!另一种情况是,对于省级提名的人选,基层人大常委会照单全收,只履行法律手续,但是,此后就从实质上放弃对同级法官、检察官的监督。它所持的难以驳倒的理由是:人选是省级提名,就应该由省级统管机构负责监督。① 这是很多司法界人士深感担忧的一个问题。再如,与行政区划适当分离的司法管辖制度这一改革方案的提出是为了解决司法资源不均、方便群众诉讼、破解地方保护的问题。从巡回法庭一年的运行情况看,其在司法改革、案件办理、矛盾化解、行政管理等各方面工作有序开展,开局良好,但也存在一些问题需要破局。据统计,截至 2016 年 1 月 14 日,在第一巡回法庭受理的 919 件案件中,跨行政区域案件为 170 件,占 18.5%;申请再审案件 614 件,占 66.8%,二审案件 70 件,仅占 7.6%。作为巡回法庭最主要的功能之一,审理跨行政区域重大行政和民商事案件的数量不够显眼。这说

---

① 刘松山:《地方法院、检察院人事权统一管理的两个重大问题》,载《法治研究》2014 年第 8 期。

明巡回法庭审理跨行政区域案件、去地方化功能作用有待加强。①

可见,党的十八届三中全会和十八届四中全会的《决定》只是为司法体制改革提出了宏观的思路,指明了努力的方向,但还需要更加具体的制度措施予以跟进、落实才能够保证改革的效果。比如,为了解决上述问题,笔者认为,应努力探索省级法院检察院统一遴选、考核、推荐本省法官检察官的机制,其推荐的人选提请同级人大常委会任免。应当适当降低跨行政区域案件的级别管辖标准,尝试建立"飞跃上诉"制度,允许当事人对特定情形特定类型的跨行政区域案件,越过高级法院直接向巡回法庭提起上诉。当然,可以预见,有些措施从设计到确定,再到呈现效果,可能需要较为漫长的时间。但是,不管怎么说,党的十八届三中和十八届四中全会的《决定》已经表明了司法体制改革与政治体制改革相结合的思路。如果说既往十余年的司法改革侧重于法律制度建设,模拟"法治"以待体制改革的时机的话,当下提出的改革规划则为实现政治体制与司法体制改革提供了这种社会政治背景与改革的动力。② 推行这种同步改革固然非常艰难,但是令人高兴的是,我们已经在路上,正如贺卫方教授所言:"我们且不可'只拣无火处走'"③。

2. 强化司法监督,为司法权的独立运行创造良好的外部条件

除了司法管理体制的改革,司法独立的实现还依赖于司法的外部环境,从而保障司法权的有效监督。在体制改革的视野下梳理司法的外部监督力量,如下两个方面的改革至关重要:

(1)加强和改善党对政法工作的领导。具体而言,包括两个方面的内容:

第一,坚持党对政法工作的领导。党的十八届四中全会指出:"党的领导是全面推进依法治国、加快建设社会主义法治国家最根本的保证。必须加强和改进党对法治工作的领导,把党的领导贯彻到全面推进依法治国全过程。"现在的学术研究有一种错误的倾向,就是动辄以西方的三权分立作为理论预设,套用西方的理论,进而把中国社会的诸多问题归结为一党执政。"事实上,那种以为只要引进西方的理论和学说就可以提出富有创见的

---

① 林清容:《跨行政区域案件所占比例不足两成》,载《深圳特区报》2016年1月30日。
② 陈卫东:《司法机关依法独立行使职权研究》,载《中国法学》2014年第2期。
③ 贺卫方:《运送正义的方式》,上海三联书店2002年版,自序。

法学思想的观点,几乎过于天真了。""如果不认真思考中国问题的特殊性,我们注定只能充当西方理论在中国的代言人角色,而根本不可能有理论上的创新和贡献。"①在我国,中国共产党执政是历史的选择、人民的选择。《宪法》和法律都是党领导人民制定的,体现了党和人民的意志和利益。坚持党的领导是我国《宪法》确定的一项基本原则。政法工作是党和国家工作的重要组成部分,坚持党的领导是做好政法工作的根本政治保证。在一定意义上,法律集中体现了执政党的方针政策,司法机关内部也有党的组织在起领导和监督作用。因此,司法机关严格依法办案,就是体现了党的领导作用。②改革开放三十多年来,在党的坚强领导下,政法机关充分发挥了在依法治国中的特殊职能和战斗堡垒作用,取得了辉煌的成就。做好新形势下的政法工作,一定不能动摇党的领导。

第二,改善党对政法工作的领导。我们讲求司法独立并不是否定党的领导,而是实现党的领导方式的科学转型,其核心要求就是要确保司法独立,即以确保司法机关依法独立行使职权作为党的领导的核心标准。③ 首先,党必须在宪法和法律的范围内活动。这是践行党章精神的重要内容。宪法和法律是我国人民在党的领导下通过国家权力机关制定的,一旦公布实施,对全社会的所有组织和每一个公民都有普遍的约束力。党的领导应当紧紧围绕如何保证政法部门严格执行宪法和法律这个中心问题来进行。④但现实中,各级党委如何领导司法工作,哪些事情能做,哪些事情不能做,缺乏相应的制度规定,加之社会转型时期维稳任务艰巨,少数地方党委及其领导干部思想上容易出现短视偏差,致使违背党的要求,随意干预、不当干预司法工作的现象屡有发生。安徽省阜阳市颍泉区原区委书记张治安,要求

---

① 陈瑞华:《问题与主义之间——刑事诉讼基本问题研究》,中国人民大学出版社 2003 年版,第 6—7 页。
② 李步云、柳志伟:《司法独立的几个问题》,载《法学研究》2002 年第 3 期。
③ 陈卫东:《司法机关依法独立行使职权研究》,载《中国法学》2014 年第 2 期。
④ 其主要内容是:分析研究不同时期的政治经济形势和社会治安形势,指导政法部门正确运用法律武器;检查政法部门执行法律和有关方针政策的情况,帮助他们总结经验,发扬成绩,纠正错误;加强政法队伍的思想建设、组织建设和政法业务建设,不断提高政治素质和业务素质;支持法院和检察院依法独立行使职权,排除来自各方面的干扰;对政法机关有争议的、疑难的或者重大的案件进行协调。

区检察院检察长汪成利用检察权打击报复举报人的案例就是典型。① 因此，应着重加强党领导政法工作的制度性规范建设，使党的领导落到实处。其次，理顺政法委与司法机关之间的关系。政法委全称为中国共产党政法委员会，它既是政法部门，又是党委的重要职能部门，是同级党委加强政法工作和社会治安综合治理工作的参谋和助手。一直以来，对政法机关有争议的、疑难的或者重大的案件进行协调都被认为是政法委的一项重要职能，但实践中，这项职能的发挥出现了一些问题，某些政法委机关及领导以"协调"的名义发表意见、作出批示，不当插手、干预个案处理，由此引发一些错案，产生了非常不好的社会影响，赵作海、佘祥林等冤假错案的发生都有政法委不当协调的原因。十八大以来被查处的两位省政法委书记——原辽宁省政法委书记苏宏章、原河北省政法委书记张越均被指"干预、插手司法活动"。② 因此，明确政法委的职能定位、理顺政法委与司法机关的关系至关重要。现任政法委书记孟建柱于 2013 年 1 月 7 日在全国政法工作电视电话会议上的讲话中强调要"进一步明确党委政法委的职能定位"，他指出"党委政法委是党委领导和管理政法工作的职能部门，是实现党对政法工作领导的重要组织形式。要进一步明确党委政法委的职能定位，创新党委政法委的领导方式，提升协调解决事关政法工作全局的重大问题的能力，提升领导政法工作的科学化、法治化水平。要进一步理顺党委政法委与政法各单位的关系，支持审判机关、检察机关依法独立公正行使审判权、检察权，支持政法各单位依照宪法和法律独立负责、协调一致地开展工作，履行好党和人民赋予的职责使命"。这一讲话明确了政法委协调职能的发挥应侧重于协调解决事关政法工作全局的重大问题，政法委要善于议大事、抓大事、管宏观、谋全局，而不是对具体个案作出决定，干预司法机关独立办案。因此，理顺政法委与司法机关的关系，必须明确"协调"职能的本意，切忌由政法委出具具体意见，更不能让个人意见主导案件走向。可见，尊重司法独立是提升党的领导方式的法治化与规范化程度的最好方式。

（2）完善人民代表大会制。按照《宪法》的规定，我国实行的是人民代表大会制度，是"一府两院"的体制安排。在这项根本政治制度之下，司法机

---

① 方工：《党委干预司法实践是对党的领导的误识》，载《北京日报》2011 年 4 月 2 日。
② 《河北"政法王"被双开——罪名首次遭中纪委通报》，载《法制晚报》2016 年 7 月 29 日。

关通过依法独立行使审判权、检察权,通过履行法律赋予的职权,承担着维护和实现社会公平正义的基本职能;人民代表大会及其常委会则通过对"一府两院"工作的监督,督促和支持司法机关依法行使职权,保证司法的公正性。可见,人大的监督对司法权的行使意义重大:一方面人大可以直接监督司法机关的工作,对司法权形成有效的制约;另一方面人大可以通过对政府的监督间接促进司法权的独立运行。因为司法权容易受到行政权的干预,人大对政府的制约显然能够有效防止行政权干预司法。但在实践中,人大监督软弱无力的现象饱受诟病,未能体现出人大对司法权和行政权应有的制衡作用。在陕西周老虎事件、贵州瓮安事件、山西血窑事件、三鹿毒奶粉事件、云南躲猫猫事件、习水强奸幼女事件等轰动全国的重大公共事件中,网民监督一次次的胜利反衬出的是人大监督一次次的失职。

完善人大的司法监督,关键在制度。目前法律对一些具体监督制度作出了某些规定,但总的来讲不够规范,过于原则,影响了执行的效果。近年来,虽然一些地方人大常委会也制订了不少工作条例和办法,但这些地方性法规在适用范围、适用对象乃至内容规定方面都不尽一致,影响了国家法律监督的规范性。笔者认为,要加大人大对司法的监督力度,坚持人大司法监督工作的制度化和规范化,就必须制定统一的监督法,对监督对象、监督内容、监督原则、监督方式、监督程序和监督责任等作出具体规范。此外,欲保障人大司法监督的有效性,必须运用刚性监督手段。人大及其常委会进行司法监督,不仅可采取听取、审议工作报告,视察、检查工作等柔性手段,还要充分发挥质询、询问、罢免职务、撤销决定、组织特定问题调查委员会等法律赋予的刚性手段,加大监督的力度。

可见,欲打破司法体制改革的瓶颈,使司法体制改革走得更远,必须弥补现有政治体制中的不足,提高权力配置的科学性,加强司法独立的体制保障,增强权力之间的制衡,从而实现对司法权的有效监督。

(二) 加大司法工作机制改革力度

1. 遵循司法的本质和规律,优化司法决策形成机制

司法独立的实现不仅依赖于外部环境的优化,还依赖于内部司法决策形成机制的优化。党的十八届三中、四中全会《决定》主要想先解决司法机

关外部的独立,实现法院、检察院的"去地方化",但笔者认为,实现司法机关的"去地方化"仅仅是实现司法独立的第一步,还要继续推进司法机关内部司法人员的独立,实现司法机关内部的"去行政化"。司法体制改革不能脱离司法的本质规律,司法必须实现去行政化,这有赖于司法决策形成机制的优化。党的十八届三中全会《决定》指出"改革审判委员会制度,完善主审法官、合议庭办案责任制,让审理者裁判、由裁判者负责"。党的十八届四中全会《决定》提出了"完善主审法官、合议庭办案责任制,落实谁办案谁负责"的要求,这样的精神要求无疑体现了对司法规律的尊重。

一直以来,我国实行的是审判委员会、检察委员会决策机制,法官、检察官只是司法决策的参与者,而不是决定者。因此,我国的司法独立主要指的是法院、检察院的整体独立,而不是法官、检察官的个体独立。在法院系统,审判委员会在以往的司法审判实践中一直发挥着重要的作用,但随着法制的不断进步,审判委员会有违司法独立原则、公开审判原则等弊端逐渐显露出来。一些地方法院不同程度地存在司法行政化倾向,审判委员会的行政色彩越来越浓。实践中,由党组成员、正副院长、业务庭长等组成的审判委员会实际上对主审法官、合议庭起着"领导"作用,审判委员会在讨论案件时,一种不正常的现象开始慢慢成为潜规则,即"谁官大听谁的",到最后基本上都是院长说了算。而且,这些对案件有着决定权的委员一般并没有参与审判,而是听听主审法官的汇报即形成对案件的决议。与此同时,审判委员会却并不承担相应的责任。通常,审委会讨论决定案件的判决书和裁定书,以审理该案件的合议庭成员的名义发布,审委会成员的意见只记录不公开。这意味着没有人要对集体决定承担责任。由此也引发一种怪象:当法官不想或者不愿意承担责任时,就将案件提交审委会决定,然后静待结果。甚至有些法官,案无大小全部提交审委会处理,自己则退化成了法庭上的一个符号、判决书上的一个签名。这造成了判审分离、权责不对等,直接影响了司法的公信和权威。与法院类似,检察院系统也具有明显的行政化特点。在实践中,检察机关的基本办案组织是由科、处、局等内设机构来替代的,案件审查决定普遍实行承办人——科(处)长——检察长的"三级审批"制,遇有重大案件和其他重大问题,提交检察委员会讨论决定。但是,相对于办案人来讲,检察委员会是一个集体决策机构,不直接阅卷、参与办案,其决策主要依赖于办案人对案情的汇报。这样就可能产生一个信息不对称的问题，不但影响决策，甚至会使检察委员会成为个别人逃避或推卸责任的有效途径。① 这种明显行政化的运作方式显然不利于司法公开和司法公正的实现。

党的十八届三中和四中全会的《决定》从建设法治中国的高度，强调了必须推进权责相统一的司法权力运行机制改革，实际上是要还权于法官、检察官，让他们成为司法权力运行的真正主角。笔者认为，要想真正实现"还权"，必须做好以下改革：一是司法责任制改革。这项改革被习近平总书记称为"司法体制改革的牛鼻子"。② 中央全面深化改革领导小组第三次会议审议通过的《关于司法体制改革试点若干问题的框架意见》将司法责任制作为改革试点的重点内容之一，要求以完善主审法官责任制、合议庭办案责任制和检察官办案责任制为抓手，突出法官、检察官办案的主体地位，明确法官、检察官办案的权力和责任，对所办案件终身负责，严格错案责任追究，形成权责明晰、权责统一、管理有序的司法权力运行机制。2015年9月，最高人民法院《关于完善人民法院司法责任制的若干意见》和最高人民检察院《关于完善人民检察院司法责任制的若干意见》相继出台，突出了法官、检察官的主体地位。从上海的试点改革情况看，其把"放权"和"监督"结合起来，促进了法官、检察官办案积极性、责任心的激发，办案质量、效率显著提升。上海全市法院审结案件同比上升11.3%，审限内结案率为99.13%，一审、二审后服判息诉率分别为92.1%、99%，试点检察院审查批捕、审查起诉案件平均审结天数缩减，2014年全年无一起错案，涉诉信访总量同比下降10%。③ 二是进一步明晰司法管理人员与司法人员的权责关系。以法院为例，院长、庭长属于法院内部的司法管理人员，具有行政性，如何处理其与主审法官、合议庭之间的关系，这是影响司法改革成败的关键因素。院、庭长行使的主要是审判管理权和监督权，与直接行使审判权有本质的不同，应进一步规范审判权、审判管理权与监督权之间的关系，进一步规范院、庭长对重大、疑难、复杂案件的监督机制，建立院、庭长在监督活动中形成的全部文

---

① 巩富文、张宏德、闫党路：《确保检委会科学决策须解决四大问题》，载《检察日报》2012年1月31日。

② 2015年3月，在中央政治局第21次集体学习时，习近平总书记强调，推进司法体制改革，"要紧紧牵住司法责任制这个牛鼻子"，保证法官、检察官做到"以至公无私之心，行正大光明之事"。

③ 此数据系由2015年12月3日召开的中央司法体制改革研讨会所披露。

书入卷存档制度。并且依托现代信息化手段,建立主审法官、合议庭行使审判权与法院院长、庭长行使监督权的全程留痕、相互监督、相互制约的机制。从未来改革的方向上来看,应当以职业荣誉而非行政级别来评价法官。以往的制度改革中曾经推行院长、庭长在重大、疑难、复杂案件中担任合议庭审判长审理案件的制度,其初衷在于改变案件审批制度,并借此推动司法职业化改革,尽管该种改革在当前的司法环境下可能具有一定意义,但是其能否彻底改变中国司法中的非职业裁判仍值得怀疑。因此,未来应当进一步简化甚至是取消庭长、副庭长这些职务设置,而代之以职业称谓和职业荣誉。① 三是改革审判委员会、检察委员会。应该看到,在我国现有法制文化水平、司法人员素质总体水平不高的情况下,审判委员会、检察委员会对于案件的集体讨论、把关确实能起到集思广益,兼听则明的作用,促进了案件的公正审理。因此,司法改革的方向并不是要取消两个委员会,而是要在遵循司法本质和规律的前提下,对之加以改革,使之成为优化司法决策形成机制的重要方面。以审判委员会为例,笔者认为,改革应当包括如下主要内容:在保留基础上压缩审判委员会适用范围并规定其研究的内容主要为案件的法律适用问题;推进完善院长、副院长、审判委员会委员直接审理重大、复杂、疑难案件制度;实行审判委员会听审制度②;健全完善审判委员会最终决议及形成理由在裁判文书中的公开制度;建立审判委员会履职考评与内部公示制度等;建立从资深法官中选任审判委员会委员的选任制度;强化审判委员会的宏观指导功能③等。笔者认为,只有坚持上述改革方向才能更好地体现司法权是裁判权的本质属性,体现亲历性、直接性、参与性、公开性等司法特征和规律,确保庭审在刑事诉讼中的中心地位。

---

① 陈卫东:《司法机关依法独立行使职权研究》,载《中国法学》2014 年第 2 期。
② 即凡是需要由审判委员会讨论决定的案件或者新型、疑难案件,在开庭审理时可以增设"审判委员会委员席",要求审判委员会委员到庭参加旁听,零距离听取庭审调查、当事人陈述、辩论全过程,全面了解案情,以使委员在讨论案件时能够充分发言、表态。
③ 即审判委员会应改变讨论重心,由个案讨论转变为类案整体指导。在案件的讨论过程中,如发现审判人员对同类案件有判案标准不一、适用法律不一的情况或出现同类新类型疑难案件时,可以经由审判委员会讨论形成统一的指导意见,在不干涉案件实体处理的原则下,帮助案件承办人准确地把握适用法律、解决办案程序等方面的疑难问题。强化总结经验职能,增强宏观指导作用。参见刘萍:《审判委员会决策功能的制约及其完善》,载 http://www.jsfy.gov.cn/llyj/xslw/2012/02/03142114744.html,最后访问时间:2015 年 8 月 31 日。

2. 完善司法公开机制,以公开促公正

司法公开是司法公正的重要保障,且一直是司法改革的重点。最高人民法院周强院长曾指出:"公开是最好的防腐剂,公开是树立公信的前提,公开是打消当事人疑虑的最好办法。"近年来,我国司法公开的步伐逐步加快,且产生了很好的社会反响。以法院为例,取得了一系列标志性的成果。比如:2009年12月,针对司法公开的关键环节,最高人民法院发布了《关于司法公开的六项规定》和《关于人民法院接受新闻媒体舆论监督的若干规定》两个文件,标志着司法公开制度改革取得阶段性成果;2010年11月,以重点问题为切入点,最高人民法院制定出台了《关于人民法院在互联网公布裁判文书的规定》和《关于人民法院直播录播庭审活动的规定》,进一步扩大了司法公开改革成果;2013年11月21日,最高人民法院印发了《关于推进司法公开三大平台建设的若干意见》,要求全国各级法院全面推进审判流程公开、裁判文书公开、执行信息公开三大平台建设。同日公布的还有最新修订的《关于人民法院在互联网公布裁判文书的规定》,新《规定》确立了裁判文书上网"公开为原则,不公开为例外"的原则。与2010年《规定》相比,新《规定》的公开力度更大,它将符合条件的裁判文书上网要求由"可以"改为"应当",规定从2014年1月1日起,除了四种法定情形外①,人民法院生效的裁判文书均应当在互联网上公布。2015年3月,最高人民法院首次发布《中国法院的司法公开》(白皮书),以中英文双语形式,运用大量数字、图表、案例,全面展现了党的十八届三中全会以来中国法院司法公开取得的成就。②除了这些具有标志性的文件相继出台外,一些标志性的案件审判也展现了法院前所未有的公开力度。如2013年薄熙来案件微博直播,济南市中级人民法院通过170多条微博、近16万字的图文"直播"了这场引起国内外关注的世纪审判,数亿人得以"围观"庭审实况,审判公开的程度可以用"史无前例"来形容,取得了很好的社会效果。

目前,司法公开三大平台建设正在推进之中,以公开倒逼公正的效果已

---

① 四种除外情形分别为:(一)涉及国家秘密、个人隐私的;(二)涉及未成年人违法犯罪的;(三)以调解方式结案的;(四)其他不宜在互联网公布的。

② 辛闻:《最高法首次发布司法公开白皮书》,载 http://news.china.com.cn/2015lianghui/2015-03/12/content_35027676.htm,最后访问时间:2016年7月28日。

经开始显现。以裁判文书公开为例,裁判文书全部上网的要求与国际司法接轨,这是传统司法公开工作的一次巨大革命。这样的做法既强化了司法公信,也彰显了司法自信。可以预想,法官在裁判文书上网初期必将经历阵痛期,逻辑不通、词不达意、别字错字、说理不清等问题一定会引起网民的围观、议论和挑剔。但是,只要度过这个"阵痛期",法官职业化的水平必将进入一个全新的时代,裁判文书的质量也必将越来越好。这不仅会提高公众对司法诚信的评价,而且可以促进社会诚信体系建设。因为司法裁判是司法机关根据《宪法》和法律授权对一切是非争议的最终判断,其内含的价值考量、利益衡量和权益分配,代表了国家法律的基本立场。因此,对一些制假售假和严重侵犯人民群众权益的刑事犯罪案件和民事侵权案件,通过互联网公布裁判文书,可以使这些严重违背社会诚信的公民或法人在更大范围内曝光,让他们在二次进入市场时付出比守信人更大的代价,促进社会诚信体系建设。①

当然,裁判文书公开领域还有许多理论问题值得进一步研究。比如,心证的公开,这是审判公开的薄弱环节。庭审中,通过控辩双方的举证、质证,法官完成认证,查明定罪、量刑的案件事实以及程序性争议的事实,并在此基础上,适用法律于案件,对实体和程序问题作出裁决。虽然最终的审判结论通过裁判文书予以公开,但是如何通过证据审查完成证据的认证,如何在诸多零碎证据的基础上认定案件事实,如何将法律适用于案件事实进而作出相应的裁决,这些内容均需要论证。又如,裁判依据的公开。调研得知,各级公检法机关常单独或者会签文件联合出台内部办案规范,这些规范虽无正式的法律效力,却对司法人员办案具有指导约束力。这些规范对外不公布,在裁判文书中不引用、不解释、不说明,不仅使案件的处理依据"神秘化",而且使得辩护无法有"的"放矢,控辩平等原则无从落实,最终难以实现"看得见的正义"。除此之外,裁判文书上网的技术处理问题,公众知情权和个人隐私权保护的平衡问题,裁判文书上网不当的责任机制问题等推进审判公开的过程中可能遭遇的问题均亟须破解。

相较于审判公开,检务公开的理论研究和实践推动都略显滞后。其实,

---

① 贺小荣:《裁判文书为什么要上网公开》,载《人民法院报》2013 年 11 月 29 日。

检务公开已经实施了18年。早在1998年10月,最高人民检察院就发布了《关于在全国检察机关实行"检务公开"的决定》,当时被称为"检务十公开"。公开的内容包括:检察院的职权和职能部门主要职责,直接立案侦查案件的范围,贪污贿赂、渎职犯罪案件立案标准,侦查、审查起诉阶段办案期限,检察人员办案纪律,在侦查、审查起诉阶段犯罪嫌疑人的权利和义务,被害人的权利和义务,证人的权利和义务,举报须知,申诉须知等。此后,根据党的十六大精神和中共中央《关于进一步加强人民法院、人民检察院工作的决定》的要求,最高人民检察院在总结各级检察机关"检务公开"实施情况的基础上,于2006年6月下发了《关于进一步深化人民检察院"检务公开"的意见》,在"检务十公开"的基础上,进一步充实、完善了13个方面的内容,明确了深化检务公开应当遵循的严格依法、真实充分、及时便民和开拓创新等4项原则,建立健全了诉讼权利义务告知、主动公开和依法申请公开、定期通报和新闻发言人、责任追究和监督保障等相关工作制度、机制。但是,无论是"检务十公开"还是经过充实完善后的检务公开的13项内容,大多已为相关法律、法规所明确规定。换言之,这些内容本来就已经公开,推行"检务公开"的意义更多在于通过不同载体、不同形式的公开,让更多民众了解和知晓。直到现在,这种"公开"的价值仍然存在。① 2013年底,最高人民检察院按照党的十八届三中全会通过的《中共中央关于全面深化改革若干重大问题的决定》要求,将深化检务公开制度改革作为检察系统率先推出的一个改革内容迅速部署,并下发《深化检务公开制度改革试点工作方案》,决定在河南等5个省(市)检察机关,试点深化检务公开制度改革。2015年2月,最高人民检察院发布了《关于全面推进检务公开工作的意见》,其突出亮点是要求检察机关从侧重一般事务性公开向案件信息公开转变。可以预想,以此为契机,检务公开工作将从公开内容到公开形式上均得到深入的发展。

笔者认为,检务公开工作要想得到真正的深化推进,必须要关注检务公开的层次性。检务公开的层次性不是人为划分的,而是由检务公开的价值根基决定的。这主要有如下四点根据:(1)满足多元主体不同利益需要的要求。检务公开需要满足多元主体的利益需求。在刑事诉讼中,最主要的

---

① 王琳:《检务公开只能深化不能停歇》,载《京华时报》2013年6月30日。

利益主体包括公众、诉讼参与人、人民法院与公安机关。具体来看,每一类利益主体还可以划分为更为具体的类别。如诉讼参与人包括当事人和其他诉讼参与人。每一类人员,因为身份不同,涉入诉讼程序的深浅度不同,与刑事诉讼利害关系的亲疏远近不同,其在知悉检务信息时间、内容、方式等方面的需求也不尽相同。因此,检察机关应当根据不同主体对检务信息需求的差异,分层次地实行检务信息公开,而不是将海量的检务信息不加选择地全部公开,这不仅会给检察机关带来难以承受的负担,反而会干扰知情权的实际享有与行使。(2)实现司法资源科学配置提高司法效率的要求。推行检务公开必须依托于司法资源的全方位补给,这种资源不仅包括公开所需的物质性资源——人力、物力、财力等,也包括公开所需的非物质性资源——权利地位配给、社会心理、司法权威等。因此,在确定检务公开的范围时,应充分考虑到保障诉讼活动顺利进行的需要,必须关注不同类别主体对检务信息需求的差异,有针对性地实行不同内容、不同时间和不同方式的检务公开,以达到社会司法总资源的优化配置,满足提高司法效率的要求。(3)协调检务信息公开所带来的不同主体利益矛盾冲突的要求。检务信息的内容可能涉及国家秘密、商业秘密、个人隐私,相关信息的公开可能会给国家、商业秘密所有权人、隐私权人带来伤害。举报人、证人等相关信息的公开,有时也会使举报人、证人等招致打击报复及其他伤害。案件信息的不当公开,有时会产生不良的社会影响,并对检察机关公正、及时办理案件造成干扰,甚至造成舆论对司法的干预等。因此,公众、各类诉讼参与人的检务信息知情权、检务工作参与权、检务工作监督权会与国家秘密、商业秘密、公民隐私保护以及检察机关公正司法形成矛盾冲突。我们不能无限制地对所有对象步调一致地公开检务信息,而应协调平衡各种利益关系,针对不同的对象合理确定检务信息公开的方式、方法、时间、内容和要求。(4)实现司法公正提升公众对司法认同度的要求。公开是公正的保障,检务公开的层次性理论能够帮助检察机关在追求公正的过程中做得更加具体、更加有针对性。不同主体对检务公开的不同需求实际上折射的是不同主体对司法公正关注点的差异。一般来说,公众主要关注有重大社会影响的案件信息,而诉讼参与人则更加关注与其自身利益密切相关及自身参与的案件的相关信息,即使两者关注的案件发生重叠,两者对具体案件信息的关注点也有差异。相应地,对于诉讼参与人和公众而言,检务公开的内容、时间、方式、要求等均应有所不同。只有关注检务公开的层次性,才能满足不同主体多样化的利益需求,从而更有针对性地实现司法公正,提升公众对司法的认同度。①

具体而言,检务公开的层次性主要表现在如下四个方面:(1)检务公开价值目标的层次性。检务公开的价值目标主要体现在保障公众知情权、保障诉讼参与人的诉讼权利与合法权益以及保障权力之间的有效配合与制约三个层面。(2)检务公开对象的层次性。检务公开的对象主要有公众、诉讼参与人以及公安机关与人民法院三类。(3)检务公开内容的层次性。根据信息公开范围的差异,可将检务公开的内容划分为绝对公开的内容②、限制公开的内容③和禁止公开的内容④三个层次;(4)检务公开方式的层次性。从检务公开启动的主体看,可以将检务公开的方式划分为依职权的检务公开⑤和依申请的检务公开⑥两种。

笔者认为,层次性理论不仅适用于检务公开,对审判公开工作的深化开

---

① 刘昂、杨征军:《检务公开的层次性简论》,载《人民检察》2013年第17期。

② 对于绝对公开的内容,检察机关可以通过各种方式向社会公众和诉讼参与人公开,不附加任何限制条件。如最高人民检察院1998年《关于在全国检察机关实行"检务公开"的决定》和2006年《关于进一步深化人民检察院"检务公开"的意见》中规定的检务公开的文件目录,即属于这部分内容。

③ 限制公开的内容是指对公开的对象、时间、方式等附有附加条件的检务信息。比如《刑事诉讼法》第275条规定:"犯罪的时候不满18周岁,被判处5年有期徒刑以下刑罚的,应当对相关犯罪记录予以封存。犯罪记录被封存的,不得向任何单位和个人提供,但司法机关为办案需要或者有关单位根据国家规定进行查询的除外。依法进行查询的单位,应当对被封存的犯罪记录的情况予以保密。"该条对未成年人犯罪记录封存的条件、查询主体、查询要求及查询者保密义务均作出了明确规定。对于这类信息,检察机关应结合案件情况,准确确定告知内容、告知时间、告知方式,正确履行告知义务。

④ 禁止公开的内容指的是不得向检察机关以外的任何主体(包括公众、诉讼参与人以及公安机关、人民法院)公开的检务信息。比如,检察委员会讨论的内部情况既不能向公众和诉讼参与人公开,也不能向公安机关和人民法院公开,属于绝对禁止公开的内容。

⑤ 依职权的检务公开又称主动检务公开,指的是检察机关根据自己的工作职责和权力行使要求主动公开相关检务信息。主动检务公开一般在如下两种情形下进行:一是出于履行法定义务而主动公开,如检察机关出于履行对诉讼参与人的告知义务以及其他检务信息公开要求而主动公开相关信息;二是出于回应公众关切而主动公开,如检察机关针对社会关注的发生在机关内的重大事件或就其办理的重要案件召开新闻发布会等。

⑥ 依申请的检务公开又叫被动检务公开,是指检察机关依诉讼参与人的申请或者是依据社会上的要求而进行的检务公开。这一类检务公开是依据有关人员的申请而进行的,因此具有一定的被动性。比如,律师依据法律的规定向检察机关申请查询犯罪嫌疑人、被告人的犯罪记录等。

展亦有重要的价值意义,它是深化司法公开工作的重要理论工具。这主要有如下三点根据:(1)层次性理论既是深化司法公开的理念,也是方法论。司法公开的层次性理论,认为司法公开的价值基础、公开对象、公开内容、公开方式与手段不是一元的、静止的、孤立的,而是多元的、动态的、相互联系相互影响的,也就是多层次的。在司法公开层次性理论的视野下,司法公开工作中的层次划分无处不在。这是一种将司法公开体系化、具体化的理论,是深化司法公开工作的指导理念和方法论。以体系化、具体化的理念和方法指导司法公开工作,必然能够将此项工作持续引向深入。(2)层次性理论对扩展司法公开范围、丰富司法公开内容具有重要价值。层次性理论使得司法公开的范围得到了进一步的扩大和细化。在层次性理论的视野下,每一种主体层次下还可以划分出第二层次、第三层次的对象类别。由于不同主体对司法信息公开的不同需求,司法公开的方式、手段、时间、内容与要求也会呈现出多样性的特点,这将极大地拓展司法公开的范围,丰富司法公开的内容,使司法公开工作更具实效。(3)层次性理论对推动司法公开工作合理化、体系化、制度化建设具有重要意义。层次性理论以层次的形式关注不同司法公开对象对司法信息的不同需求,关注各主体司法信息利益的矛盾冲突与协调。以层次性理论为指导开展司法公开工作,可以合理确定司法公开的对象、公开的内容、公开的方式手段、公开的时间及其他要求,从而保障司法公开工作的合理开展。以层次性理论为指导开展司法公开工作体现了系统论在法学领域的应用。① 在层次性理论的视野下,司法公开的对象、公开的内容、公开的方式手段、公开的时间及其他要求都有了具体的内涵,体现了系统论中要素的差异性,这为司法公开的制度化建设奠定了坚实的基础,也为司法公开的系统化建设提供了坚强的保证。②

---

① 系统论认为,整体性、关联性、等级结构性、动态平衡性、时序性等是所有系统的共同的基本特征。系统本身即具有层次性和多样性。系统是由要素组成的,但要素和系统也是相对的。上一层面的要素也可能是下一层面的系统。正是由于组成系统的诸要素的种种差异和结合方式上的差异,使得系统组织在地位与作用、结构与功能上表现出等级秩序性,形成了具有质的差异的系统等级和多样性的系统。

② 刘昂、杨征军:《检务公开的层次性简论》,载《人民检察》2013年第17期。

四、强化司法主体的力量,为司法诚信的实现打牢内部根基

法治的实现,离不开人的因素。司法机关和司法人员是司法诚信的直接实现者,当然不应该在司法诚信建设这一系统工程中喑哑无语。司法主体力量的增强是抵御各种诱惑和干扰、提高公众对司法诚信评价的基础。2014年伊始,习近平总书记在中央政法工作会议上发表重要讲话,提出要按照"政治过硬、业务过硬、责任过硬、纪律过硬、作风过硬的要求,努力建设一支信念坚定、执法为民、敢于担当、清正廉洁的政法队伍"。这一要求被吸纳进了2015年12月20日中共中央办公厅、国务院办公厅印发的《关于完善国家统一法律职业资格制度的意见》,成为了选拔培养社会主义法律职业人才的统一标准。习近平总书记还强调了四个"决不允许",为政法工作设定了底线。他指出:"要重点解决好损害群众权益的突出问题,决不允许对群众的报警求助置之不理,决不允许让普通群众打不起官司,决不允许滥用权力侵犯群众合法权益,决不允许执法犯法造成冤假错案。"要实现这样的目标,必须强化司法主体的力量,加强队伍建设。笔者认为,强化司法主体力量至少应该包括以下四个方面的应对:

(一) 司法观念上的应对

1. 加强理想信念教育,确保司法主体永葆忠诚本色

要深刻把握加强理想信念教育的时代背景。经济发展新常态、社会发展新趋势下社会稳定领域出现的各种风险和挑战给政法队伍建设带来了严峻考验。党的十八届五中全会明确坚持"四个全面"战略布局,提出"十三五"时期我国发展的指导思想、奋斗目标、基本理念和重大举措,每一项都与政法工作息息相关,给政法队伍建设提出许多新的挑战。从国际方面看,世界政治、经济、地缘等各种因素相互交织,不同国家利益、不同意识形态、不同宗教教派的矛盾与斗争加剧。国际战略力量对比的新变化加剧大国之间的竞争博弈,传统与非传统安全挑战同步增长恶化国际安全环境,各种不安全、不稳定问题多发高发、交织叠加,复杂性、不确定性与高风险性成为当今

国际安全稳定形势的阶段性特征。以美国为首的西方反华势力策动"颜色革命"使境外敌对势力对我国细化分化的新的战略和手段,对我国政治安全构成重大现实威胁。在社会深刻变革和日益开放的环境下,必须要把信念坚定、对党忠诚作为政法队伍建设的政治灵魂抓紧抓好。习近平总书记说道,坚定的理想信念,是共产党人的灵魂归宿和精神支柱,是共产党人精神上的"钙",对司法人员尤其如此。必须坚持用习近平总书记系列重要讲话精神武装头脑、指导实践、推动工作,持之以恒地开展忠诚教育,引导广大干警坚定不移地坚持和落实党对政法工作的领导,自觉贯彻党的路线、方针、政策,不断提高广大干警的政治敏锐性和鉴别力,增强政治定力,不断增强工作预见性,自觉抵制政法领域的杂音、噪音,始终保持政治清醒和政治自觉,永葆忠于党、忠于国家、忠于人民、忠于法律的政治本色。

确保司法主体的忠诚本色,应当强化如下三点要求:(1)处理好忠诚于党的领导与依法独立行使法律职权的关系。首先,要认识到两者具有较高的一致性。很多法律规定是党的路线、方针、政策的法律化,同时,党立足于不同时期的国情在不同历史时期确立不同的战略目标和任务,这决定了法律实施工作的方向和重点。其次,要把握好忠诚于党的领导与依法独立行使法律职权的界限。党对司法工作的领导,主要是政治、思想、组织领导,各级党组织必须支持和保障司法机关依法独立行使职权,维护司法权威,把统揽全局、协调各方同司法机关依法履行职责统一起来,不包办具体业务工作,更不能插手、干预个案。因此,司法主体必须明确忠诚于党的领导与依法独立行使职权的界限,对于违反司法权独立行使的指令,要自觉抵制。(2)立足中国国情,防止简单机械照搬西方法治理念和法治模式。法律人的忠诚要求其结合中国的具体国情研究中国法律实施中的具体问题并寻找对策,防止对西方政治制度和模式,法治理念和制度进行盲目照搬照抄。司法领域一直是敌对势力企图对我国实施西化、分化战略的重要领域。他们把司法活动中存在的一些问题归咎于党的领导,打着"司法改革"的旗号,鼓吹实行所谓"司法独立",妄图否定、取消党对司法工作的领导,司法主体要对此保持极高的警惕。(3)坚持能动司法,反对机械司法。能动司法就是发挥司法的主观能动性,积极主动地为大局服务,为经济社会发展服务。对之相对的是机械司法,把法律理解成僵化的教条,片面强调司法的被动和中立。能动司法是"构建和谐社会""以人为本"以及"科学发展观"等社会倡导在司法过程中的具体展示,回答的是"司法担当什么样的角色""承载什么样的责任"这样的重大问题,服务性、主动性、高效性是能动司法的三个显著特征。因此,坚持能动司法本身就是司法主体忠于中国共产党的领导、忠于国家的体现。

2. 确立正确的司法观念

在第五章第一节的论述中,笔者考虑到司法观念的形成更多的与司法整体环境有关,司法主体可能更多的是受到了错误司法观念的影响而不是错误观念的始作俑者,因此,将司法观念作为与司法主体并列的一个影响因素分析了其对司法诚信实现的影响。但从对策的角度看,司法观念必须要有一个落脚点,其最终要体现在司法主体的司法行为中。从这个意义上讲,确立正确的司法观念体现了强化司法主体力量的一种观念上的应对。最高人民法院副院长沈德咏将现代刑事司法观念概括为七个:人权保障观念、程序公正优先观念、无罪推定观念、证据裁判观念、程序法治观念、司法效率观念和特殊保护观念。①

笔者认为,从司法实践现状看,树立正确的司法观念,司法主体应着重从信仰法律和人文情怀两个方面入手加以提升。

信仰法律作为现代法治精神的内核,指的是司法主体在司法活动中将法律作为评价案件是非曲直的标尺,杜绝人情、金钱、权力的干扰。信仰法律包含如下四个具体的内容和要求:(1)要尊崇法律,有规则意识,即有发自内心的、以规则为自己行动准绳的意识。在规则面前低头,是人类崇高精神的最佳体现,每一个法律人都应该有像苏格拉底一样尊崇法律、遵守规则的情怀。(2)要有证据意识,即在法律实施中重视证据并自觉运用证据的意识,奉行"事实清楚、证据确实充分"的证明标准。(3)要有程序意识,即懂程序、讲程序、按程序办事的意识。无程序便无公正,法律程序不仅是公正实现的保障,更是公平正义的重要组成部分。(4)要有主动接受监督的意识。司法主体要牢固树立主动接受监督的意识,除了系统内部监督和公、检、法机关之间的监督和制约外,也要自觉接受人大监督、民主监督、社会监

---

① 沈德咏:《树立现代刑事司法观念 正确实施刑诉法》,载《人民法院报》2012年6月5日。

督、舆论监督。特别是作为法律监督机关的检察院,要用更加浓厚的接受监督意识和更加完善的接受监督制度回应公众"你监督别人,谁来监督你"的疑问,从而保证司法公正。

人文情怀是人类文明对法律主体的要求,在这个世界上,最高贵的莫过于人的生命个体的存在,司法主体要善待、尊重同类。最高人民法院院长周强多次强调:要牢牢把握司法为民的根本宗旨,满足人民群众日益增长的多元司法需求。人民性是中国特色社会主义司法制度的本质属性,因此,司法主体要牢记司法权源于人民、属于人民、服务人民、受人民监督,这必然要求其具有人文情怀。司法主体的人文情怀包含如下五个具体的内容和要求:(1)尊重他人的人格尊严,禁止歧视或侮辱他人人格的行为。他人指的是法律实施相对人和参与人。尊重每一个人的权利,维护每一个人的尊严,哪怕他(她)有罪有错。这是基本的法治理念,也是文明社会的底线。(2)要有平等的观念,反对"门难进、脸难看、话难听、事难办"的老衙门作风和"脸热心冷"的新衙门作风。法律是公正而善良的艺术,法律人要有爱心和悲悯情怀,并平等地展现给每一个人。(3)要有便民利民的服务意识,体现司法的人民性。比如,人民法院改革案件受理制度,变立案审查制为立案登记制,虽然大大增加了法官的工作量,但正是便民利民的服务意识的生动注脚。(4)要尊重人的权利,反对权力行使的肆意。2004年"尊重和保障人权"写入《宪法》是中国法治史上的一件盛事,2013年"尊重和保障人权"写入修改后的《刑事诉讼法》,带来了宪法的价值要求在部门法中真正落实的契机。司法公正以尊重人权为归宿,尊重司法强调的是对受到制约的司法权的运作结果的尊重,保障人权则构成了司法权运作的最大制约。(5)要有理性、平和、文明的态度,反对感情用事。其中,理性是法律人的内在要求,平和是法律人的应有心态,文明是法律人的职业态度。"理性"强调的是司法者在司法过程中遵循法律本意,遵从法律真实,慎重、周全地判断和实施司法行为。以理性为基础的司法,必然体现为一种"平和"的司法心态和司法境界。模范法官宋鱼水的绝活是耐心倾听,这种特质正是法官的人文情怀的体现。①

---

① 李郁:《追求和谐效应——记人民的好法官宋鱼水》,载《法制日报》2005年1月14日。

当然,确立正确的司法观念,首先得打破固有陈旧观念的束缚,对于司法主体而言,迫在眉睫的是需要完成如下转变:从传统的重打击、轻保护走向打击与保护并重;从传统的重实体、轻程序走向程序优先;从传统的重公正、轻效率走向公正优先、兼顾效率;从传统的重口供、轻证据到先证据、后口供。在此基础上,还要建立"新型司法观",最高人民检察院副检察长孙谦将之概括为"理性、平和、文明、规范"。① 可见,"新型司法观"体现了更高层面的观念要求,能够有效地提升司法的品质,进而促进司法诚信的实现。

(二) 司法能力上的应对

笔者在第五章论述到,司法能力集中表现为司法人员运用法律解决和处理案件的能力,法律知识和法律技能是司法能力的两个重要支点。当然,司法能力不仅包括知识和技能,更重要的是司法人员要能够适应经济社会的发展要求,了解人民群众的要求和愿望,要提高把握社情民意的能力,了解国情、社情、人情、世情。

目前,我国对司法人员能力的要求和培训,更多地集中在法律知识方面。无论是国家统一司法考试还是在职法官、检察官的教育培训,多围绕法律知识展开,对法律技能的考察和训练明显欠缺,制度性的保障更是无从谈起。而无论是英美法系还是大陆法系国家,司法技能的训练都是司法培训的重要内容,英美法系国家在这方面做得尤为出色。以法官培训为例,因为英美法系国家实行判例法制度,案件区分技术是法官应备的基本技能,也是其法外造法和发展法律原则的起点,因此,这方面的培训受到高度重视。美国联邦司法中心(FIC)是专门负责司法研究和司法培训的机构,开发了不少关于司法技能培训的课程。同时,该中心对法官应当具备的基本司法技能进行了归纳、总结,提出了法官必须具备的七项基本司法技能,包括法官能够有效管理由其审理的各类案件,并且能够公正、快速、经济地审结这些案件;法官应该能够控制所处理的诉讼,使得诉讼有条不紊而且公正地进行;法官应该了解法律所赋予的权力,并应充分行使这些权力,但不超越之;法官应该十分清楚进行公正刑事审判的基本要求;法官应该充分了解其职业

---

① 孙谦:《树立新型司法观念 提升现代司法品质》,载《中国社会科学报》2011年1月6日。

道德责任;法官应该发展和提高作为一个合格法官所必须具备的工作技能;法官应该能够妥善处理与他人及公众的关系。① 相似地,对于检察人员和侦查人员的培训也都受到了世界各国的重视。

相比之下,我国对司法技能的研究、培训、运用均较为欠缺。虽然要经过初任司法人员的资格考试,但没有必要的司法技能培训就要求司法主体开展专业化极强的司法工作不能不说是勉为其难。欲改变这一现状,需要从以下三个方面着手:一是提高对法律技能的重视程度。法律技能是司法能力的重要方面,和法律知识一同构成司法能力的两翼,缺一不可,不能偏废。二是加大对司法技能体系和司法技能提升路径的研究。司法技能的内涵如何?应包括哪些内容?应该如何获得提升?目前,这方面的研究成果甚少,急需加强研究。以法官为例,如下方面的技能提升必不可少,包括法律定位的技能,事实认定的技能,以及制作裁判文书、执行裁判和审理新类型、敏感、疑难案件等审理运作方面的技能。比如,现在公众意见较大的判决书不说理问题,没有这方面的研究培训而一味地批评法官对问题的解决并无助益。摆在我们面前的亟待解决的问题是研究确立优秀裁判文书的标准,并在全国范围内推出相应的裁判文书制作指导规范。三是加大法律技能的培训力度。法官、检察官任职前培训和在职培训都应该融入法律技能培训的内容。为了保证培训质量,应该制定全国统一的司法技能培训大纲,逐步形成一套比较有特色的培训教材,并建立一套规范化的成熟的培训渠道、培训内容、培训考核办法。近年来,国家法官学院和国家检察官学院在此方面做了大量的工作。

需要指出的是,司法能力建设要着眼于法院、检察院整体司法能力的提升。以法院司法能力建设为例,不能仅仅着眼于那些"亲历亲为"的业务庭的法官,而必须实实在在地关注到那些"只判不审"的院庭领导和审判委员会成员。否则,具体承办案件的法官的个体司法能力再强也无济于事。因此,法院的整体司法能力建设必须把两者能力的提升有机地统一起来。事实上,尽管《法官法》出台十年有余,但至今担任法院领导尤其是一把手,本身并无严格的司法从业经验和担任法官任职条件的背景要求,如果忽视了

---

① 于秀艳:《美国法官的基本司法技能》,载《人民法院报》2003 年 1 月 6 日。

对这些长官们司法能力的培养关注,则很难说司法能力得到普遍提升。①

还需要强调的是,司法能力的提升需要建立在准确理解和实践法律思维的前提之上,换句话说,法律思维的训练本身就是司法能力提升的重要组成部分。法律思维的本质特征就在于"规范性"。以法官裁判为例,立法机关预先为每一类案件设立法律规范,明确规定其构成要件、适用范围和法律效果,这就为法官树立了裁判的标准,用来指引法官裁判案件。法官审理案件的整个过程,可以分解为两个阶段:事实认定和法律适用。先查清案件事实,然后查找应当适用的法律规范。当法官把案件事实查清楚后,找到了该类案件应当适用的法律规范,就知道了这个案件应该怎么判决。这就是我们常说的"以事实为根据,以法律为准绳",法律规范就是这个"准绳"。因此,法官裁判案件,必须遵循法律规范,不能背离法律规范,任意裁判。② 但是,另一方面,法律思维不是机械的法条思维,因为具体的法律条文必须经过法官的思考、解释才能成为活生生的正义。具体到刑事法治领域,就是要严格按照刑事法律的规定,根据罪刑法定原则来处理案件。但罪刑法定原则并不意味着机械地理解法条,机械地适用法律。对法律条文不能单纯地看其字面含义,而应注意探求条文所体现的立法精神。在有些案件中,看起来法院是严格按照罪刑法定原则来处理案件的,但其实是机械的司法,法官俨然成了输入法条和司法解释、输出判决书的机器。这种机械司法不仅与罪刑法定原则的旨趣背道而驰,而且也与法治思维的要求南辕北辙③,判决结果自然会引起当事人和社会公众的质疑。比如许霆案的一审判决。从一审的无期徒刑到二审的 5 年有期徒刑,为什么在很短的时间内,同一法庭的判决差别如此之大? 主持二审判决的广州市中级人民法院甘正培庭长在接受央视《新闻调查》栏目采访时坦承:"第一次的判决引用了《刑法》第 264 条,第二次判决同样也是第 264 条,只不过同时还援引了《刑法》第 63 条的

---

① 高少勇:《司法能力之基本内涵与培育路径》,载 http://old.chinacourt.org/public/detail.php?id=175946,最后访问时间:2015 年 8 月 9 日。
② 梁慧星:《怎样进行法律思维》,载《法制日报》2013 年 5 月 8 日。
③ 陈长均:《机械的"法条思维"不是法治思维》,载《法制日报》2013 年 5 月 8 日。

规定①,即根据案件的特殊情况可以在法定刑以下判处判罚,因此从无期徒刑改判为有期徒刑5年。这两次判决均是依法判决,但是一审判无期确有机械执法的嫌疑。"②可见,法律思维不等于法条思维,法官应该统筹考量规范教义与价值构造,在立法精神的指导下,在不断变化的社会生活里发现法条的真实含义,目光不断往返于法律条文、案件事实与社会生活之间,而不能只盯着法律条文的字面含义和抽象的法律概念。③

应当看到,经济社会发展环境的变化使得司法能力建设面临着许多新的挑战。比如,现代信息技术的发展给人们的生活与交流方式带来了巨大的影响,与此同时带来许多新情况、新问题,给干警思想政治工作、互联网领域的执法司法能力与执法司法方式、政法干警科技信息应用能力提出了新的要求。因此,司法主体要充分运用信息化技术,精准打击预防违法犯罪,高效快捷服务人民群众,推进执法司法公开,严格管控执法办案的每个环节、每个节点,随时随地接受群众监督和评价,保障群众的知情权和参与权,实现看得见的正义,提升司法公信力;要以深度融合、深度应用为目标,整合政法各部门的信息化资源,建立相关执法司法部门之间互联互通的信息平台和工作机制,发挥信息化在执法办案中的综合效能。再如,当前,我国经济发展进入新常态,经济增长速度正从高速增长转向中高速增长,发展方式正从规模速度型粗放增长转向质量效率型集约增长,经济结构正从增量扩能为主转向调整存量、做优增量并举的深度调整,发展动力正从传统增长转向新的增长点。这在客观上有利于缓和高速增长积累的矛盾和问题,但也会带来新的矛盾和问题。随着经济下行压力加大,地方政府性债务、影子银行、房地产等领域蕴藏的风险可能显现,劳资、债务纠纷会大量增加,非法集资、金融诈骗等涉众型经济犯罪明显增多。这对司法能力的提升提出了新的挑战。司法机关要善于把握新形势下各类矛盾和问题产生发展的趋势特点,找准政法工作着力点,创新工作思路、方法,提高规范、服务能力,有效应

---

① 《刑法》第63条规定:犯罪分子具有本法规定的减轻处罚情节的,应当在法定刑以下判处刑罚;本法规定有数个量刑幅度的,应当在法定量刑幅度的下一个量刑幅度内判处刑罚。犯罪分子虽然不具有本法规定的减轻处罚情节,但是根据案件的特殊情况,经最高人民法院核准,也可以在法定刑以下判处刑罚。
② 《许霆案法官坦承一审机械执法 期待促进司法进步》,载《青年周末》2008年9月18日。
③ 陈长均:《机械的"法条思维"不是法治思维》,载《法制日报》2013年5月8日。

对经济发展新常态下社会稳定领域出现的各种风险挑战。

(三) 司法作风上的应对

司法人员的一言一行,一举一动,直接影响着公众对司法机关的整体评价,影响着其对社会公平正义和法律权威的认同。因此,作风问题无小事。加强和改进司法作风建设,是提升司法公信力的关键所在,也是增强公众对司法诚信评价的重要环节。而我们必须承认的是,司法实践中,"门难进、脸难看、话难听、事难办"以及"冷硬横推""吃拿卡要""慵懒散奢"等司法不正之风还不同程度的存在,执法办案过程中出现的工作方法简单、工作效率不高、为民措施不落实、便民利民力度不够、不注重文明司法、着装不够规范等问题究其原因都是作风问题,少数干警还存在司法不廉乃至发生腐败问题,严重损害队伍形象,这更是使得公众对司法的尊重和信任大打折扣。

司法作风建设一直是我国司法机关队伍建设的重要环节。法院系统强化作风建设的思路从一系列文件中可以得到清晰体现:2009年1月,最高人民法院发布了《关于"五个严禁"的规定》和《关于违反"五个严禁"规定的处理办法》;2010年12月,最高人民法院修订了《法官职业道德基本准则》和《法官行为规范》,并新制定了《人民法院文明用语基本规范》。这三个文件,是人民法院职业规范建设的基础性文件,是加强司法作风建设的直接依据;2013年12月,最高人民法院下发了《关于进一步改进司法作风的六项规定》的通知,内容涉及坚持司法为民、推进司法公开、加强民意沟通、精简会议活动、精简文件简报、改进调研工作六大方面;2014年1月2日,最高人民法院印发了《关于新形势下进一步加强人民法院纪律作风建设的指导意见》,提出要坚决清除"冷硬横推""吃拿卡要""慵懒散奢"等司法不正之风,强调加强法院纪律作风建设,坚守做人处事、用权交友底线。

作风建设在检察院和公安系统也呈现出越来越严格的趋势,甚至开始出台规定对干警八小时工作时间之外的行为进行约束。比如,2014年1月,最高人民检察院印发了《检察人员八小时外行为禁令》,严禁检察人员在八小时外耍特权,具体内容包括:严禁接受案(事)件当事人及其委托人的吃请、财物或者安排的旅游、健身、娱乐等活动;严禁到私人会所、夜总会及其他存在营利性陪侍活动的场所参与吃喝玩乐等奢靡、不健康活动;严禁借婚丧嫁娶、子女升学就业等事宜大操大办；严禁利用职务上的便利，将应当由本人或亲属支付的费用，由下属单位、其他单位或者个人支付、报销；严禁用公款吃喝、送礼、旅游及支付非公务活动费用；严禁公车私用、警车他用，违规将公车、警车停放在餐饮、休闲娱乐场所及旅游景区；严禁参与赌博、色情性质的活动；严禁要特权、逞霸道及其他与检察人员身份不符的言行。而早在2003年，公安部就出台了以枪、酒、车、赌等四个方面为主要内容的"五条禁令"，在当时被认为是八小时之内的要求和八小时之外的自觉。随着作风建设力度的不断加大，这种约束也逐渐升级。2014年1月1日，北京警方主动出台了《北京市公安局禁酒令》，规定民警除在家饮酒或经过报告审批饮酒外，一律不得饮酒。这实际上是把这种行为约束扩大到了八小时之外。

加强司法作风建设，必须对司法腐败零容忍。司法腐败是最恶劣、最严重的腐败，因此，司法作风建设一定要与司法廉政建设相结合。近年来，司法廉政建设可谓成效显著。如2004年3月，最高人民法院、司法部发布了《关于规范法官和律师相互关系维护司法公正的若干规定》，规定了"法官不得要求或者暗示律师向当事人索取财物或者其他利益"等内容。2011年2月，最高人民法院发布了《关于对配偶子女从事律师职业的法院领导干部和审判执行岗位法官实行任职回避的规定（试行）》，规定"有配偶子女任律师的法官要任职回避"，"法院内部工作人员不得私下打听正在办理的案件"。2015年3月30日，中办、国办正式下发《领导干部干预司法活动、插手具体案件处理的记录、通报和责任追究规定》，从记录、通报、追责三个环节对领导干部干预司法活动的行为进行约束。同月，中央政法委发布了《司法机关内部人员过问案件的记录和责任追究规定》，规定了"司法机关内部人员不得违反规定过问和干预其他人员正在办理的案件，不得违反规定为案件当事人转递涉案材料或者打探案情，不得以任何方式为案件当事人说情打招呼"等内容。这样的规定绝不是"雷声大雨点小"，中央政法委在2015年11月6日和2016年2月1日两次通报干预、过问、插手具体司法案件处理的典型案例共计12起，体现了对违反"两个规定"行为"零容忍"，营造良好法治环境、确保司法廉洁的坚定决心。此外,最高人民法院颁布了"十个不准"①,对贯彻中央八项规定精神进行专项检查。对违规配置使用公车开展专项治理,清理法院领导干部和审判人员在企事业单位兼职。强化了司法巡查、审务督察以及在审判执行部门设立廉政监察员等制度。狠抓"四个一律"②"五个严禁"③等纪律规定的贯彻执行,加强对司法权的制约和监督;最高人民检察院颁布了检察人员八小时外行为禁令,强化对领导干部的监督。加强对省级检察院领导班子的巡视,加大正风肃纪力度。在12309举报网站开设"举报检察干警违法违纪"专区。最高人民检察院工作报告显示:2014年全国检察机关共立案查办违法违纪检察人员210人,其中移送追究刑事责任26人,同比分别上升26.2%和13%;2015年立案查处违纪违法检察人员404人,同比上升86.2%。公安部出台了三项纪律④,以更高的要求、更严的纪律,规范公安民警行为,建设过硬队伍,回应人民群众新期待。

司法作风建设与党建工作的加强相伴而行。党的十八大以来,以习近平同志为总书记的党中央高度重视从严治党、制度治党、依规治党,在这些方面提出了许多新要求。在十八届中央纪委第三次全会上,习近平总书记

---

① 2013年12月,最高人民法院印发了《关于纠正节日不正之风的"十个不准"规定》,"十个不准"指:一、不准以过节名义滥发实物、现金及支付凭证;二、不准用公款购买、印制、邮寄、赠送贺年卡、明信片、年历等物品;三、不准用公款购买烟花爆竹、烟酒、月饼等年货节礼,或者以过节名义用公款搞相互走访、送礼、宴请等活动;四、不准用公款大吃大喝、游山玩水或者用公款豪华铺张举办庆典、晚会等活动;五、不准收受可能影响公正执行公务的礼品、礼金、支付凭证等财物;六、不准参加可能影响公正执行公务的宴请、旅游、健身、娱乐等活动;七、不准违规使用公车或者将公车外借他人使用;八、不准向案件当事人及其委托人借车用于探亲访友或外出游玩等活动;九、不准跑官要官,买官卖官;十、不准从事与法院工作人员身份不相符的活动,或者涉足与法院工作人员身份不相符的场所。

② 2010年12月,中央政法委对全国政法干警提出了"四个一律"的纪律要求。"四个一律"是指:接受当事人及其委托律师吃请、娱乐、财务的,一律停止执行职务;利用职权插手案件办理影响公正执法、滥用职权侵犯当事人合法权益的,一律调离执法岗位;徇私枉法、贪赃枉法的,一律清除出政法队伍;构成犯罪的,一律依法追究刑事责任。

③ 2009年1月,最高人民法院印发了《关于"五个严禁"的规定》和《关于违反"五个严禁"规定的处理办法》的通知。"五个严禁"指:一、严禁接受案件当事人及相关人员的请客送礼;二、严禁违反规定与律师进行不正当交往;三、严禁插手过问他人办理的案件;四、严禁在委托评估、拍卖等活动中徇私舞弊;五、严禁泄露审判工作秘密。

④ 2013年9月,公安部出台了"三项纪律",即:公安民警决不允许面对群众危难不勇为;决不允许酗酒滋事;决不允许进夜总会娱乐。公安民警违反上述规定的一律先予以禁闭,并视情给予纪律处分。造成严重后果或者恶劣影响的,一律给予开除处分,并视情追究有关领导责任。隐瞒不报、包庇袒护的,从严处理。构成犯罪的,依法追究刑事责任。

强调指出,要落实党委的主体责任和纪委的监督责任,党委、纪委或其他相关职能部门都要对承担的党风廉政建设责任做到守土有责。王岐山同志也多次对落实党风廉政建设"两个责任"提出明确要求。2014年12月,习近平总书记在江苏调研时强调,要协调推进全面建成小康社会、全面深化改革、全面推进依法治国、全面从严治党,推动改革开放和社会主义现代化建设迈上新台阶。党的群众路线教育实践活动总结大会上,习近平总书记要求,各级各部门党委(党组)"把抓好党建作为最大的政绩"。而不论是党的群众路线教育实践活动还是"三严三实"专题教育活动,都是加强党建工作的有效行动和生动注脚,为做好新形势下干部工作提供了重要遵循。2015年10月12日,中共中央政治局召开会议审议通过了新修订的《中国共产党纪律处分条例》,用负面清单的方式列举六大类违纪行为及处分措施,实现了纪法分开、纪在法前、纪严于法。并将十八大以来出台的三十多部廉政新规中涉及的政治纪律、政治规矩、组织纪律、工作纪律、群众纪律、廉洁纪律等方面的最为重要的要求转化为纪律条文,吸收了八项规定、反"四风"等新的制度成果,成为党员干部的行动指南。2016年初,中共中央印发了新的《中国共产党地方委员会工作条例》,明确规定地方党委必须认真履行全面从严治党主体责任,书记必须履行抓党建第一责任人职责,并明确专职副书记的职责主要是协助书记抓党的建设工作。同时,《条例》明确地方党委主要实行政治、思想和组织领导,重在把方向、管大局、作决策、保落实,这些均是对从严治党的最新要求,也为司法机关作风建设指出了明确的方向。

值得肯定的是,上述制度已经在实践运行中取得了良好的效果,作风建设的成效值得肯定。笔者认为,司法作风建设必须常抓不懈,为司法廉洁公正提供有力保障,并找准如下四个着力点:一是树立严管厚爱的意识,坚持从严治警的方针,摸准影响司法廉洁的薄弱环节和关键领域,切实加强对政法队伍的监督管理。二是要强化以惩促防的措施。按照习总书记的要求,以最坚决的意志、最坚决的行动扫除政法领域的腐败现象,坚持"老虎""苍蝇"一起打,把严重违纪违法、严重玷污法官荣誉的"害群之马"清除出政法队伍,用铁的纪律维护司法公正、队伍廉洁。三是要完善保证公正廉洁司法的工作机制,宏观上要建立有效的权力制衡机制,微观上要加强案件流程管理领域的科技应用①,促进司法廉洁。四是强化司法人员的职业良知教育,努力促使司法人员做到敬法畏民,不偏不倚。总之,必须强化"事前预警、事中监控、事后查究"的监督防线,以廉政建设促作风养成,增强社会对司法的信任,提升公众对司法诚信的评价。需要指出的是,强制是无奈的选择,自觉才是我们追求的管理目标,衡量政法队伍素质好坏不是看他们被强制的行为,而是看他们自觉的行动。如何才能唤醒司法人员行动自觉?要把握好两个关键环节:一是班子的以身作则。出台一个强制性的规定并不难,难的是领导干部能够始终把制度规定执行到位,敢于动真格把"问题"官员拉下马,不因利益、亲情而改变处罚力度,对待自己和他人都能够做到表里如一、一视同仁,这才是作风建设持续开展的原动力。二是依靠司法公开推进作风建设。阳光是最好的防腐剂,把司法环节一切能够公开的信息全部公开,让司法行为在阳光下全面接受当事人和社会的监督和评判,推进司法公开,打造阳光司法,这会给司法人员一种无形的压力,"倒逼"着其增强责任意识、服务意识、效能意识、亲民意识和廉洁意识,这是促进作风建设的最好方式。

(四)司法职业保障上的应对

遵循司法本质和规律的一个重要表现就是对法官、检察官职业有客观、全面的了解,并完善相应的职业保障。一方面,在我国,法官、检察官入职门槛较高是一个不争的事实,要想迈入这道门槛,必须通过司法考试和公务员考试"双考"。但虽然法官、检察官的职业素质要求、任职条件要求明显高于普通公务员,工资福利及职务保障却和公务员一样,高要求与低保障矛盾突出。另一方面,法官、检察官的职级比例相对于同级党政机关公务员普遍较低。由于没有实行单独职务序列,法官、检察官职级比例政策受公务员法调整,但现有的公务员的职级比例政策并不符合法院、检察院实际。虽然近年来,法官、检察官的待遇得到了一定提升,法官、检察官津贴已经落实,但津

---

① 以法院为例,应在尊重审判规律前提下建立相对完善的审判流程制度体系,就立案、送达、保全、庭前调解、庭审、执行、归档各个阶段、各个环节,对时限、质量等方面应达到的标准作出具体规定,形成案件流程规范。之后,依托计算机信息技术实现审判流程全程信息管理和节点控制,保证案件得到全程动态管理,增强案件审理透明度。参见钱锋:《司法廉洁制度的创新完善与路径选择》,载《法律适用》2012年第2期。

贴占工资收入比例极低,而工资又与普通公务员一样跟职级挂钩,如果行政职级晋升缓慢,便会直接影响他们的工资福利,这种状况严重影响了法官、检察官工作的积极性。

为了实现司法权公正、独立、廉洁、勤勉行使,充分调动司法人员的积极性,笔者认为,我们需要借鉴西方法治国家的经验和做法,强化司法人员如下四个方面的职业保障:一是身份保障。法官、检察官一经任用,除正常工作调动外,非因法定事由,非经法定程序,不得被免职、降职、辞退或者处分,不能受地方行政部门机构改革、精简人员等制约,保障严格执法,独立公正办案。二是待遇保障。应结合实际,建立一套不同于一般公务员,符合法官、检察官职业特点的待遇保障制度。通过丰厚的工资制度、优厚的退休金制度保障法官、检察官队伍的稳定性,促进司法权的廉洁行使。三是职级保障。应着力解决法官、检察官职务和职级脱钩的矛盾。将法官、检察官的管理与行政职级职务脱钩,工资、福利、考核、晋升、激励、惩戒、退出等与法官法、检察官法规定的等级相关联,借推行司法管理体制改革的有利契机完善职级保障。四是人身安全保障。要进一步加强政法干警的人身安全保护,依法严惩暴力抗法行为。要认识到不仅是一线执法岗位的公安民警容易受到不法侵害,法官、检察官在执法时遭遇暴力抗法的情形也并不鲜见。① 因此,要围绕政法系统不同岗位的人身安全保障进行分类研究。

令人高兴的是,改革的号角已经吹响。党的十八届三中全会《决定》指出:"建立符合职业特点的司法人员管理制度,健全法官、检察官、人民警察统一招录、有序交流、逐级遴选机制,完善司法人员分类管理制度,健全法官、检察官、人民警察职业保障制度。"党的十八届三中和四中全会《决定》均提出建立稳定的法官、检察官职业保障制度,"建立健全司法人员履行法定职责保护机制。非因法定事由,非经法定程序,不得将法官、检察官调离、辞退或者作出免职、降级等处分"。2016年7月,中共中央办公厅、国务院办公厅联合发布了《保护司法人员依法履行法定职责规定》,明确了"法官、检察官依法办理案件不受行政机关、社会团体和个人的干涉","任何单位或者

---

① 最高人民法院、最高人民检察院曾在2005年联合发出紧急通知,要求切实解决妨碍司法人员依法履行职务问题,保护司法人员的人身安全,保障司法工作的顺利进行,维护法律尊严和司法权威。

个人不得要求法官、检察官从事超出法定职责范围的事务","非因法定事由,非经法定程序,不得将法官、检察官调离、免职、辞退或者作出降级、撤职等处分","法官、检察官非因故意违反法律、法规或者有重大过失导致错案并造成严重后果的,不承担错案责任","对干扰阻碍司法活动、威胁、报复陷害、侮辱诽谤、暴力伤害司法人员及其近亲属的行为,应当依法从严惩处"等内容。这样的改革能够有效确保司法人员在法律精神的指引下,在法律规范的框架内心无旁骛地办理案件,显然有助于凸显司法人员的司法尊荣和职业特色,增强司法人员的职业稳定性。另外,法院、检察院的司法人员分类管理改革试点工作正在进行之中,上海已率先探索建立法官、检察官员额制。根据试点方案,上海的法院、检察院工作人员将分为法官、检察官,法官助理、检察官助理等司法辅助人员以及行政管理人员三类,分别占队伍总数的33%、52%、15%。① 这项改革涉及法官、检察官的切身利益,让优秀的法官、检察官担当重任,享受更高的薪资待遇,这是一项符合司法规律的改革,对于提高办案质量,确保案件的处理公平公正,促进司法诚信建设必将起到十分关键的作用。

笔者前面从制度、体制、主体、保障四个方面论述了司法诚信的实现路径,除此之外,司法诚信的实现还受制于两种文化的影响:一是诚信文化,二是法治文化。司法诚信是诚信文化中的一环,很难想象在一个各行各业都不将诚信视作道德准则和行动底线的社会里,司法能独善其身;法治文化决定着司法的运行环境,很难想象在一个大多数人都不守法、不信奉法治的社会里,司法的权威能够得到确立。但令人遗憾的是,受到历史的影响,这两种文化在中国的根基都较为薄弱,这注定了司法诚信实现的艰难。因此,加强法治文化和诚信文化建设就成为司法诚信建设工程中不可或缺的一环。需要指出的是,文化建设不可能"毕其功于一役",也不可能拼上三五载就大见成效,这显然是场持久战,我们能做的就是只争朝夕、稳步推进。

---

① 罗沙、杨金志、黄安琪:《中国深入推进法官检察官员额制改革》,载www.xinhuanet.com,最后访问时间:2015年7月22日。

参 考 文 献

一、中文文献

(一) 著作类

1. 毕玉谦:《司法公信力研究》,中国法制出版社 2009 年版。
2. 邹建平:《诚信论》,天津人民出版社 2005 年版。
3. 景枫:《社会诚信研究》,中国社会科学出版社 2005 年版。
4. 左德起:《刑事司法诚信问题研究》,法律出版社 2011 年版。
5. 蓝寿荣主编:《社会诚信的伦理与法律分析》,华中科技大学出版社 2011 年版。
6. 陈平编:《新中国诚信变迁:现象与思辨》,中山大学出版社 2010 年版。
7. 王良:《社会诚信论》,中共中央党校出版社 2003 年版。
8. 赵爱玲:《当代中国政府诚信建设》,山东人民出版社 2007 年版。
9. 杨秋菊:《政府诚信建设研究——基于政府与社会互动的视角》,上海财经大学出版社 2009 年版。
10. 徐国栋:《诚实信用原则研究》,中国人民大学出版社 2002 年版。
11. 郑强:《合同法诚实信用原则研究——帝王条款的法理阐释》,法律出版社 2000 年版。
12. 陈卫国:《合同法中的诚信和公平原则》,法律出版社 2009 年版。
13. 阎尔宝:《行政法诚实信用原则研究》,人民出版社 2008 年版。

14. 唐东楚:《诉讼主体诚信论——以民事诉讼诚信原则立法为中心》,光明日报出版社 2011 年版。

15. 杜丹:《诉讼诚信论:民事诉讼诚实信用原则之理论及制度构建》,法律出版社 2010 年版。

16. 曹建明:《法官职业道德教程》,法律出版社 2002 年版。

17. 唐贤秋:《道德的基石:先秦儒家诚信思想论》,中国社会科学出版社 2004 年版。

18. 孙笑侠:《程序的法理》,商务印书馆 2005 年版。

19. 程雷:《秘密侦查比较研究》,中国人民公安大学出版社 2008 年版。

20. 陈瑞华:《问题与主义之间——刑事诉讼基本问题研究》,中国人民大学出版社 2003 年版。

21. 陈瑞华:《看得见的正义》,中国法制出版社 2000 年版。

22. 陈瑞华:《刑事审判原理论》,北京大学出版社 1997 年版。

23. 贺卫方:《运送正义的方式》,上海三联书店 2002 年版。

24. 陈卫东:《程序正义之路》(第一卷、第二卷),法律出版社 2005 年版。

25. 陈卫东主编:《刑事诉讼法》,中国人民大学出版社 2004 年版。

26. 陈卫东主编:《刑事诉讼法修改条文理解与适用》,中国法制出版社 2012 年版。

27. 宋英辉:《刑事诉讼目的论》,中国人民公安大学出版社 1995 年版。

28. 宋英辉:《刑事和解制度研究》,北京大学出版社 2011 年版。

29. 宋英辉等:《法律实证研究方法》,北京大学出版社 2009 年版。

30. 宋英辉:《刑事诉讼法学》,北京师范大学出版社 2010 年版。

(二)译著类

1. 〔美〕迈克尔·D.贝勒斯:《一个规范的分析》,张文显等译,中国大百科全书出版社 1996 年版。

2. 〔英〕戴维·M.沃克:《牛津法律大辞典》,北京社会与科技发展研究所译,光明出版社 1988 年版。

3. 〔英〕边沁:《论道德与立法的原则》,程立显、宇文利译,陕西人民出版社 2009 年版。

4. 〔美〕本杰明·卡多佐:《司法过程的性质》,苏力译,商务印书馆 1998 年版。

5. 〔英〕威廉·韦德:《行政法》,楚建译,中国大百科全书出版社 1997 年版。

6. 〔德〕克劳思·罗科信:《刑事诉讼法》(第 24 版),吴丽琪译,法律出版社 2003 年版。

7. 〔美〕戈尔丁:《法律哲学》,齐海滨译,三联书店 1987 年版。

8. 〔美〕波斯纳:《法理学问题》,苏力译,中国政法大学出版社 1994 年版。

9. 〔美〕弗雷德·英博:《审讯与供述》,何家弘等译,群众出版社1992年版。

10. 〔美〕E.博登海默:《法理学:法律哲学与法律方法》,邓正来译,中国政法大学出版社2004年版。

11. 〔德〕哈贝马斯:《在事实与规范之间》,童世骏译,三联书店2003年版。

12. 〔法〕孟德斯鸠:《论法的精神》(上册),张雁深译,商务印书馆1982年版。

13. 〔英〕丹尼勋爵:《法律的正当程序》,李克强、杨百揆、刘庸安译,法律出版社1999年版。

14. 〔英〕麦高伟、杰弗里·威尔逊主编:《英国刑事司法程序》,姚永吉等译,法律出版社2003年版。

15. 〔英〕迈克·麦康维尔、岳礼玲选编:《英国刑事诉讼法(选编)》,中国政法大学出版社2001年版。

16. 〔美〕爱伦·豪切斯泰勒·斯戴丽:《美国刑事法院诉讼程序》,陈卫东、徐美君译,中国人民大学出版社2002年版。

17. 〔英〕彼得·斯坦、约翰·香德:《西方社会的法律价值》,王献平译,中国人民公安大学出版社1989年版。

18. 〔日〕田口守一:《刑事诉讼法》,刘迪、张凌、穆津译,法律出版社2000年版。

19. 《日本刑事诉讼法》,宋英辉译,中国政法大学出版社2000年版。

20. 〔美〕约翰·罗尔斯:《正义论》,何怀宏、何包钢、廖申白译,中国社会科学出版社2003年版。

(三) 论文类

1. 徐国栋:《客观诚信与主观诚信的对立统一问题》,载《中国社会科学》2001年第6期。

2. 刘李明、冯云翔:《法律诚信与道德诚信辨析》,载《学术交流》2003年第7期。

3. 梁慧星:《诚实信用原则与漏洞补充》,载《法学研究》1994年第2期。

4. 方桂荣、李超:《也论诚实信用原则的扩张》,载《河北法学》2007年第11期。

5. 李伟涛、吴冬妮:《试论诚实信用原则在公法域的适用》,载《广西政法管理干部学院学报》2005年第4期。

6. 孙山、易利娟:《司法诚信:诉讼语境中的行为规制》,载《法学杂志》2010年第1期。

7. 姜美珍:《诚信:中国传统道德内涵及现代价值思考》,载《华南农业大学学报(社会科学版)》2005年第3期。

8. 陈雪琴:《论现代司法理念下的诚信》,载《前沿》2005年第10期。

9. 卞建林、田心则:《论刑事诉讼中权力的和谐化》,载《人民检察》2008年第4期。

10. 程荣斌、侯东亮:《试论刑事诉讼价值平衡》,载《河南政法管理干部学院学报》2010年第1期。

11. 詹建红:《论契约精神在刑事诉讼中的引入》,载《中外法学》2010年第6期。

12. 肖仕卫:《纠纷解决:一种新的刑事诉讼目的观》,载《中国刑事法杂志》2010年第9期。

13. 邢颖:《诱惑侦查合法性分析》,载《安徽农业大学学报》2006年第4期。

14. 龙宗智:《欺骗与刑事司法行为的道德界限》,载《法学研究》2002年第4期。

15. 万毅:《侦查谋略之运用及其底限》,载《政法论坛》2011年第4期。

16. 蒋惠岭:《法官勤勉敬业肋义务》,载《法律适用》2001年第5期。

17. 陈浩栓:《当前刑事司法诚信所面临的挑战——基于博弈理论的分析》,载《法治论丛》2006年第5期。

18. 戴涛:《论现代刑事司法基本理念的民生导向——兼评〈刑事诉讼法修正案(草案)〉的有关规定》,载《国家行政学院学报》2011年第5期。

19. 龙宗智、李常青:《论司法独立与司法受制》,载《法学》1998年第12期。

20. 黄锐平、朱丽萍、张世杰:《浅谈公安司法实践中的刑事立案不实问题》,载《公安研究》2010年第7期。

21. 于大力:《当前立案不实的表现、成因与对策》,载《中国人民公安大学学报》2001年第5期。

22. 宋英辉:《日本刑事诉讼的新发展》,载《诉讼法论丛》第1卷。

23. 沈显明:《减刑、假释、暂予监外执行中存在的问题和完善对策》,载《犯罪与改造研究》2009年第9期。

24. 陈瑞华:《超期羁押问题的法律分析》,载《人民检察》2000年第9期。

25. 黄明儒:《论刑事立法的科学性》,载《中南大学学报》2003年第1期。

26. 顾永忠:《1997—2008年我国刑事诉讼整体运行情况的考察分析》,载《人民检察》2010年第8期。

27. 宋英辉:《我国刑事和解实证分析》,载《中国法学》2008年第5期。

28. 宋英辉等:《公诉案件刑事和解实证研究》,载《法学研究》2009年第3期。

29. 樊崇义:《我国刑事案件速裁程序的运作》,载《人民司法》2015年第11期。

30. 汪建成:《以效率为价值导向的刑事速裁程序论纲》,载《政法论坛》2016年第1期。

31. 陈卫东:《司法机关依法独立行使职权研究》,载《中国法学》2014年第2期。

32. 陈卫东:《公民参与司法:理论、实践及改革——以刑事司法为中心的考察》,载《法学研究》2015年第2期。

33. 陈卫东:《论公正、高效、权威的司法制度的建立》,载《中国人民大学学报》2009年第4期。

34. 江必新:《正确认识司法与行政的关系》,载《求是》2009年第24期。

35. 熊秋红:《司法公正与公民的参与》,载《法学研究》1999年第4期。

36. 贺卫方:《中国司法管理制度的两个问题》,载《中国法学》1997年第6期。

37. 李步云、柳志伟:《司法独立的几个问题》,载《法学研究》2002年第3期。

38. 黄辉、宋广奇:《司法公正视野下的司法诚信研究》,载《西南民族大学学报(人文社会科学版)》2013年第9期。

39. 张国炎、林哲:《诚实信用原则和现代法治目标》,载《政治与法律》2001年第5期。

40. 廖永安、李林启:《司法诚信建设论纲》,载《烟台大学学报(哲学社会科学版)》2014年第4期。

41. 陈闻高:《论侦查谋略与司法诚信》,载《河南警察学院学报》2014年第6期。

42. 陈闻高:《侦查谋略和司法诚信的冲突与协调》,载《求索》2015年第3期。

43. 陈立:《卧底侦查司法实践的比较法分析——兼论卧底侦查行为的正当化根据》,载《河北法学》2010年第11期。

44. 王国民:《犯罪侦查中的欺骗:在合法与非法之间》,载《甘肃政法学院学报》2007年第2期。

45. 姜涛:《诚信体系建设与司法公信力的道德资本》,载《江苏社会科学》2014年第2期。

46. 王东:《互知·互信·互动:论司法公信力的建构逻辑——基于主体间性视域》,载《内蒙古大学学报(哲学社会科学版)》2015年第1期。

47. 江必新:《以公正司法提升司法公信力》,载《法学研究》2014年第6期。

48. 何家弘:《如何提高司法公信力》,载《国家检察官学院学报》2014年第5期。

49. 王国龙:《司法技术与司法公信力建构》,载《河北法学》2014年第9期。

50. 李训虎:《口供治理与中国刑事司法裁判》,载《中国社会科学》2015年第1期。

二、英文文献

1. Joshua Dressler, *Criminal procedure: principles, policies, and perspectives*, George C. Thomas III. St. Paul, MN: Thomson/West, 2010.

2. Stephen C. Thaman, *Durham Comparative criminal procedure: a casebook approach*, Carolina Academic Press, 2008.

3. Craig M. Bradley. Durham ed, *Criminal procedure: a worldwide study*, Carolina Academic Press, 2007.

4. Christopher Slobogin, *Criminal procedure: regulation of police investigation: legal, historical, empirical, and comparative materials*, Newark, NJ: LexisNexis, 2007.

5. David M. Walker, *The Oxford Compainion to Law*, New York: Oxford University Press, 1980.

6. Ronald J. Allen, Richard B. Kuhns, *Constitutional Criminal Procedure*, (second edition), Little, Brown and Company, 1991.

7. Randall Peerenboom ed, *Judicial independence in China: lessons for global rule of law promotion*. New York: Cambridge University Press, 2010.

8. Kerri Mellifont; foreword by J. A. Jerrard, *Fruit of the poisonous tree: evidence derived from illegally or improperly obtained evidence*, Annandale, N. S. W. : Federation Press, 2010.

9. Alan Watson, *Comparative law: law, reality and society (second edition)*, Lake Mary, FL: Vandeplas Pub. , 2008.

10. Jonathan Soeharno, *The integrity of the judge: a philosophical inquiry*, Aldershot, Hants, England; Burlington, VT: Ashgate, 2009.

后　　记

本书的孕育历时六年,是在我的博士后出站报告《刑事诉讼中的司法诚信问题研究》的基础上修改而成的。2010年,我幸运地进入北京师范大学刑事法律科学研究院跟随我国著名刑事诉讼法学家宋英辉教授开展博士后研究工作。选择一个什么样的题目进行研究一度令我颇感迷惑。当时,"诚信"是一个热词,各行各业都在倡导诚信建设,司法诚信也受到了前所未有的关注。李庄案的审判更是引发全社会的热议,他在法庭上的种种抗辩将矛头指向了司法机关的不诚信。这引发了我的思考:《刑事诉讼法》能否像《民法》等法律一样引入诚实信用原则呢？刑事诉讼领域有没有司法诚信问题,应如何开展司法诚信建设呢？基于对现实中司法诚信危机的忧虑和对这个问题的浓厚兴趣,我决心以"刑事诉讼中的司法诚信问题研究"为题开展研究。但是,司法诚信能成为一个学术问题吗？是一个值得研究的学术问题吗？是自己所能胜任的研究课题吗？我的选题在开题报告答辩时,不少老师都表示担忧,提出了很多中肯的质疑和批判意见。面对这些问题,我甚至一度产生了更换题目的想法,博士后合作导师宋英辉教授鼓励我把这个题目写下去,并给出了很多指导意见。可以说,没有导师的鼓励和指导,我不可能坚持写完这篇论文。

如今论文出版了,但老师们对司法诚信选题的质疑与批判依然萦绕脑际。扪心自问，老师们提出的问题，自己研究得怎么样呢？自省研究过程与研究成果，深感司法诚信这一重大课题尚有很多问题需要进一步深入探讨。

感谢我的老师们，无论是鼓励的话语，还是批评的声音，对我的博士后研究报告的写作都至诚至贵。如果说学术的生命是批判，那么对学术写作来说，尤其是一个初涉学术的研究者，又是涉猎司法诚信这样新鲜重大的研究课题，老师的鼓励和批判有如何的价值，我真是难以言表，心里也因此充满难以言表的谢意！

很幸运能够有机会成为宋英辉教授的学生，拥有这样一段宝贵的博士后求学经历，近距离地感受老师的博学、温和、谦逊和友善。宋老师对研究的精益求精，对学生的关心和爱护，对身边所有人的尊重和体谅让我明白一个学者真正的过人之处其实不仅是学问，更是人格。

陈卫东教授是我的博士生导师。这些年来，老师对我的关心和帮助，点点滴滴，铭记于心。他大胆创新的学术精神、淡泊名利的处事原则、因材施教的育人方法、正直宽厚的性格品质以及对学生始终如一的爱护和提携注定让身为教师的我受用终身。

感谢中国政法大学诉讼法研究院杨宇冠教授、北京师范大学刑事法律科学研究院刘广三教授、王超副教授等师长，他们在我论文开题、论文写作及论文答辩过程中给予了我极大的启发和帮助。

感谢我所在的单位及诸位领导和同事，他们给了我很多培养和锻炼，并对我继续博士后研究以及论文写作给予了充分的时间保障。

感谢我的家人，从本科到博士后历经12年，艰辛的求学之路上他们一直毫无怨言地陪伴我、照顾我，给予我温暖的包容与鼓励。博士后出站报告的出版，也算是对他们的一份慰藉吧。

最后，要感谢北京大学出版社孙战营编辑为本书编辑、出版所付出的心血和智慧。

刘 昂
于北京
2016年4月10日